哲 与 学
生活世界

味觉思想

贡华南　著

生活·讀書·新知 三联书店

图书在版编目（CIP）数据

味觉思想/贡华南著. —北京：生活·读书·新知三联书店，
2018. 12
　（哲学与生活世界）
　ISBN 978 - 7 - 108 - 06438 - 7

Ⅰ．①味…　Ⅱ．①贡…　Ⅲ．①哲学－研究－中国　Ⅳ．①B2

中国版本图书馆 CIP 数据核字（2018）第 275557 号

责任编辑　杨柳青
封面设计　刘　俊
责任印制　黄雪明
出版发行　生活·读書·新知 三联书店
　　　　　（北京市东城区美术馆东街 22 号）
邮　　编　100010
印　　刷　常熟文化印刷有限公司
版　　次　2018 年 12 月第 1 版
　　　　　2018 年 12 月第 1 次印刷
开　　本　720 毫米×1020 毫米　1/16　印张　19.75
字　　数　255 千字
定　　价　59.00 元

目　录

导论：味觉思想及其当代价值

（一）何谓"味觉思想"

味觉思想就是以味觉活动结构作为展开之基本方式的思想活动、思想方法。味觉活动有以下三个特征。首先，味觉活动中人与对象之间始终保持零距离；第二，对象不是以"形式"呈现，而是以形式被打碎、内在外在融二为一的方式呈现；第三，对象所呈现的性质与人的感受相互融合。与此相应，味觉思想自觉在思想中弥缝人与对象之间的距离，自觉追寻对象之"味"（滋味或意味），自觉以品味、体味、玩味等主客交融的方法通达对象。

相较于古希腊的视觉中心主义与古希伯来的听觉中心主义，中国思想具有明显的味觉中心主义特征。如本书第一章所阐述的，味觉中心主义的形成经历了一个自觉抑制视觉、统摄听觉的过程，由此使味觉思想在中国文化中获得完整发展与典型形态。中国文化源远流长，尽管古史邈邈，古迹难求，但不争的是，伏羲、黄帝、尧、舜、禹、文武、周公与中国思想的原初生存境域和生存经验密切关联。如我们所知，盐是促进人体新陈代谢的重要物质。拥有盐意味着拥有了财富与战斗力，而拥有先进的制盐技术与对盐的宝贵体验则是这些文明的独特生长点。具体来说，青海湖畔制盐技术催生的伏羲文明，围绕山西解池（北方最重要的盐池）展开的黄帝、尧舜禹文明，这些中国文明之源头都与盐的制作和使用密切相关，对盐的经验与认识在其文明萌生、发展过程中扮演着关键角色。这些独特的生存境域与生存经验无疑在五官之争中历史地孕育着味觉（盐即咸，五味咸为首）的优先地位。《周易》的完成、阴阳观念的萌生，进一步确立了味觉思想的形成。[①] 与以距离性为基本特征的视觉活动相比，味觉活动始终以距离的消弭、主客交融为其基本特征。味觉之所取不是对象外在之形色，而是内在的"五味"。内在的"五味"不是形式，而是属于质料。咸、酸、甘、辛、苦等"五味"被理解为外物的内在本性，泛化的"味"被用于描述对象对人所呈现出来的作用、意味。基于味觉活动中所展示出来的思与所思之间相即不相离的关系而生成的思想活动与思想方式，以物质性的味与精神性的意味为对象之本质与其思想对象，此即味觉思想。人以味的方式味世界万物之味，相互授受。此既区别于以上帝为法的听觉思想，也有别于人为自然立法的视觉思想。

如同视觉思想中，视觉对其他官觉的主导与规训一样，味觉思想中，所有官觉皆被味觉规训、被味觉化，并在味觉主导下展开。味觉成为诸"感觉"的实质与真实形态，各种感觉活动共同丰富与充实着味觉思想。在此意义上，味觉思想并非狭隘地限于味觉，它广泛地体现于视觉、听觉、触觉、嗅觉诸官觉活动，并构成思与想的真实形态。

简言之，味觉思想就是以味味人、味事、味物。人、事、物之"味"指其本身具有，同时源源不断散发出来者，包括物体之滋味，

---

① 关于"盐"在中国文化形成中的作用，及对咸的发现与自觉，并促成味觉思想的形成，可参看贡华南《味与味道》第三章第一节，上海人民出版社，2008年。

也包括能够直接对人发生作用的性质，如阴阳、刚柔、冷暖等，同时涵盖直接作用于心灵的情味、意味、理味、道味。作为动词性、方法论意义上的"味"则是人的整个存在的自觉投入、契合，与对象一起在"味"中涌现，以此澄明对象，也澄明着自身。味觉思想因此要求寻味者首先"能味"，也就是既能够拥有健全的品鉴万物滋味的能力，也能够拥有健全的品鉴情味、意味的能力，并努力将此能力贯穿于、实现于生命始终。

（二）"形"的超越与味觉思想的历史递进

味觉思想在中国文化中的确立与对视觉的自觉抑制密切相关。这表现在，先秦儒道两家自觉批评、超越以目-形为基本特征的形名家，从而走上了"形而上"的精神道路。魏晋玄学家王弼等人自觉批判、超越魏晋"新形名家"，而走上了"本体"之路。对形名家的两次自觉批判与超越，正是对视觉性思想的超越，味觉思想才在中国文化中被深度确立，并自觉广泛地渗透中国文化的各个维度。对味觉性的自觉守护则构成中国文化之经纬。

礼崩乐坏，诸子起而救世救心。《道德经》以道为本，重素朴生命而反对生命之分化与分裂，主大象无形而塞兑闭门，倡味无味而归于恬淡[1]。以道观物，以天下观天下，物我各全其性，各正其味。

---

[1] 味觉活动的基本特征是物我距离之消弭，距离之消弭可使物我交融，但距离之消弭并不意味着彼此失去自身。对于老子，万物到来，我以柔待之，隐退自身而给万物提供其自由展开的空间。虽为零距离彼此交融，但我不加于物，同时不为物所加，物我各全其身，此即"味无味"。"味，无味"即对"味"以"无"净化之，拒绝以个人嗜好、品味为根据来味物，而是以道味物。以道味物首先是以"无"味物，即拒绝以个人欲望介入味的活动，而是让万物各自的味道自然涌现出来，依据万物各自的味道来了解万物。十章"涤除玄览，能无疵乎"，所谓"无疵之玄览"统而言之指心灵，具体言之则可指所有的官能，包括味觉活动中个人嗜好、欲望之涤除。涤除之、无之，而得纯净善感之品味。人的嗜好介入，遮蔽了物的本味，（转下页）

孔子以仁充实礼，以此使富有视觉性的礼成为有意味、文质彬彬的存在。仁为礼之本，仁构成礼之意味的根基。文质两难，则取仁质。以礼视、以礼听，最终落实为以仁视、以仁听，视听皆消除了主客距离而成为味觉化活动。

形名家以"形"为"实在"，"形"与"目"对，形名家对"形"的自觉使视觉性得以突显。"形"具有确定的边界，"外在性"、"确定性"（"定"）、"分割性"（"分"）乃"形"的基本特征，也是植根于"形"之"名"的基本特征。为对事物外在性、确定性、客观性的思考打开了一条直面事物本身的思想道路。不过，外在性、确定性、客观性的"形"能否成为事物的本质，这引起了思想家们深深的疑虑与谨慎的探索。《庄子》"游心于淡"，将"淡"作为"万物之本"。（《庄子·天道》）基于此，《庄子》努力超越"形名比详"，而归于"形形者""使其形者"。《系辞》则以"形而上者谓之道"超越了"形"。尽管被庄子（道家）、《系辞》（儒家）所超越，但形名家并未被扫荡，形名家对确定性的思想的伸张进一步启发了儒道两家，并由此开创了经由"形"而致思的"形而上"思想道路。东汉末年，由曹操集团的名法之治所激发起来的新的形名家再次兴起。相应地，王弼以自然、无为本，批驳"以形立物""以形制物""以形检物"思想，天才般地以"所以然"的"体"批驳、压倒"形"，从而在理论上较为彻底地超越了"形"。形名思想由此被超越，视觉被压抑，

（接上页）也就遮蔽了物之为物的本性。保持无味，对于人来说，则意味着自身感觉不被遮蔽与损害。老子说"五味令人口爽"，指以物之味多加于人，而致使人的味觉被移易，被改变。所以，"味，无味"乃是"味"的活动展开之理想方式。简单说，就是不以己味移易物味，不以物味移易己味。味的改变即是性德之改变，味不移易则己与物各全其性。王弼说"以恬淡为味"是指人在品味过程中，不以己味为先入之见，不以厚味为期待。无己味则远离以己味加于物味之危险，无厚味则亦远离取物味加于己味之虞。物味属于物，己味守于己，物来则可在口舌之中现之，以此知一物，以此含纳万物。"味，无味"以无味味物，而物不伤人，人不伤物；以无味味人，而人与人互不相伤。

"感而遂通"之"感"被推崇为通达事物、通达大道的真正方法。"感"即"咸"（即"五味"之首的"咸"，作为动词，即尝味"咸"的范式），乃尝味的具体形态①，它以人物之"合"为基本特征，故可说"感通"乃味觉思想的具体形态。与新的形名思想被超越相一致，"体""味"逐步上升为普遍性方法。

对"体"的突显同样是经由"形"而推进的思想选择。从以外在性、确定性为特征的"形"深入以内在性、整全性为基本特征的"体"，视觉性不断弱化。"体"（如"一体"）以"分"的弥合为特征，它虽含蕴外在的"形"，但却以内在之质（如血、肉、骨）为根本，因其内在无形而拒绝了视觉之接近。"一体"之中诸要素为"分"之"体"，诸"体"对"一体"的重要性并不一致。依照其价值、功能之重要性，先有"大体""小体"之分，继而有"体"之"本、末"之说。由此，对"体"的追问朝着事物存在之根据处不断推进。此根据既包含"物"的根据，也包含"事"及人的存在根据。"本体"范畴的确立标志着对根据追问达到最高峰。"以体体之""体会"这种消除距离、直接进入"体"之内部的方法，被自觉选择与广泛使用。故对"体"范畴的自觉既是对"形"范畴的深入、推进与超越，也是对视觉性思想的扭转与超越。如果说"感通"主要指向由"形"之"分"而确立的"类"界限之消除，"体会"则直入其里，把握事物之内在本质（包括"然"与"所以然"），而成为味觉思想的更高形态。

---

① 具体说，咸无心而感有心，无心之咸包括无心之物与物交合，也包括有心之人与无心之物的交合。人之感仅指后者，不过它可以区分为有我之感与无我之感。有私虑的为有我之感，无私虑的为无我之感。无私虑不即是无心，以公心感即是有心之感。咸涵盖天地人事，指万物中任意两存在者之间的往来不已的交互作用，感出于人，限于人，指两有心之人之间的相互往来。"咸"与"感"的意义并不等同。《彖》把"咸"解释为"感"，"咸"的意义限定在有心之感，从而突出了人在交互作用中的地位，使之具有认识论的意义。具体可参见贡华南：《味与味道》第三章，上海人民出版社，2008 年。

　　由"形"到"体"是思想由外到内的推进，也是一个远离形式、深入实质的推进。"理"则是两者的进一步推进。"理"原指条理，进而指事物的内在秩序，及事物间的内在关联。如果说"形"重外在分际，"体"重内在根据，"理"则是"形"与"体"之"合"：内在根据之分际。宋儒以所以然与所当然来理解、规定"理"，并以"理一分殊"来解决一理与万理之间的关联，既解决了由"形"之"分"而带来的万物统一性问题，也解决了由"体"之"合"所带来的万物分际问题。由"形"到"体"到"理"所标识的乃是对事物认识由外在的分类（类）、事物内在的根据（故），到事物间内在秩序、内在关联及对人的意味（理），这个向事物深处不断推进的过程同时也是一个逐渐远离视觉，深度超越视觉而推进味觉思想的过程①。对作为所以然与所当然统一之"理"的接近相应被领会为"理会"，即以性理与物理相融合而彼此相契，共同敞开。对应于"感通"通达、弥合不同的"类"，"体会"深入并敞开事物之内在根据（所以然），"理会"相应深入并敞开事物间内在秩序、内在关联及对

---

① 有意思的是，有学人以"体知"来概括中国传统思想特质，并试图以此开启中国哲学之未来；学界亦有以"身体"入手探究中国哲学新境者。这些努力无疑都注意到中国哲学的重"体"传统，不过更值得探究的是，一方面，重"体"传统乃是从形到体、从体到理大传统之一个环节；另一方面，主导这个大传统的乃是味觉思想。尤其需要注意的是，在孟子思想传统中，"心"为"大体"，"体会""体知"首先表现为心会、心知，其次才有"身体之会"与"身体之知"。在《黄帝内经·素问·灵兰秘典论》中，"心"乃"君主之官也，神明出焉"。心之会乃是整个身体与外物之会，心之知乃是整个身体之知。考虑到《内经》"心，在窍为舌"之说，"体知""身体之知"无疑乃是味觉思想之具体表现。因此，以"味"而非以"体"（包括身体，尽管身与体非一）更能彰显中国思想的特质。如我们所知，在古典语境下，"体（物、仁、道）"有个思想前提，即"（万物、家国）一体"观念，或者说，有"个"而无"体"。通过"体"，人在"一体"之中承担、展示位分，和我们一体之中的其他人、其他物，我们可以建立起认知的、情感的、道德的关联。在当代，我们已经没有"一体"的观念，我们每个人有"个"又有"体"。我们对着物、对着人、对着道，我们怎么才能说知？"体知"已经变成单向的理智的考察。以此近代认识论传统谈"体知"，尽管可以发现中国传统的一些风格或者特性，但是也必然遗失掉更厚实的思想传统。

人的意味（事物之所以然与所当然）①。在此意义上，"理会"乃味觉思想第三种形态。

由"形"到"体"与"理"而归于味觉思想，这表现在以"味""体""理"作为分类的标准，即作为"类"的根据；并进一步以"味""体""理"作为"故"（所以然）与"理"（所以然与所当然）的内容与实质。味觉思想范式的推进浸透、贯通于"思"与"想"的方方面面。在中国古典数学中，"端""体"贯通，并主导"形"而发展出"体的数学"；画论、书论自觉由"形"而至"形而上"，终归于"心画""韵味"；文论中"滋味说""情味"说盛行；中医药中"性味"说绵延至今，中国古代诸学科分别完成了对视觉性"形"的超越与向味觉性"味""象"的自觉追寻，这使味觉思想在形上、形下诸学中得以贯通，味觉思想之理论自觉得以实现。

（三）名理化与意味

道的形上化、道的本体化、道的天理化构成中国古代思想世界中道的三个主要形态。近代以来，随着西方逻辑学的传入，以逻辑性语言表述道、立道成为中国现代哲学建构的主要趋势，此即道的"名理化"。

在 20 世纪中国哲学中，金岳霖以名理表达道的努力成效最显著。在金先生的思想系统中，逻辑学与知识论并没有先行规定道。相反，逻辑、知识只能由道获得根据②。如我们所知，"共相""理"

---

① 与"体会""理会"相应的工夫论保证了"体会""理会"的方向与内容。

② 金岳霖认为，道包含着必然的式、固然的理、当然的数、适然的几。在"《论道》一书的总批判"中写道："必然的'式'所指的是必然的道理……我从前所想的就是形式逻辑和数学底对象。……以这样的'式'来作形式逻辑和数学底客观基础。"（《金岳霖文集》第四卷，甘肃人民出版社，1995 年，第 218—220 页。）科学知识在金先生的体系里属于"固然的理"。他说："固然的理"包括"'本然'世界的规律，另一方面它也插入当然的数。它的中坚部分是物理化学方面的规律。"（转下页）

是知识论的目标；"式"是逻辑直接的根基，而"共相""理""式"皆出于道且归于道。道被领会为逻辑、知识真正的也是唯一的起点、根基与归宿。这是一个伟大的洞见，也是一个伟大的信仰。《论道》开篇"道是式－能"①。道之前无上帝、无鬼神、无天地、无人、无社会、无物、无精神。这一切都在道之中。由道出发，才有可能、现实、时空、个体、变动、共相、殊相，有性有情，有无极，有太极，有真善美如，最终"无极而太极是为道"，一起都复归于道。

　　《论道》并不是一部哲学史著作，但"道"这个字已经让现代契接上古典②，由此让中国现代哲学有了新的开端、新的方向。道的名理化主要涉及道的形式表达，在努力以名理表达道的同时，金先生也努力让"道"充满中国味道，这也就是道的意味化。这包含两层意思：一是金先生自觉以"旧瓶装新酒"方式，保留了"道""理""无极""太极""几""数""情""性""体""用""刚""柔""阴""阳"，以及"仁义礼义廉耻"等概念，称它们有大堆的"意味""味道"，因此，他称这些旧名目能"动我底心，怡我底情，养我底性"③；二是将"意味""味道"主题化，并将之贯穿于元学与知识论的体系之中。金先生在"一 二六"节特别提醒我们注意"我们对于这道理所感觉的意味，与浸润于此意味的情绪"。并说："这里的道，至少在我个人感觉中，不见得很直，不见得很窄，它有浩浩荡荡的

（接上页）（《金岳霖文集》第四卷，第 220 页。）在《论道》绪论中，金先生论证"归纳原则"为"先验原则"，即无论将来的经验如何，这原则不至于为经验所推翻。由此捍卫了归纳原则，保证了科学。

① 可以名言的都可归入"式"，不可以名言的都可归入"能"。这样，道就涵盖了名言之域与非名言之域。

② "一 一六"节"能有出入"，以能为动力，"三 四"节以能为"体""本体""质""本质"，简单说，以质料为本质与动力。这区别于以形式为本质的古希腊传统，而延续了中国古典思想命脉。

③ 金岳霖：《论道》，中国人民大学出版社，2005 年，第 15 页。

意味。"① 在《知识论》第九章"自然"与第十五章"语言"中，金先生明确以"意义"与"意味"为架构，讨论了"意像""意念""命题""字""概念"的意味问题。

金岳霖先生在关注"可信"的、普遍有效的意义之外，还关注与研究"可爱"的意味；在追求清楚明白、普遍有效思想的同时，并没有拒斥"意义含混"而"意味深长"的概念、思想。金岳霖认为，自然既有意义，也有意味。在知识论层面，思、概念与意义关联，想、意像与意味关联，意味被置于经验、想象、特殊序列；在元学层面，道是意义与意味之合。它既是自然律，也是能够在世界之中为我们提供信念与价值的行为律。对于自然律之"意味"的保留与强调在一定程度上打开了自然律向行为律转化的可能性。对意义与意味的双重关注使金氏思想超越了纯粹逻辑的视域。总体上看，金先生一方面努力将道名理化（以名理表达道），另一方面，将道意味化（承认道有味）②，两者间的紧张显而易见。但恰恰是此巨大的张力将中国哲学推向崭新的境界。金岳霖的弟子冯契在其"智慧说"体系中，强调"思辨的综合"与"德性的自证"的统一。前者以名理化为特征，后者以富有价值意味的理性的自觉、意志的自愿、情感的自得三者之统一为特征。这无疑是对其师思想自觉的推进。牟宗三"良知坎陷说"优先确立良知本体，进而自觉自我否定而转出知性主体、逻辑、科学。其实质是以道德本体涵摄、统领名理，亦表现出融合意义与意味（价值意味）的倾向。

可以看出，20世纪中国哲学从"天理"转至"名理"（逻辑），已经自觉地以名理表达"道"，追求道的名理化。道的形上化、本体化、天理化、名理化，构成道之相互衔接、完整贯通的历史形态。

---

① 《论道》，第21页。

② 关于金岳霖先生对意义与意味的完整论述，参见贡华南：《味与味道》第七章第二节。

但总体上看，中国哲学对道的意味化远未自觉。至于如何在当代哲学实现道的意味化，则远未令人满意。时下，如何以味立道，这是时代赐予吾侪的哲学课题。

（四）味觉思想的当代价值

名理（逻辑）与天理都以确定性为特征，不过，名理已经从"所以然"与"所当然"相统一的"天理"退回"分理"。20世纪中国哲学家所讨论的名理，从内容到形式都是欧美舶来品。就根源说，此名理（逻辑）乃扎根于古希腊思想传统。欧几里得几何中的"形"与柏拉图的 idea 内在贯通，毕达哥拉斯数的哲学与之并行发展。近代解析几何打了数与形，数理逻辑打通了数、形、理。20世纪以来，名理（逻辑）与图像化交融为一，亦可以看作视觉思想的具体体现。因此，道的名理化实质是道的视觉化。事实与价值的区分与分割（也就是所以然与所当然的分裂），这个过程乃是视觉思想发展之必然。其结果是人与物的彻底剥离，纯粹视觉性统治的实现。其标志性成果是思想的代数化与几何化，并以此引导着所有学科数学化，最终是图像即实在这个简单的视觉思想真理统治世界。

视觉思想者似乎是中立、旁观的存在，但中立、旁观不过是认知意义上自我之暂时悬置。认知与欲望、意志相缠绕、相贯通构成了视觉思想者真实的存在。具体说，就是视觉思想者在价值上贬抑万物为无形式的质料，把对象塑造为无足怜惜的、无生命、无尊严的图像，即轻飘飘的、无世界性的存在者。相应地，把人奉为万物之灵长，把自己塑造成冷酷的掠夺者，取万物以满足人的欲望。人通过图像即可轻易地、心安理得地控制世间万物。尤其让人担忧与警惕的是，视觉思想所自觉拉开的人与万物之间的距离直接转化为人与世界万物之间的疏离。真实存在的万物被视觉思想还原为图像，而远离了真实存在的万物自身。面对失真的万物，视觉思想者无力也无愿回归真实的世界。

视觉思想以形式为本质，以图像为实在。扭转以视觉性为主导的现代思想，回归真实的存在，乃当代最迫切的课题。超越以距离性为基本特征的视觉思想，特别是视觉思想造成的世界图像化、人与世界的疏离化等问题，必然回到以物我亲密接触与相互感应为基本特征的味觉思想。味觉思想首先把人从超然的旁观者扭转成感应者，以此消弭物我距离，并松动以图像（数即形）为实在的世界观，将图像还原回物自身。如我们所知，"味"乃物之内在体质所散发者，即一物本身内在固有者。一物有一物之体质，故一物有一物之味。一物之味之所以独特，乃在于每个物都依据其自性而展开。同时，因其所处世界阳施阴受，刚柔错综有异，其与周遭世界众物交感授受方式与实质亦不同①。最终生成的物之体质各成异态，其味自不同。"味"乃物自性之直接涌现。在此意义上，拯救"味"意味着拯救物之内在体质，也就可以说是拯救物自身。一物有一物内在本性所规定的"正味""本味"，即依其内在本性而不受侵扰地生、长、成熟之体质所涌现之味。简单说，正味、本味乃是物在其自身世界中孕育、展开、成就之结果。正味、本味的成就因此拒绝人的意志、目的、欲望的夹杂与移易，增益其性坏其味，减损其性亦坏其味②。

---

① 一物之体质之成就有其展开过程，有伴随其展开的世界，这包括诸星之辉映、日月之递昭、四时之更替、周遭风水之移易，如此这般皆塑造着一物独特之味。

② 物成则味成。《道德经》第四十一章："大器晚成。"孟子则曰："五谷者，种之美者也，苟为不熟，不如荑稗。夫仁，亦在乎熟之而已矣。"（《孟子·告子上》）物之"成"即"熟"也，其"成"涉及人与物两方面：既不能损人之性，也不能损物之性。人需要按照自身节奏展开，物亦需要完成其生命的所有环节。"大器晚成"拒绝"效率原则"，拒绝"功利原则"，拒绝以人为中心。就人而言，"大器晚成"不是"成才"，而是"成德""成性"，或者说，只有自我完成、自我成就自身素朴之性者才是"大器"。对于物来说，"大器晚成"所成者是每个物的自我生生之性，即按照其自性，依循昼夜之道、四时之道，完成所有生命环节。"晚"者不能"快"，亦不能"早"。既不能单纯依据人的目的、欲望、意志定晚，也不能依物自身之外的他者来决定快慢。简单说，"大器"乃合于人、物之性之器，其成既需要经历物之生、长、收、藏，也需要人遵循昼夜之道、四时之道，故大器不能早成。

随物而动，而不以人扰动物，"节制"乃是守护物"味"、拯救物自身的必要精神准备。

视觉思想的横行让人们一直将目光推向远方，此时此地的人事物往往因太近而视而不见。因此，我们看到，人们总是不安于此时此地，不安于既有的存在。视觉-远方-将来成为价值目的，远方-将来才是更高、更快、更强的希望之所在。扭转视觉思想而至味觉思想，意味着将人们的目光从远方拉回，此时此地的人事物复魅而皆有"味"——成为自足的价值目的。在味觉思想的主导下，让当下的每个人事物富有圆满自足的价值，让此时的安于此时，此地的安于此地。相应地，与每个人、事、物的交往都能尽味尽兴，此时此地的挑水砍柴、洒扫应对、人伦日用之展开都内在完满自足。

因此，重寻味觉思想，就是在已经祛魅的当代世界重寻有味的人与有味的世界万物。在这个意义上，味觉思想的开展既是现代思想方法的重建，也是现代人的重建与现代世界的重建。重建能味、愿意去味的人，首先需要重建高尚的价值品味，也就是拒绝把事物当作人的所有物，不再心安理得地控制之，而是尊重每一物，如其所是地欣赏每一物，迎接事物，让事物由内而外地涌现。为此，需要拒绝效率原则、功利原则、欲望原则①对精神生命的主导，而能够自觉地容纳物及其展开的世界。理想的味觉思想者是闲人②。闲人自觉以道在世，在其生命展开过程中自觉出于道而归于道。打破"合

---

① 近现代以来，依据现代科学知识而进行的大规模的香料制作与生活中的广泛使用最直接的动因是为了满足人们的欲望，即屈五味而就人之欲，故可看作欲望原则的直接展示，非关乎味觉思想。

② 从现象上看，"闲"是秩序的呈现；从根源看，"闲"是天道、天理呈现于世界，是天德流行于人世、人心，是人道呈现，道德良心流行。有道、理且能讲道、理，讲良心，生活有序，人心和平，悠然而含正性命。"闲人"是"闲"的生命形态。关于"闲人"的具体论述，参见贡华南：《汉语思想中的忙与闲》第九章，生活·读书·新知三联书店，2015 年。

规律性"乃至"合理性"追求，以"合道性"①为精神根基，所思所想所言所行既求合人道，亦求合物道。故能自觉从万物处退隐，不以己加于物，持朴自守；不取物归于己，让万物自然展开，自然成就。物成人以成，天人共闲，则天人共美。

尊重味、色、声、刚柔之道，自觉拒绝视觉思想之物理化、数理化、名理化对万物世界性的褫夺②，而以刚柔、阴阳、冷暖、仁义等有意味的味觉性范畴与物相与。释放味觉、触觉、嗅觉、听觉，进而释放视觉，通过味觉思想范畴感知世界，了解万物。让人与世界万物之间自由感应，如此才会用口去尝，用耳去听，用眼去看，用身去触，用心去感。诸官觉成为物我交通之桥梁，而不是人掠夺物、控制物的手段。以此使色声味共同呈现，使物完整到来，而不仅仅关注其外在之形式；使万物回到其自己的天地，自由展现自身而不被知识所聚集。

味觉思想首先把人从超然的旁观者扭转成感应者，以此消弭物我距离，并松动以图像（数即形）为实在的世界观，将图像还原回物自身。超越以距离性为基本特征的视觉思想，特别是视觉思想造

---

① 合道性：既合乎人之道，也合乎天之道。道中有应该，即含有对人与物存在之尊重与守护。"合道"即依此应该去做，最终实现天人共美。而我们所熟知的"合理性"是指：一、合乎物之理（合规律，包含被视为）；二、合乎人之理（合目的，包含"合情"）。具体说，"合理性"包含"合目的性"（合乎人之理）与"合规律性"（合乎物之运行规律，但并不含有对事物存在之尊重与守护，并不含有人的"应该"；相反，合规律一直被纳入合目的轨道）。欲实现天人共美，必须超越"合理性"，而转向"合道性"。
② 笛卡尔解析几何打通了"数"与"形"，19世纪以来的数理逻辑则打通了"理"与"数"，由此，现代学术之"数""形""理"相互贯通，其实质为一，即柏拉图的"相"。"营养"的观念乃是对万物褫夺最生动的例子。蛋白质、脂类、糖、卡路里构成的"营养"代替了"味道"，也代替了"物"，而成为食物说明书的标签。脱离了味道的"营养"围绕人的生理需要展开，以机体之完善、效率最大化作为追求目标。此观念不仅使人失去了存在之欢愉，更重要的是，自然物顺理成章地成为"营养"的可有可无的原材料，从而在价值根源上抽空了"物"的观念。对物的尊重失去了依据，而人则顺势腾跃于世界万物之上。尊重万物之味则需要尊重万物的生长过程，尊重万物自身。

成的世界图像化、人与世界的疏离化等问题，必然回到以物我亲密接触与相互感应为基本特征的味觉思想。因此，自觉以味觉思想阐释世界、重塑物我关系，不仅为当代汉语思想之展开提供新的路向，也为世界哲学的发展提供了新的可能性。

一　从“耳目之争”到“耳舌之辩”

　　中国思想史上，在商周时期形成了以耳口通达内外的认知传统；先秦时期，耳目被突显，目一度被聚焦，但耳目之争耳最终胜出；秦汉时期，耳舌相争，最终舌胜出。从早期耳口配合到耳目之争，耳胜出可以看作对商周古老传统的回归。秦汉时期展开的耳舌之辩，舌胜出，实质上亦是如此。在这个过程中，口先隐而后以舌显，耳、舌的分别胜出也是认知思想的自觉推进。目、耳在诸感官之争中分别被压制，被味觉涵摄，由此使中国认知思想与强调视觉优先、听觉优先的认知取向渐行渐远，最终确立了味觉优先的认知取向。味觉优先也确定了由味觉主导构成“道”等核心观念的文化路向，由此形成中国特有的味觉思想世界。

（一）感官与思想方式

　　随着当代哲学向感性回归，以及身体哲学的深度展开，感官活动逐渐进入哲学论域，对视觉、听觉、味觉等诸感觉的反思已然成为当代哲学的重要议题。从中国思想史看，从商周始，以主客无距离、相互交融为特征的味觉活动一直自发或自觉地参与着认知方式的塑造。通过与视觉、听觉的辩争所形成的味觉优先构成中国思想的独特品质，不仅确定中国思想独特的认知趋向，同时也形成中国特有的味觉思想世界。在视觉主导当代认知与思想，由此导致世界图像化、物我疏离的情境下，检视并开发味觉所提供的另一种认知与思想的可能性，无疑迫切且必要。

作为生理性器官，诸感官不思想。不过，作为文化性器官，诸感官总与思想相互贯通。人的感官与心灵相通且相互塑造，从而影响现实的认知方式。这并不是经验主义者的陈词滥调，而是人类思想之真实历史。如现代神话学所昭示，人诧异于自身感官的神奇，诸神奇遂化身诸神而指引、锻造后来者。人皆有五官，但在不同文化传统中，五官的地位并不齐同，五官之中总有一个官觉优先于其他官觉，主导后者，并进而主导认知方式。从世界文明图谱看，视觉、听觉、味觉分别在不同天地间被神奇化。在认知客观世界的道路上，视觉、听觉、味觉分别主导思想道路的塑造，分别成就了偏重视觉、听觉和味觉的文化与文明。这表现在，视觉活动、听觉活动与味觉活动不仅分别为不同文明的认知活动提供质料，也为其提供了原初的范型，比如思想者如何安置思想对象，如何调适与思想对象之间的距离，以及如何摄取对象（比如色声味），进而如何塑造对象，如何规定对象，等等。

心之官则思（当代的表述则是脑之官则思），心（精神）并不直接与外物接触，因此在认知客观世界的时候，心（精神）作为思的载体并不拥有现实的思想内容与思想方式。思想活动之现实性源于人生命活动之展开，源于与其他存在者现实的交接与交往。一切现实的认知活动一方面会呈现出相近的思想品性，比如区分事物的类别，寻求区分类的根据，等等；另一方面，不同文化系统的认知活动又总呈现出明显的差异，比如有不同的分类标准，有不同的确定标准的根据。这些差异根源于不同文化系统对心（精神）的不同理解，及相应对其活动方式的自觉塑造。

作为身体器官，"心"在内，但不同的文化系统都不约而同设定了相应的感官作为其外在的表现与通道。比如，中国文化有"耳目为心之枢机""耳（舌）为心之候""耳（舌）为心之窍"等说法；西方文化有"眼睛为心灵的要道"等说法。"心"（精神）在这些感官中直接呈现，感官活动与心（精神）的活动隐喻性地实现了同一（比如"以心眼看""闻道"）。不同的文化系统对作为心（精神）外在表现与通道的感官的关注有不同侧重，由此使与感官活动相通的认知活动的内容与方式呈现出明显的差异。感官与心（精神）直接相通使我们可以从不同的感官中发现心（精神），可以从不同的感官活动了解心（精神）的活动在认知方面的多样品性。感官活动引导着现实的心的活动，最终在一定程度上塑造着认知方式，[1] 也成为理解后者之不同的关键路径之一。每个感官与物交接的方式皆有显豁易见的差异，不同的感官与心的直接关联使与之相关的认知内容、方式、对象呈现出不同个性。因此，从感官入手，可由一个不可或缺的角度理解心（精神）活动的品性，进而把握其活动方式及其对相应文化品格的塑造。

从思想史看，认知客观事物的道路的确立并非坦荡平夷，亦非一蹴而就。事实是，中西思想史的展开一直伴随着味觉与视觉、听觉之争：古希腊崇尚视觉，贬抑味觉；古代中国则崇尚味觉，抑制视觉。诸感官之争不仅伴随着认知道路之确立，同时也深刻影响着特定认知方式的历史生成。如我们所知，在礼乐文明中一直突出视觉

---

[1] 张载说："德性所知不萌于见闻。"（张载：《张载集》，中华书局，1978年，第24页。）究其实，乃指由耳目所成就的见闻之知与德性所知异类。见闻之知乃"世人之心，止于闻见之狭"，也就是说，此心仅为狭隘的闻见所开启，它以"合内外"为特征。德性所知为大心所成就，其成乃是以"合天心"为特征。所以，张载所说的两种"心"皆以"合"为特征，如后文所示，此乃根据"味觉"自觉塑造，而不同于古希腊根据视觉塑造的、以内外自觉拉开距离为特征的"心"。

形象与听觉要素，① 而对视觉的眷恋、对视觉性的推崇一度发展出"以形为性"的形名家。正是对以形为性之形名家的反思，以及对视觉性认知进路的自觉超越，进而超越听觉，以味觉为主导的认知思想才在中国文化中深度确立。味觉优先自觉广泛地渗透其各个维度，从而形成中国特有的味觉思想世界。不过，历史地看，味觉、听觉在殷商传统中就已经被优先关注与安排；春秋以来，听觉、味觉与视觉之争锋，以及听觉、味觉之胜出因此更像是向古老传统的回归。

在殷商文化中，"圣"一直被当作通达神与人者。② 在甲骨文中，圣有不同写法，一是𦔻，即有大耳、善听之人；一是𦔁，即由"耳""口"组合而成，其义是善听且善于传达的人。③ 后世基本沿袭耳口组合，如金文为𦕡，篆文为𦕢。马王堆帛书（隶）为𦔮，今人推断为减笔字，④ 其实去掉"人"（或"壬""王"）乃是对"善听且善于传达"品性的强调。"善听"即善于获取远方（特别是在上者）的消息；"善于传达"即善于将所获取的消息告知他人。"善听且善于传

---

① 杜维明敏锐地注意到先秦思想中既突出视觉又突出听觉的特征，同时认为乐教是一个"很大的传统"，只是"很多文献看不到"，很难研究。他在"郭店竹简与思孟学派"座谈会发言指出："礼乐教化，礼当然没有问题，而乐就有问题。从比较学的角度来看，希腊突出视觉，希伯来突出听觉，两个非常不同的文化体系，中国又突出视觉又突出听觉。但是听的问题，乐，为什么有很多情必须通过听来体会……耳字太重要了，尤其现在材料越来越多以后。从《五行》开始，我就有一种感觉，视觉当然很重要，但有些听觉和我们内心更深处有联系……"（梁涛、韩星编：《中国思想史前沿》，陕西师范大学出版社，2008 年，第 211—212 页。）对于"希腊突出视觉，希伯来突出听觉""中国又突出视觉又突出听觉"的说法，杜维明在 20 世纪 80 年代的两篇文章中有过类似的表述，参见杜维明：《一阳来复》，陈引驰，上海文艺出版社，1997 年，第 409—413 页。

② 在殷商时代，巫乃通天人、鬼神、万物者，圣仅是巫的一种职能，可以说巫即圣。随着巫理性化，圣人逐渐取代巫，成为通天人、鬼神、万物者，圣亦即巫。参见王顺达：《论原始儒家的"圣人"理想》，《西南师范大学学报》2002 年第 5 期。

③ 顾颉刚将"圣"解释为："声入于耳，出于口。"参见顾颉刚：《"圣""贤"观念和字义的演变》，《中国哲学》第一辑，生活·读书·新知三联书店，1979 年，第 80—81 页。

④ 参见张政烺：《论易丛稿》，中华书局，2012 年，第 73 页。

达"者连接"远""上"与"近""下",此即通达义。《说文解字》以"通"解"圣",所谓"圣,通也",正是基于"圣"的本义。当然,自殷商以来,对"远""上"的理解与规定不断变迁,"圣"的具体内涵也随之变化。商时以"帝"为尊,"圣"的基本含义即通帝者;周时以天为尊,"圣"的基本义为"通天人者";春秋战国时以道为至尊,"圣"义相应嬗变为"通道者"。在商的思想观念中,"耳""口"而不是"目",构成了通达帝的通道。"耳"入"口"出,"耳"主接受,对高高在上的帝与道,崇敬、接受被理解为首要的态度。"口"主出言,即将帝的旨意传达于人,以使帝、人相通。周以后,帝让位于天、道,"圣"指既能倾听天、道,又能将天、道以"口"传达给他人者。可以看出,以"耳""口"通帝、天、道、物构成早期中国思想中一个比较鲜明的传统,这个传统既不同于古希腊的视觉优先传统,也不同于希伯来听觉优先传统。但按照杜维明的说法,礼乐制作流行之后,视觉、听觉("耳目")突显,从耳口转换到耳目,经验方式与认知方式也随之改变。

(二)耳目之争,耳胜出

"耳""目"作为思想与存在之通道,其作用、地位并非齐等。[①]"耳"对应声音,"目"对应形色;"耳"主接受,"目"主选择。"耳""目"这些特征使得它们在礼乐文化盛行时(甚至礼崩乐坏之后)被重视。继而,形名家、法家、兵家对"形"的突出与强调使"目"一度被突显,大有压倒"耳""口"等众感官之势。相较于将"耳""口"规定为人通达内外的老传统,突显"目",重视以形式性、确定

---

① 感官在不同文化中内涵亦不相同,在中国思想中,或将感官理解为欲望的器官,比如耳欲声,目欲色,鼻欲芳香,口欲滋味,等等。对于欲望,思想家们或养或制,一般来说,耳目鼻口之欲并无何者优先的问题。或将感官当作人与世界万物沟通的通道,即当作认识器官,如此,则各感官之间地位并不齐等。

性为基本特征的视觉经验，甚至发展出一套视觉话语系统，并意图以视觉为根据塑造认知方式，这在当时无疑是一股崭新的思想潮流。

在《国语》中，有关"目"的讨论多次被深度展开。比如《周语下》（单子）："夫君子目以定体，足以从之，是以观其容而知其心矣。目以处义，足以步目，今晋侯视远而足高，目不在体，而足不步目，其心必异矣。目体不相从，何以能久？……视远，日绝其义；足高，日弃其德；言爽，日反其信；听淫，日离其名。夫目以处义，足以践德，口以庇信，耳以听名者也，故不可不慎也。"理想的目体关系是目以定体，目体相从。"目"的展开具有距离性，"视远"则是指目之所视超出体之所及，也就是所视逸出自身、脱离自身。所视逸出自身、脱离自身，也就不再"处义"。"视远，日绝其义"表达对视觉脱离自身的警惕，而要求"目"一直"在体""处义"。将"目"拉近"身"，将"目"纳至"义"之下，"视远"成为负价值，从而阻止"目"对自身之外者的探索兴趣。

《国语·周语下》则将"目"与"耳"一道与"心"建立起内在的关联："夫耳目，心之枢机也。故必听和而视正。听和则聪，视正则明。聪则言听，明则德昭。听言昭德，则能思虑纯固。"听和、视正之要求与"目以处义"一样，都将耳目活动纳入道德规范（"正"、德昭）之中，[①] 同样拒绝了耳目对外在世界的认知性展开。心之"枢机"，即心动之主，[②] 简单说即是主导心之动者。在这里，耳、目并列为心展开之主导，也就是说，心之动通过耳目，以耳目的方式经验与思考。如我们所知，人皆以心而思（姑且以心为思之官），但不

---

① 对于如何使耳目聪明，各家都有大体一致的观念，比如《荀子·正名篇》："以仁心说，以学心听，以公心辨。"《吕氏春秋·序意》："夫私视使目盲，私听使耳聋，私虑使心狂。三者皆私设精，则智无由公。智不公，则福日衰，灾日隆。""视""听"皆有公与私之分，私视私听为"不正"，公视公听为"正"。
② 《易·系辞上》："言行，君子之枢机。枢机之发，荣辱之主也。"韩康伯注曰："枢机，制动之主。""枢机"即主动者、主导者。

同文明中的心之活动方式每每因其所选择的"枢机"有别，而成就不同的心灵。古希腊以视觉活动方式主导认知、塑造自己的思想方式，希伯来以听觉主导认知、塑造自己的思想方式。如果依照《国语》的这个以耳目为心之枢机的提法，则"耳""目"势必成为主导认知、塑造中国思想方式者。

与"耳"并列作为心之枢机并未满足"目"的欲求，事实上，"目"的突显之势一直在推进，"心目"说之出现就表明了这一点。"心目"说出现在《国语·晋语》中："贰若体焉，上下左右，以相心目，用而不倦，身之利也。上贰代举，下贰代履，周旋变动，以役心目，故能治事，以制百物。若下摄上，与上摄下，周旋不动，以违心目，其反为物用也，何事能治？"手足四体被要求"不违心目""相心目""役心目"，这里尽管没有点明"目"的具体品性，但显然是取"目"之获取身外信息、识别事物以指导行动义，于是遂将"目"与"心"一道置于身利、制物、治事之前提。可以看出，"心目"说较之"耳目，心之枢机"说更进一层突显了"目"与"心"的内在关联。"目"外"心"内，"心目"说排除了"耳"与"心"的内在关联，"目"俨然成为"心"的唯一通道与主导者，视觉独尊的趋向跃然纸上。

"目"何以直接与"心"关联，何以能够成为"心"的唯一通道与主导者？这个问题涉及对"目"的功能、对象的理解。"目"可把握形色，而"形"一度被理解为事物的本质。通达事物的本质一直被认作"心"的职责，由此，"目"发挥着"心"的作用。形名家以把握"形"为目标，所谓"缘名而责形，缘形而责实"（《邓子①·转

---

① 《邓子》即《邓析子》，相传为春秋末期邓析所著，古本乃后人掇拾、编撰而成。尽管今本与《庄子》《荀子》等书所评述的《邓子》不同，比如大量论述政治伦理思想，而难见"设无穷之辞，操两可之说"的神采，但其对形名家的核心思想——形名关系的表述与其后形名家的主旨基本一致。这表明，今本《邓子》关于"形名"的论述，最有可能正是掇拾于古本《邓子》。

辞篇》）。"名"即"形"即"实"①，故可缘名而责形，缘形而责实。《尹文子》《公孙龙子》则直接断定"形名"与"事物"之间具有直接关联："形以定名，名以定事，事以检名。察其所以然，则形名之与事物，无所隐其理矣。"（《尹文子·大道上》）"牛则物之定形。"（《尹文子·大道上》）"马者所以命形也，白者所以命色也。命色者非命形也。"（《公孙龙子·白马论》）"牛""马"是"名"，是物之定形，也是最终的"实在"或"实有"。因此可说他们皆"以形为实"。形与色皆与视觉相对，但比较而言，"形"被理解为"共名"，"色"则被当作"殊名"。② 共名为"类"，以"形"为"共名"即"以形为类"。"以形为实""以形为类"，即可以说"以形为本质"。"形名"思潮在先秦泛滥，正与"目"的突显相互配合。对"定形"的认识，即是对事物界限的明确辨析；而对事物确定性的把握，正是视觉活动的基本特征。

对于视觉活动展开之条件，及如何认识事物，先秦思想中也有一定程度的探讨。比如，《墨子·经说下》："智，以目见，而目以火见，而火不见。惟以五路智，久不当。以目见，若以火见。""火"

---

① 尽管在《邓子》中，邓析以"无形"为"有形"之本，但落实到实际层面，他还是以"有形"为中心关怀。比如邓析说："视于无有，则得其所见。听于无声，则得其所闻。故无形者，有形之本。无声者，有声之母。"（《邓子·转辞篇》）"目贵明，耳贵聪，心贵公。以天下之目视，则无不见。以天下之耳听，则无不闻。以天下之智虑，则无不知。"（《邓子·转辞篇》）邓析还一直把"目耳"（不同于以"耳"为先之"耳目"说）放在一起讨论：一方面，拒绝单纯以肉体的目耳通达无形、无声者（所谓"不以耳听""不以目视"）；另一方面又认为，天下之目、天下之耳（即《无厚篇》所谓"诚听""诚视"）能够无不见、无不闻（包括《无厚篇》所谓"无形""无声"）。这种近乎悖论式的表述实质是拒绝在自我意识主导下以私人感官接近、通达对象，但对象却对无私的、经过特定工夫规范了的感官开放。在此意义上，邓析不仅肯定"目"可见有形者，同时也肯定了其对无形者的通达。

② 在形名家的观念中，"形"与"实"相贯通，而"色"仅是"实"之属性，故"马"为"共名"，"白马"只是"殊名"。例如，王琯先生即解释"白马"为"别名"："马者共名，群色之马含焉……白马为别名。"（王琯：《公孙龙子悬解》，中华书局，1992年，第43页。）

是光亮,"目以火见"即目见以光亮为前提,但"火"本身是不见物的。《公孙龙子·坚白论》有类似表述:"且犹白,以目、以火见。而火不见,则火与目不见,而神见。神不见,而见离。"公孙龙以"火不见"以证"火与目不见",进而说"神见""神不见"。其说层层剥离"见"的前提,虽归旨"不见",但却将对"见"的考察不断深入。《吕氏春秋·知接》以"照"作为"目接"的前提,无疑深化了对"目见"的认识:"人之目,以照见之也,以瞑则与不见,同。其所以为照、所以为瞑异。瞑士未尝照,故未尝见,瞑者目无由接也。无由接而言见,诬。"目见的条件是"照",即有光亮。无光亮即"瞑",故无由目见。"照"使"目"可"接",即使"目"可通达对象,由此才可实现"见"。

对确定性形式的把握尽管使视觉一度突显,但中国思想对"定形"的迷恋并没有持续多久。相反,儒道自觉超越"定形",走上了"使其形者"(《庄子·德充符》)或"形形者"(《庄子·知北游》)、"形而上"(《易传·系辞上》)之路。与此相应,自觉反思"目"、回到"耳"成为时代主流。当然,超越"目"、回归"耳"与听觉活动的自身特征有关。听觉活动之展开亦以人与对象之间的分离为前提,换言之,距离性构成听觉活动的基本特征。所以,古希腊哲学家同样把听觉认作值得信赖的认知官觉。但在视觉优先的古希腊思想中,听觉被视觉所主导、塑造,成为视觉化活动。① 而在希伯来文明中,听觉之距离性却被理解为两个存在者之间的距离,即完整的上帝与具体存在的人之间的距离。人的使命不是作为旁观者保持这个距离,而是

---

① 古希腊哲学重视"视觉",柏拉图与亚里士多德对此都有明确的表述。视觉占据着感官等级的第一位,听觉次之。与视觉优先相应,"形式因"被规定为"本质因"。其他感官,比如听觉,要参与到对本质的认知活动中来,必须要像视觉一样中立、客观,这就是听觉的视觉化。关于古希腊感官等级制、视觉优先的完整讨论,请参见卡罗琳·考斯梅尔:《味觉》第一章,吴琼、张雷等译,中国友谊出版公司,2001年。

作为有血有肉有罪恶的存在者，通过信仰，投入上帝怀抱，消除此
距离。"听"的实质被理解与规定为信赖、接受与服从。善听者才能
真正完善自己，"听不进去者"乃是自高自大、没有希望的人。相应
于此，视觉被听觉化。① 希伯来听觉优先的思想并没有持续独立地展
开，但其所打开的思想道路无疑具有独立的价值。中国思想自殷商
以来注重听觉，其对应的亦是观念中有个高高在上的"帝"，以及对
帝与人之间距离消除之渴望。

　　对于欲从周且知商的孔子，他对古老的听觉传统显然不陌生。
不过，他并没有迎回上帝，而是以"道"为大，以"仁"立"道"。
以"道"来提升与完善自己构成志学者的基本任务。换言之，就学
者而言，其任务就是拉近"道"与人的距离，努力使"道"入身。
基于此，孔子对"闻""见"判定了层次："多闻，择其善者而从之，
多见而识之，知之次也。"（《论语·述而》）多闻为知之先，多见为知
之次，② 这可以看作孔子对视觉、听觉秩序的一般规定。"多闻"中
隐含着"闻者"对"所闻"的信赖与接受。但是，诸"所闻"之间
并非具有同等的价值，信赖、接受亦非盲从，孔子强调"择其善
者"，突出的是闻者对所闻的辨析与选择。"见"而"识"只是对外

---

① 在《约伯记》的结尾，约伯说："我依靠耳朵的听觉听到过你，现在我的眼睛看到
　了你。"在希伯来观念中，单用眼睛无法"看"到"你"（上帝），但可依靠耳朵
　"听"到，眼睛的"看"因此沦为耳朵的"听"的附庸。马丁·布伯认为，早期的
　犹太人"与其说是一个视觉的人，还不如说是一个听觉的人……犹太文字作品中最
　栩栩如生的描写，就其性质而言，是听觉的；经文采纳了声响和音乐，是暂存的和
　动态的，它不关注色彩和形体"（杰拉尔德·克雷夫茨：《犹太人和钱》，顾骏译，
　上海三联书店，1991 年，第 166 页）。
② 王阳明立足于良知，而以德性之良知为尊，以"见闻之知"为"第二义"，遂将
　"知之次"理解为"以见闻之知为次"（王阳明：《王阳明全集》，吴光等编校，上海
　古籍出版社，1992 年，第 51 页）。李泽厚将"知之次"理解为"知的次序"。（李
　泽厚：《论语今读》，安徽文艺出版社，1998 年，第 189 页）即"多闻"为先，"多
　见"为后。钱穆理解为"这是次一级的知"。（钱穆：《论语新解》，生活·读书·新
　知三联书店，2002 年，第 190 页。）亦是以"多闻"为优，以"多见"为次。两者
　无实质差异。

在事物的了解与判别，其中并无对所见的信赖，而更多包含着对所见的整理与征服。①

孔子对"闻"的推崇最突出地表现在以"闻"通"道"，所谓"朝闻道，夕死可矣"（《论语·里仁》）。如我们所知，道乃事物之所以然与所当然的统一。对所以然可做客观的了解，但对所当然的把握则需要相应的同情、信奉与接受。"闻道"之"闻"不是对道做客观的了解，而是首先表现在对道之先在的同情、信奉与接受。以此态度为前提，道入身而化为自己的生命，有限的生命与完满的大道相契，生命由此超越有限而不再孤立、缺憾，视听言动、生生死死都能得其所哉，所谓"夕死可矣"正表达出死得其所、不复欠缺与遗憾之样态。② 闻道之闻不仅表达理智的了解，更深深地指向人与道化意义上的情感与信念之自得。③

正基于"闻道"的这个特征，孔子在自述其精神生长历程时，遂将"耳顺"提至最高境界之入口。"吾十有五而志于学，三十而立，四十而不惑，五十而知天命，六十而耳顺，七十而从心所欲，不逾矩。"（《论语·为政》）"耳顺"④ 近于"从心所欲，不逾矩"，为

---

① 朱熹对多闻与多见的解释颇令人玩味。朱子反对"闻浅见深""闻详见略"之说，但对闻见并非不做分别。在他看来，多闻与化，有得于己，故当力行；多见仅是对外在事物之识别，无得于己，故不必从，未必当行。可参见朱熹：《朱子语类》，黎靖德编，中华书局，1994 年，第 899 页。

② 朱熹注曰："苟得闻之，则生顺死安，无复遗恨矣。"（朱熹：《四书章句集注》，中华书局，1983 年，第 71 页。）生死得道，则生是，死亦是，此谓"生顺死安"。

③ 朱熹解释"闻道"曰："知后须要得，得后方信得笃……若是知得真实，必能信之笃，守之固。"（《朱子语类》，第 660 页。）"闻"不仅指"知"，更重要的是指自得于己（"得"），其中渗透真诚的信奉（"信得笃"）与意志自觉的坚守（"守之固"）。

④ 对于"六十而耳顺"之文字，历史上有争论。比如，韩愈《论语笔记》："耳当为尔，犹言如此也。"于省吾《双剑誃论语新证》："耳字乃衍文。然自汉时已如此。……盖至六十七十则一任自然，与道大适矣。"陈铁凡《敦煌论语校读记·敦煌论语集解》残卷 S. 4696 作"六十而顺"。程石泉据此推论："因此章有衍文，后之注疏家如皇侃、朱熹等对于'耳顺'一辞，不得不望文生义，曲为解释。实则'六十而顺'乃一通行语句：谓是非善恶，莫逆于心。纯任自然，与道冥合者也。"（以上诸引文皆引自程石泉：《论语读训》，上海古籍出版社，2005 年，第 13 页。）

达到后者最近之通道。耳德虽非心之德，但近于心德。"耳顺"是耳
的自由，而不是心的自由。"从心所欲，不逾矩"是心之自由，它包
含耳的自由，但又超越耳的自由。在何种意义上，"耳顺"最接近心
的自由？历代注家都或多或少对这个问题有所触及，如：

> "五十而知天命"，思而知之也。"六十而耳顺"，耳者在人
> 之最末者也。至耳而顺，则是不思而得也。①
>
> 孔子六十而耳顺，何耳顺也？曰所过者化，所存者神，几
> 于天矣。②
>
> 声入心通，无所违逆，知之之至，不思而得也。③

听闻这种由外及我之接受方式与目视由我及外摄取外物之方式
迥异。④ 所听闻在外，与己本有距离。不过通过克己工夫，所闻由外
而内，化为自己生命，外内由此通达不滞、不违逆，此为"耳顺"。
所以，"耳顺"乃是入心皆化之生命境界，"不思而得"表达的即是
这种由外而化入者在心灵中自然涌现之态。"化"既是闻者安心接
受，也是在心灵中自觉消化、自觉安排所闻。所入皆化，与境无违，
此正是"耳顺"最接近"从心所欲，不逾矩"境界之理由。

《郭店楚墓竹简·五行》对"闻"与"见"进行了明确的判定：
"见而知之，智也。闻而知之，圣也。""智"是指能够明确辨析对

---

① 程颢、程颐：《二程集》，王孝鱼点校，中华书局，1981年，第106页。
② 胡宏：《胡宏集》，吴仁华校，中华书局，1987年，第32页。
③ 《四书章句集注》，第54页。在《朱子语类》中，朱熹对"耳顺"进行多方面的论
　述，其旨亦不出"通""无所违逆""不思而得"。
④ 钱穆注意到耳闻目视之间方式的差异，他说："目视由我及外，耳闻由外及我，论
　其自主之分量，微有区别。又目视偏于形物，耳听深入心意。目见近而耳闻远，即
　古人前言往行，亦可归入耳闻一类。故举耳可以概目。……明其所以然则耳顺。"
　（钱穆：《论语新解》，第28页。）应该说，钱氏对耳目之间活动方式的揭示非常深
　刻，但认为"举耳可以概目"，实有取消"目视"独立性之嫌。

象。按照孔子的看法,"圣"指有始有终者,如"有始有卒者,其惟圣人乎"(《论语·子张》)。按照孟子的看法,"圣"指仁且智者,如"学不厌,智也;教不倦,仁也。仁且智,夫子既圣矣"(《孟子·公孙丑上》)。"圣"指既能明确辨析对象,又富有仁爱、始终如一地待之者。因此,圣含摄智。不仅如此,"圣"还具有"化"的性质,即能够化除界限,所知与己一,所谓"大而化之之谓圣"(《孟子·尽心上》)。仁是仁,而非智;智是智,而非仁,此未化之态不是圣。已化时,仁且智,智且仁,下学而上达,始终贯通,此为圣。"闻而知之"之所以能为"圣",是因为"闻"本身具有"化"的性质:声入心通,所闻与己没有距离。孔子把"闻道"作为身与道化之态,有道之身自足而圆满,不复有缺憾,故曰"夕死可矣"。

"圣"与"智"并非同一层次、并列的"知":"圣"含蕴"智",可以视作"智"的母体。故《郭店楚墓竹简·五行》曰:"圣,智礼乐之所由生也。""由生"即"智"出于"圣"。因此,"圣"被认为高于、优于"智",乃"智"的根据("所由生")。"见"可通达低层次的"智",但不可通达高层次的"圣",只有"闻"才能通达"圣"。[①] 可见,"闻"高于、优于"见",听觉高于、优于视觉。不过,"智"乃"圣"的内在不可缺的要素,相应地,"目-智"并没有被遗弃,而是被"耳-圣"所含摄。

儒家所论的"道"侧重"人道",相较而言,道家更关注"天道"。两家所论"道"的内涵虽有差异,但推崇以听觉通达"道"的思路却相当一致。《道德经》中接连使用了"闻道",并且细致描画了不同境界的人闻道后不同的存在样态,所谓"上士闻道,勤而行之;中士闻道,若存若亡;下士闻道,大笑之。不笑不足以为道"

[①] 从接受帝、天到传达帝、天,此为圣"通"之本义;从接受、传达帝、天到接受、传达道,此为圣之新义,即从通神、通道到通事物,此为圣通之新义。随着所通对象之不同,通达的感官亦有不同:通神、道首推耳,通事物则耳目并用。

（《道德经》第四十一章）。下士在精神方向上背离道，道不能进入下士之精神生命，下士"闻道"为虚说。中士与道时相契合，道间或进入中士精神生命，但中士并不能一贯保有道，故曰若存若亡。上士真正能与道相契合，其闻道而身化，在生命展开过程中唯道是从，故曰勤而行之。《文子》则细致阐发了听觉通达道的不同方式与境界："学问不精，听道不深。凡听者，将以达智也，将以成行也，将以致功名也，不精不明，不深不达。故上学以神听，中学以心听，下学以耳听。以耳听者，学在皮肤；以心听者，学在肌肉；以神听者，学在骨髓。"（今本《文子·道德》）"听"既可"达智"，也可"达道"，这正是听觉高于视觉之体现。"道"并非与"智"并列的德目，而是包含着"达智、成行、致功名"，即知、行、果三者的完整结合体。[1]在此意义上，"道"与"圣"一样，乃总德或各德目之根据（"所由生"）。

"听"不仅可以"达智"，还可以"听道""达道"。"听道"的方式是"以神"，而不是"以耳"。这在先秦其他典籍中也有类似的表述，如《庄子·人间世》："回曰：'敢问心斋。'仲尼曰：'若一志，无听之以耳而听之以心，无听之以心而听之以气。听止于耳，心止于符。气也者，虚而待物者也。唯道集虚。虚者，心斋也。'"在《庄子》，"以心听"高于"以耳听"，"以气听"才能真正听到道。在《吕氏春秋》，"心得而听得"亦强调"以心听"，而不是直接"以耳听"。真正值得注意的是，如何不以耳却可以听？不过，可以肯定的是心以听的方式通达道。

---

[1] "圣"有始终义，不仅指物理时间意义上的始终，还指事物完整的生长成就。孔子以"博施于民而能济众"为"圣"（《论语·雍也》："子贡曰：'如有博施于民而能济众，何如？可谓仁乎？'子曰：'何事于仁，必也圣乎！尧舜其犹病诸！'"）"博施于民而能济众"即可视为"达智、成行、致功名"的同义表述。《吕氏春秋》以"听"制取"事""功名"，亦表述此义："故心得而听得，听得而事得，事得而功名得。"（《吕氏春秋·先己》）

　　以接受为主要特征的"耳"优于以主动选择为主要特征的"目"。当至尊的"道"成为追寻目标，以接受为主要特征的"耳"必然压倒"目"。所以，尽管"目"与"耳"曾一道被理解为心之枢机，甚至在"心目说"中被当作心的唯一通道与主导者，但"目以处义""非礼勿视""为腹不为目"①等思想不断地抑制"目"的突显与独尊。"见而知之为智"将"目"定格为"智"，而不同于"圣"者。作为"智"，其与理想之身心未能统一，亦未能泯化，这使"目"必然在与"耳"的相争中失去独尊之势。失去独尊之势并不意味着"目"在儒道思想中被清场。儒家以仁智统一作为其基本思想特质，道家以知恬统一作为其追求目标，这都内在要求着"目-知（智）"的积极参与，尽管被置于"耳-圣（通）"的统摄之下。不过，"耳目之争"耳胜出并未像希伯来思想一样导向听觉中心，毋宁说，耳胜出乃是向殷商以耳口通达上下古老传统的回归。以"耳"压倒"目"，也就抑制了向以"距离性"为基本特征的经验方式与思想方式转换的努力，这就清晰地塑造了一条不同于古希腊视觉优先的精神道路。当然，自殷商以来，重耳又重口的思想也不同于希冀通过耳之倾听以使自身向上帝完全投入的希伯来思想，在渴望消除帝与人距离的同时，中国思想亦表现出人去接受帝的意旨并以自身传达帝之意旨的冲动。"𦕔"中的"口"表达的即是以自身传达帝之意旨的冲动，这个冲动在后世的思想中表现得越来越清晰，并最终确立了味觉优先的认知道路，以及中国特有的味觉思想世界。

---

① 《道德经》第十二章。在《道德经》中，"为腹"指仅仅追求最基本的生存需要，以保证自我的持存。"目"既包含认知性的目光，"为学日益"是也，也包含享受性的目光，即追寻"五色"的目光。"为目"则指随目光走向自身之外，取物归己，逐物不返。"不为目"即自觉拒绝目光之放纵，包括拒绝放纵认知的目光，也包含拒绝享受五色的目光。

（三）耳舌之辩，舌胜出

"耳目之争"并不是"耳"孤独地对抗"目"，其他官觉同样参与抵抗"目-智"对"心"的主导与塑造。比如，"体道"（《庄子·知北游》）、"体仁"（《易·乾·文言》）、"体物"（《中庸》）之"体"。作为经验方式与认知方式，"体"不是外在的观看，不是旁观，而是整个的人进入对象的内部。对象与人始终处于"零距离"，这是"体"的基本特征。在对抗"目-智"主导"心"的过程中，味觉（口、舌）也在以不同方式、或明或暗地参与，甚至影响着中国思想中"心"的塑造。如果说"味无味"（《道德经》第六十三章）之"味"只是味觉偶然的登场，那么，"感"（通）在先秦的普遍使用则显示出味觉活动已经拥有了广阔的疆域。与"体"相似，"感"并非近代以来认识论所讨论的、以视觉为其原型的"感性""感觉"。"感"就是"咸"①，讲"感"就是讲"咸"，也就是讲味觉展开时口舌之尝味。②当然，作为经验世界与认知世界的方式，"味"并不仅限于口舌之实际尝味。确切说，"味""感"乃是指自觉拉近、弥缝物我距离，彼此相即、相交融的经验方式与认知方式。因此，相较于距离性的"目""耳"，"感"与"体"都以对象与人无距离为其展开的基本特征。理解了这一点就明白，殷商以来，以"口"作为通帝、天、道必要通道的传统并没有消失，而是在新的思想情景下获得了新的形态，也可以说，味觉已经作为独立的经验方式与认知方式登上了思

① 《咸·彖》以"感"解"咸"："咸，感也。"荀子亦以"感"解"咸"："咸，感也。"（《荀子·大略》）李鼎祚则认为咸与感为一字，所谓"'咸''感'古今字也"（李鼎祚：《周易集解》，九州出版社，2003年，第431页）。宋儒、今日学者大都接受此说，参见贡华南：《味与味道》第三章。
② 作为名词，"咸"指盐味；作为动词，"咸"可代指味觉之尝味。此义学者有论述："咸，从戈，与人、口。示盐之味具刺激性……咸字即古用以表示食盐之字。"（任乃强：《说盐》，《盐业史研究》1988年第1期。）

想史舞台。

不过，"体""感"的使用还只是处于自发的形态，对其自觉的运用还有待于在回应"目""耳"基础上深度地自我反思。对这些无距离的经验方式与认知方式之自我反思首先涉及对"口"的理解与规定。值得注意的是，在殷商作为通达上帝的"口"被转换理解为"心"（内在思虑）之通道。在著名的以"川"喻"民之口"论述中，"口"作为"心"之通道被明确提了出来：

> 防民之口，甚于防川。川壅而溃，伤人必多，民亦如之。是故为川者决之使导，为民者宣之使言。……民之有口，犹土之有山川也，财用于是乎出；犹其原隰之有衍沃也，衣食于是乎生。口之宣言也，善败于是乎兴，行善而备败，其所以阜财用衣食者也。夫民虑之于心而宣之于口，成而行之，胡可壅也？若壅其口，其与能几何？（《国语·周语上》）

民之心具有巨大的能量，宣之于口就能够"善败于是乎兴"，善用之则"阜财用衣食"。尽管这里的"民"指的是作为整体的民众，但也预示着宣表内在心意而非外在的神意已经被明确理解为"口"的重要功能。[①] 在《国语·周语下》中，"口"的另一个功能就是饮食，所谓"口内味而耳内声"。"内"即"纳"，"内味"即纳取食物。"口"的功能被理解为饮食，这在先秦典籍中多有呼应，如"目不能遍视，手不能遍操，口不能遍味"（《墨子·辞过》）。这里的"味"为动词，即尝美味，"口"乃欲望器官。

宣表心意属于广义的"言"，"口欲言"在先秦一直被当作人性

[①] 对"民"自身感受与欲望的重视自周逐渐成为一个传统，类似的表述见于《尚书·泰誓》："天视自我民视，天听自我民听。"（今所见《尚书·泰誓》一直被疑为伪书，但此句为《孟子·万章》所引，应可靠）对民来说，则好言恶言皆自口出，所谓"好言自口，莠言自口"（《诗·小雅·正月》）。

的基本表现，如："使目非是无欲见也，使口非是无欲言也，使心非是无欲虑也。及至其致好之也，目好之五色，耳好之五声，口好之五味，心利之有天下。"（《荀子·劝学》）"口"不仅有"言"之欲，且有"味"之好。"口"不仅欲言好味，还能辨味。以口作为辨味器官亦多见于先秦典籍，如："今有人于此，能少尝之甘谓甘，多尝谓苦，必曰吾口乱，不知其甘苦之味。"（《墨子·天志》）口具有辨析对象的能力，即尝而知味也。荀子曰："目辨白黑美恶，耳辨声音清浊，口辨酸咸甘苦。"（《荀子·荣辱》）口辨别五味，其"言"也就承担起"辨味"功能。"口内味而耳内声，声味生气……气在口为言。"（《国语·周语下》）这里，饮食之味通过"气"这个中转枢机，就转化为"言"，这个"言"亦可谓"有味之言"。

人们同时将"言"归作"舌"的功能。"慎尔出话，敬尔威仪，无不柔嘉。……莫扪朕舌，言不可逝矣。无言不雠，无德不报。"（《诗·大雅·抑》）"言"由"舌"出，出即为客观存在，会产生客观效果。因此，只能自己谨慎，管住自己的舌头。"驷不及舌"（《论语·颜渊》），亦表达"言"由"舌"出、"舌"动生"言"之特性。正是基于此，"鼓舌"（《庄子·盗跖》）成为出言的代名词。古代人遂将擅长不同语言者、能进行不同语言之间转换的人称作"舌人"（《国语·周语中》），"舌人"即通戎狄语及诸夏语，负责不同语言之间转换以达意者。

基于"口""舌"功能之重合，两者在《说卦传》中被合说："兑为口"，"兑为口舌"。口与舌为一，前者所具有的通达自身之外者（如"帝"与"人"）之功能遂自然而然地被赋予后者。这也形成一种新的可能，即"舌"取代"口"，逐渐突显为通达事物之经验方式与认知方式。而此可能之现实，即"口"的功能重新得以界定之时。在《说文解字》中，我们已经见到对两者功能明确的界定，于"舌"即曰："在口，所以言也，别味也。"于"口"则曰："口，人所以言食也。""口"的功能为"食"，也就是《国语·周语下》所谓的"口内味"；"舌"的功能为"别味"与"言"。两者有明显分别："口"为欲望器官，"舌"则为人与世界万物之间的通道，即特定的经验认知、思想辨识之方式。

"舌"取代"口"成为一种通达事物的方式，这个过程难以确切描述。但是，"舌"被理解、规定为一种经验方式与认知方式，原本自发展开的"味""感""体"活动据此上升为自觉的、具有普遍性质的方法，这在汉代已经成为不争的事实。不仅如此，"舌"还逐渐取代"耳"，成为通达事物的主要方式，或者说，成为主导的经验与认知方式，并由此确定了由味觉主导构成"道"等核心观念的文化路向。

如上所论，耳闻之所以优越于目视，即在于耳主接受，目主选择。当"帝""天""道"这些较之人更为伟大的"存在者"成为主要通达对象时，接受性耳闻显然优于主动选择性目视。但当成德、成己成为思想关注点①，接受性的"闻"较之同样具有接受性，且以吸收、消化为主要特征的"味"② 来说不再有优势。据此，"耳"被"舌"取代势成必然。当然，耳有"化"义，但不明显，转而强调"舌"，则强调了咀嚼、消化、吸收、成就。自我消化，再辨别、显发，此比单纯的接受更容易达到目标——成德、成己。同时，道在万物，而非在万物之上，咀嚼、消化、吸收以辨别性味，强化了通过辨物而识道的精神道路，即味道成为新的自觉的精神道路。神农尝百草而为圣，此可看作从耳到口（舌）的经验方式与认知方式转

---

① 在儒家、道家，成德、成己并不是单纯自我的突显，而是在自觉拉近、接受、消化道的前提下，自我的不断提升与完善。

② 西方哲学家对味觉接受、消化等特征多有精彩的揭示，不过，基于视觉中心主义的立场，他们不是认同，而是规避之。比如，康德认为，最高的三种感官是指视觉、听觉、触觉，外物对这些感官的作用属于机械作用，故称为"客观性多于主观性"。味觉与嗅觉在感知对象时，外物渗进感官，感官接受、吸收外物，从而在人与物的交合中产生感觉。感觉的产生需要人与物的相互作用，相互改变，即需要产生"化学作用"。由于混杂主观性，因此味觉所给予的经验并不能为客观认知提供支撑。参见康德：《实用人类学》，邓晓芒译，上海人民出版社，2005 年，第 40—41 页。

移的例证。"闻"中帝、道与人尚有距离，口舌尝味中物与人无距离。舌遂胜出。舌胜出，实为舌显耳隐。

当然，"耳"之隐退并非一朝一夕之事。事实上，耳舌之间的较量明显有个过程。在《淮南子》中，"耳"与"心"之间的关系以"窍"表述："南方阳气之所积，暑湿居之，其人修形兑上，大口决眦，窍通于耳，血脉属焉，赤色主心，早壮而夭。"[1] "窍通于耳"颇费解，但有一点可以肯定，那就是把"耳"与"心"贯通。但"窍"究竟指什么，这里并没有清晰的交代。董仲舒明确表述"心"有"窍"，他说："一国之君，其犹一体之心也……内有四辅，若心之有肝肺脾肾也；外有百官，若心之有形体孔窍也。"[2] 以"心之有形体孔窍"作喻，表明董仲舒熟悉"心窍"之说，更表明当时心窍之说为世人熟知，故可以之喻晓一国之君之"外有百官"。但心之孔窍为何，董仲舒文中亦未点明。

对"心"与"耳""口"（舌）关系做明确表述的是《白虎通》。与《淮南子》、董仲舒不同的是，《白虎通》用"候"，而不是"窍"，来表述"心"与"耳""口"（舌）之间的关系。"心，火之精也。……耳为之候何？耳能遍内外、别音语，火照有似于礼，上下分明。……脾者，土之精也。……口为之候何？口能啖尝，舌能知味，亦能出音声，吐滋液。"[3] "候"指外在、直接、必然的表现。"耳为心之候"是把耳当作内心的外在、直接、必然的表现，也就是心呈现于外之象。这里虽以"口"为"脾之候"，但在展开时，又口舌并论，显然亦可将"舌"作为"脾之候"。《白虎通》在这里虽然对"耳为心候""口（舌）为脾候"有解释，比如，"耳"能"内外、别音语"，此与"火""心""礼"之"上下分明"特征类似；"口能啖尝"，"舌能知

---

① 刘文典：《淮南鸿烈集解》，中华书局，1989 年，第 145 页。
② 苏舆：《春秋繁露义证》，中华书局，1992 年，第 460—461 页。
③ 陈立：《白虎通疏证》，中华书局，1994 年，第 385 页。

味，亦能出音声，吐滋液"，此与"土""脾""信"之"任养万物为
之象，生物无所私"特征类似。但《白虎通》对"耳为心之候""舌
为脾之候"并没有坚定地下断语。相反，其如实交代了这个看法乃
出自《元命苞》，并承认在《元命苞》之外，还有截然不同的说法：
"或曰：舌者心之候，耳者肾之候。或曰：肝系于目，肺系于鼻，心
系于口，脾系于舌，肾系于耳。"①"舌者心之候""心系于口"即是
将"口"（舌）视作内心的外在、直接、必然的表现，也就是心呈现
于外之象。这几种看法在当时并行于世，《白虎通》虽然选择了"耳
为心之候""舌为脾之候"之说，但两个"或曰"显示出，"舌者心
之候""心系于口"之说在当时具有一定的市场。这也表明，在主流
思想层面，"口"（舌）已经逐渐从"耳"的主导下显现出来，尽管
其取代"耳"还有待时日。

"耳舌之辩"在成书于秦汉的《黄帝内经》②中存在着更为清晰
的脉络。《素问·金匮真言论》："南方赤色，入通于心，开窍于耳。"
以"耳"为心之窍③与《国语·周语》"耳目，心之枢机"，以及古
"圣"字以耳口通天地人之思想传统相呼应。按照五行、五味、五
色、五脏排列，南方、赤色、心相互贯通，其窍为耳，其脏为心。
当然，《内经》中作为五脏之一的"心"与我们今日所说的"心脏"
不同，后者即所谓生理性的"血肉之心"，前者相当于今日所谓生
理、心理、精神统一的"心"。《素问·灵兰秘典论》曰："心者，君
主之官也，神明出焉。""神明"就是思想活动及相应的思想状态。
能出"神明"的"心"显然非作为"内脏"的"心脏"，而是能思之

---

① 陈立：《白虎通疏证》，中华书局，1994年，第386页。
② 在远古时期，巫医为一，通天地神帝而治疗人，医药观念乃是关于人的观念整体之
　有机部分。此即是说，耳口通神帝亦是中国医药思想之内在观念。后世（通常认
　为，在中国是春秋时期），巫医分化，医独立，但其仍深深扎根于古老传统。在这
　个意义上，《黄帝内经》并不仅仅是一部医书，同时也是一部重要的思想史著作。
③《黄帝内经太素》亦有类似表述："赤色入通于心，开窍于耳。"（《黄帝内经太素·阴
　阳杂说》）而《黄帝内经太素》据传为战国时韩诸公子所作《黄帝泰素》之传本。

心。"心"不仅在"内",也在"外",在外者即是"心窍"。"窍"是通道,古人相信,心主思与想;心在内,但必有相应的通道使其表现于外,通达外界,对外界事物做出反应。显然,"心窍"说较之"心之枢机"说更为具体直白地表述出内在的"心"与外在的感官之间的直接通达、相应关系。以耳为心之窍,即将耳作为心之表现,以及心通达外界、对外界事物做出反应的代理。这个观念与"心之候"说类似,虽新颖,但仍可以看作古老的以耳口通帝传统之余脉。这或许表明,《金匮真言论》承袭了古老的旧有医学传统。从文献角度说,《金匮真言论》可能是《黄帝内经》中较早的篇章。

不过,《金匮真言论》这个以耳为心之窍的老传统却面临着另一个同样古老的传统——以"口"为通达帝的传统——的挑战。当然,后者不再保持其原始面目,它以"舌"而非"口"的姿态出现。在《灵枢》①与《素问》中,"口"与"舌"被明确区分开来,成为两个独立的"官""窍"。同时,舌为"心之官""心之窍"被明确提出来:

> 鼻者,肺之官也;目者,肝之官也;口唇者,脾之官也;舌者,心之官也;耳者,肾之官也。(《灵枢·五阅五使》)
>
> 南方生热,热生火,火生苦,苦生心,心生血,血生脾,心主舌。其在天为热,在地为火,在体为脉,在藏为心,在色为赤,在音为徵,在声为笑,在变动为忧,在窍为舌,在味为苦,在志为喜。(《素问·阴阳应象大论》)

"官"有受使义,以舌为心之官即以舌为心之役使,或者说,舌主要对心负责、为心主导、表现心,故心病会有"舌卷短,颧赤"(《灵枢·五阅五使》)之象。"心之官"与"心之窍"表述不同,但皆

---

① 按照学界通行的看法,《素问》中一直把《灵枢》当作"经"来看待,并引用《灵枢》作为论证的根据,这表明《灵枢》早于《素问》。

以"心"与"舌"之间具有直接相关性，而区别于以耳为心之窍的观念。这表明，《黄帝内经》内部存在着不同医家、不同医派[①]，他们对心之窍的理解存在着耳、舌之辩。

但汉代《黄帝内经》与《神农本草经》的配合却使"耳舌之辩"逐渐有了明晰的结果。《神农本草经》对药的理解即"以味为性""以性为味"，或者说"味"即本质。对味的把握只能是"舌"，汉代流行起来的"神农尝百草"传说无疑使"耳舌之辩"的天平大大向舌倾斜。"神农尝百草"的系统表述始见于《淮南子·修务训》："古者，民茹草饮水，采树木之实，食蠃蠬之肉。时多疾病毒伤之害，于是神农乃始教民播种五谷，相土地宜，燥湿肥烧高下，尝百草之滋味、水泉之甘苦，令民知所辟就。当此之时，一日而遇七十毒。"不同于"以形为性"说将"形"视作事物的本质，在此，"滋味""甘苦"被作为确定百草、水泉性质之根据，作为事物分类的标准，并作为确定"辟就"之依据。如我们所知，事物之滋味只能通过口舌之"尝"来确定，这也是《本草经》依托"神农"之名的原因。[②]"舌"在《本草经》中确立起来的优先于其他感官之地位显然影响其

---

① 《内经》始见于《汉书·艺文志》，汉文帝时淳于意提及《黄帝扁鹊脉书》，不少学者疑《黄帝扁鹊脉书》即《内经》(参见恽树珏：《群经见智录》卷一，引自秦伯未：《历代中医珍本集成》第 2 册，上海三联书店，1989 年，第 3 页)。学者根据《内经》文义矛盾，揣测其原因是战国时学者竞言著述，医师则秘其真者，宣布其伪者。或传授子弟，秘其一部分，宣布一部分。医书在当时遂不能露头角于学界。汉兴，改秦之败，大收篇籍，广开献书之路。又河间献王、淮南王，亦竞求遗书，意内经必于此时出世，以献书可以得上赏也。夫人既守其师说秘不示人，必多讹误。此时之内经必不易读。献书为求赏，自多多益善，故一时内外经并出，且至三家之多。(参见《历代中医珍本集成》第 2 册，第 4—5 页。)按照现代学者的看法，今本《内经》有春秋以前文字，有战国时人文字，也有西汉人文字，其理论冗杂，其中不乏首尾不贯者。

② 唐代司马贞在其《史记补·三皇本纪》中明确将神农尝百草与"医药"联系起来："(神农氏)以赭鞭鞭草木，始尝百草，始有医药。"(引自司马迁：《史记》，上海古籍出版社，2011 年，第 2531 页。)虽然添加了"以赭鞭鞭草木"，但"尝百草之滋味"这个核心内容没变。司马贞以史家视角书写神农尝百草开创了中医药，但在医药家那里，早在汉代已经直接将神农作为药祖了。

至决定着"舌"的优先地位。生于东汉、长于曹魏的皇甫谧对"耳舌之辩"则有非常明确的判定:"舌者心之官……夫心者火也,肾者水也,水火既济,心气通于舌,舌非窍也,其通于窍者,寄在于耳。"(《针灸甲乙经·五脏五官》)"官"有主管、负责义,"心官"较之"心候"更显示出"舌"的主动性。"舌"直通"心",但"舌非窍",故心气虽通于舌,但却"寄在耳"。"耳为心之窍"的说法依此只是虚说,以这种曲解的方式,皇甫谧对"耳舌之辩"做了回答。"寄在耳"说法看似调和"耳"与"舌",实际上是以"舌"为根基解释与规定"耳"、主导"耳",这与"耳-通"含摄"目-智"的思路有其一致之处。皇甫谧的这个论断可以看作对"耳舌之辩"的总结,后世医家基本沿着这个方向处理"耳"与"舌"的关系。[①]"舌"被确定为"心"唯一的"窍"与"候","心"的活动也就理所当然地以味觉活动来描述与刻画。

以"舌"主导"心",一方面,"耳"被"舌"解释与规定,听觉被味觉涵摄;另一方面,它也再次巩固了对"目"的压制,从而进一步远离了视觉优先路向。"舌"在众感官中优先地位的确立,宣告了中国思想中诸感官之争告一段落。它表明味觉这种新的经验方式、认知方式在中国思想中逐渐确立起主导地位,成为中国思想鲜明的标志。这表现在,汉末以降,不仅在中医药领域,还在文学、玄学、书、画等诸多思想领域,味觉活动(尝、味)及其对象(味)皆普遍

---

① 比如,第一个为《素问》作注的王冰在解释《金匮真言论》"开窍于耳"时说:"舌为心之官,当言于舌。舌用非窍,故云耳也。"(引自伊泽裳轩:《素问释义》,郭秀梅、崔为、王忆卓校点,崔仲平、冈田研吉审订,学苑出版社,2005年,第118页。)这显然是对《针灸甲乙经》的继承。后世注《内经》的医家基本沿着王冰注解《素问》的路数,"舌"的地位被不断拔高,甚至被理解为"心之主",如张隐庵明确宣称:"心气通于舌,心和则能知五味,故舌乃心之主。"(张志聪:《黄帝内经素问集注》,学苑出版社,2004年,第51页。)将舌理解为心之主,已经把舌的地位抬高到新的高度。

被使用。比如，玄谈之"味道"说①、"理味"说②；文论中，刘勰谈"道味""辞味"③，等等；钟嵘在诗论中提出"滋味说"④；宗炳在画论中谈"澄怀味象"⑤；王羲之在书论中提出"味书"说⑥，等等。当然，"舌"的活动不仅指尝味具体的物体，其对象也不仅指实际的咸酸甘苦等滋味，更重要的是，"舌"的活动指向理解、把握文、道等精神性对象。显然，作为活动的"味"乃是"心"活动之别称，这表明，味觉官能及其活动的主导地位都逐渐明朗化。味觉语词与思想在魏晋南北朝之际各领域同时涌现，这既可以看作对"耳舌之辩"⑦ 舌

---

① 如"有吕子者，精义味道"（嵇康：《嵇康集校注》，戴明扬校注，人民文学出版社，1962 年，第 248 页）。"味"即玩味、体味，"味道"即以"道"修身，同时以自己身心去承载、显示"道"，而不仅仅去"客观地"理解、研究"道"。

② 如"康僧渊在豫章……闲居研讲，希心理味"（刘义庆：《世说新语校笺》，徐震堮校笺，中华书局，1984 年，第 360 页）。"理"在先秦指作为"类"的"分理"，在魏晋主要指作为"故"的"所以然之理"。"味"本指咸酸甘苦等"滋味"，这里已经提升为一种能够打动人、感召人的精神力量。以"味"来表达精神存在的特性在魏晋南北朝时期大量涌现，正是"舌"居先而主导"心"所兴起的思潮。

③ 刘勰：《文心雕龙注》，范文澜注，人民文学出版社，1958 年，第 651—652 页。

④ 钟嵘《诗品序》有："五言居文词之要，是众作之有滋味者也。"引自何文焕：《历代诗话》，中华书局，2004 年，第 3 页。

⑤ 如宗炳《画山水序》："圣人含道映物，贤者澄怀味象。"（潘运告编著：《汉魏六朝书画论》，湖南美术出版社，1997 年，第 288 页。）后世画论中味觉思想的确立有其历史过程，此即众所周知的"心画"与"目画"之争。"目画"发挥视觉、突显视觉，强调客观写形；"心画"强调写意，主张以"象"胜"形"，以"墨"胜"色"，遂寓"目"于"心"，"心"主宰"目"而消弭距离，也就是视觉味觉（感）化。最终"心画"战胜"目画"，可以看作味觉在绘画领域的胜出。参见贡华南：《心（画）与目（画）——中西绘画中的视觉及其位置》，《现代哲学》2009 年第 1 期。

⑥ 如王羲之言："凡书贵乎沉静，令意在笔前，字居心后，未作之始，结思成矣。……若直笔急牵裹，此暂视似书，久味无力。"（王羲之《书论》，引自潘运告编著：《汉魏六朝书画论》，第 112—113 页。）后世书论家自觉选择"研味"，而拒绝"目鉴"，乃是书法领域味觉与视觉之争味觉胜出之标志。

⑦ 值得注意的是，"闻"在这个过程中也逐渐转义。比如："鼻闻焦臭。"（《灵枢·胀论》，马莳：《黄帝内经灵枢注证发微》，第 318 页。）"闻"的官能由"耳"分化出"鼻"，其对象由"音声"逐渐拓展到"气味"。这个线索有两种可能，或为听觉扩张的遗迹（听觉主动把握气味），将其解读为听觉向味觉的趋近（听觉被动接受味觉的调适），亦说得通。

优先之呼应与贯彻，同时也表明味觉的优先性逸出了认知领域，而贯通与体现在中国早期思想的形上、形下的各个领域。

以"舌"为根基解释与规定"耳"，"耳舌之辩"遂告一段落。如前所言，口舌虽分而实合，舌之优先，也即是口之优先。就此说，"耳舌之辩"实质上亦是向古老的耳口通上下传统之回归。当然，这次回归是以耳、口分裂为前提，以压倒"耳"、确立"（口）舌"的方式宣告了味觉思想道路的确立。"舌"胜出，以"舌"能辨识物之性味。以"舌"主"心"，一方面，此后说"心"之动，我们即知：心大体以"舌"之"味"的方式在动；另一方面，当人们谈论体味、玩味，我们即知：这大体是在谈论"心"的活动——心与对象之间的作用、通达方式，而不仅仅停留于口舌之尝味。当然，"舌"胜出并不意味着"目""耳"等感官在中国人思想活动中淡出或隐退。事实上，"目-知"与"耳-圣（通）"亦被"味-道"——与道为一、依道而在——这个味觉理想内在地要求，因此，不管在日常生活，还是在思想世界中，诸感官一如既往地生动展开。只不过，耳目等感官之展开摆脱了生理性特征，而呈现出鲜明的文化品格。具体到中国思想领域，耳目等感官由于受"心"的主使，而不断"心"化，亦即不断味觉化。[①]"（口）舌"对"目""耳"的分别胜出，标示着以对象与人之间无距离为基本特征的认知方式的自我反思之完成。这不仅使"尝""味"获得自觉的思想形态，也使得先秦以来被自发使用的"体""感"获得自觉性品格。

不难发现，先秦目视、耳闻、口（舌）尝味、感、体并用，人们对这些经验方式与认知方式既开放地尝试，同时亦在开放尝试中纠结、犹疑与选择。在这个思想历史的演化过程中，首先表现为

[①] 诸觉的味觉化即在味觉优先思想传统中诸觉逐渐被味觉所引导与塑造，这可以解释，为何中国思想中始终无法产生"纯粹的看"。关于诸觉味觉化的具体论述，参见贡华南：《味与味道》第三章第三节。

"耳目之争","目"一度突显,但"耳""口""舌"("味")或明或暗地抗争,最终"目"被"耳"涵摄,而"耳"胜出。这使得中国思想逐渐远离"视觉优先"的文化取向,而与古希腊思想渐行渐远。但"耳"的胜出未导向"听觉优先"的文化取向,亦未能导出与希伯来思想近似的特征。秦汉时期,原本自发展开的"味""感""体"活动上升为自觉的、具有普遍性质的方法论,并据此展开"舌耳之辩","耳"被"舌"涵摄而舌胜出。耳、舌的胜出是向"耳口为圣"古老传统的回归,也是基于这个古老传统的自觉推进与创造。"舌"的最终胜出,标志着区别于视觉优先或听觉优先的味觉优先的认知品格,乃至更一般的精神道路之完成,即自觉弥缝主客之间距离,以主客彼此交融而互相应和为基本特征的精神道路自觉完成。在"闻"的活动中,有距离的"客"(如"道")总是被先行设定,化人而自身不化;在"味"中,"客"与"主"不再有距离,并且总是通过这个彼此交融、相互应和的方式显示出来。通达方式的转换同时意味着思想对象构成方式的转换。"闻"以距离性为前提(尽管"闻"力图将距离拉近),闻的展开既构成闻者(要求与对象拉开距离),也同时构成对象(对象总是与闻者之间有距离)。比如,由"闻"所主导、构成、塑造的"道"亦显示出与人的距离性——此即"道"之崇高性。"味"以人与对象之间无距离、彼此交融为特征,"味"的展开也同时构成味者(要求与对象无距离、融摄对方)与对象(对象总是与人无距离、相互交融者)。比如,由"味"所主导、构成、塑造并呈现的"道"不再高高在上,而就在人的生命展开过程中,这就是后人所熟悉的切身之道。从高高在上的"道"到"切身之道","道"的不同形态正对应于汉语思想中先"耳"后"舌"的历史构成①。味觉思想最终胜出,后世相应专注领悟并自觉标示与

---

① 视觉构造的道与人充满距离;听觉构造的道起先与人有距离,通过听觉,由远及近,最终与人的生命为一;味觉构造的道与人之间没有距离。视觉构造道(转下页)

的生命存在相融相即的"道",也即"日用即道"之"道"。思想对象构成方式由"闻"转至"味",不仅"道"呈现不同的形态,"物""人""理"等最基本的范畴都相应展现出不同的历史内涵。① 在此意义上,味觉不仅主导着中国早期的认知方式,同时也向形上、形下各个领域渗透,由此全方位影响与塑造着中国早期思想的特质。

当然,味觉思想以人与对象之间距离的自觉消除为特征,对世界的认识总是夹杂着意味,而难以发展出纯粹客观性知识。不过,近代以来,视觉思想独大而促成客观性知识的极速增长,并导致人与世界万物日渐疏离。今日正视并重新发展味觉思想,对于当代认知科学乃至当代哲学都具有重要意义。首先,就自然科学认知来说,味觉认知以"质料"而非"形式"为对象,以呈现对象自身内在特质为目标,而非以数学语言表达对象,将一切对象还原为同质的存在,这无疑有助于把握与呈现真实存在的丰富性与多样性。其次,对人文科学来说,以主客交融为特征的味觉认知有助于理解与把握诸种"精神性"存在。比如,自觉带着自己生命体验去玩味诗词、绘画、音乐、哲学、宗教作品,才能进入相应的精神境界,理解相

（接上页）的基本工具是具有确定性的形式,或者说,形即道;听觉构造道的工具是质或体;味觉构造道的工具是味,即质,即体。由视觉到听觉,由听觉到味觉,这个过程中,道由外在、形式,逐渐向人靠近,最近与人同在,确定了"日用即道""挑水砍柴无非妙道"等"道"的基本特征。当然,正如口(舌)在先秦即自发、隐蔽地介入耳目之争,其对道的构造在先秦亦有端倪(比如《庄子·知北游》说道在稊稗、在瓦甓、在屎溺,同时说"体道")。

视觉突显,并试图以视觉方式构造道,形式、距离、区分为其基本特征;耳的胜出,以听觉方式构造道,由远及近,最终回归人身,呈现出另一种形态的道;在味觉确定其优先性之后,道不再高高在上,而是一直与人无距离。道由高高在上、与人相隔,到逐渐向人靠近,最终与身同在,这三个形态恰恰真切反映了中国思想的生成性质。

① 当然,以视觉方式构成对象亦被思想家们不断尝试。比如,《道德经》以"玄"等视觉性词语来指称"道",形名家对"无形之道"的构造,等等。值得注意的是,视觉方式所构成的"道"对视觉本身又都是否定性的,这或也是汉语思想转向听觉、味觉的一个重要原因。

应的精神品格。再次，味觉认知也有助于解决当代实践哲学中"知"
向"行"转化的难题。味觉认知中兼含意义与意味，而意味中内含
着行动的动力，这就为"知"向"行"的转化提供了理论保证①。最
后，以距离性为基本特征的视觉思想在当代造成了世界的图像化，
以及人与天地万物的疏离。由味觉思想扭转视觉思想，自觉弥缝物
我之间的距离，有助于回归真实的存在，克服人与世界万物的疏离。
在这个意义上，味觉思想对于现代认知方法的重建、对于现代天人
关系的重建，以及对于现代人的重建，无疑都提供了新的可能。

---

① 现代知识论的研究者将传统 knowing what 推进至 knowing how, knowing to，这似
乎使 knowing 更接近于 action。但事实上，knowing how 仍然是 knowing 而不是
action（可参见倪培民：《将"功夫"引入哲学》，《南京大学学报》2011 年第 6 期）。
knowing to 与 knowing how 一样，归根到底是 knowing，自身并不具有将 knowing
化为 action 的动力。"意味"则不同，其本身是价值目的，自身包含着行动的动力。

二 从"形"到"形而上"

从先秦的"形"范式到秦汉的"体"范式，再到宋明的"理"范式①，中国思想一直自觉摒弃纯粹视觉，而导向味觉思想。与形、

① 托马斯·库恩在《科学革命的结构》中，将"范式"（Paradigm）界定为"是指那些公认的科学成就，它们在一段时间里为实践共同体提供典型的问题与解答"（托马斯·库恩：《科学革命的结构》，北京大学出版社，2003年，序第4页）。在库恩看来，范式有两个主要特征，一是在一段时间内为以后几代人规定了一个研究领域的合理问题；二是规定了合理的方法。问题与方法相互规定，也就是为人们理解、规定、描述世界提供了相对稳定的架构。思想范式与思想主题不同，"主题"是自觉关注的论争的焦点问题与思考对象，比如，在中国思想史中，天人、名实、言意、道器、理气、理欲等分别在不同时代成为思想主题。不同的学派对这项主题持有不同的态度与立场；范式则是描述、理解、规定主题的架构。当然，思想主题与范式总是相互流动与转换。常见的是，作为范式的范畴往往首先以"主题"的方式被关注，被奉为本质性范畴，然后被用于描述、理解、规定其他对象。在先秦，形名家、兵家、法家先后将"形"当作实在本身，以与"名"相对应。由于这几家的崇尚者大都身居高位，权重势大，很快"形名"思想就成为弥漫思想界的主导性思潮。我们看到，在当时的思想界，一方面，形名家、兵家、法家等以"形"来理解、规定、表达"实""名""事""物"，并试图以"形"立"道"；另一方面，儒家、道家反对以"形"为"性"，分别走上"形而上"（《系辞》）、"形形者"（《庄子》）的道路。虽然后者试图超越"形"，但总是经由"形"而理解、描述对象，比如"道""器"（《系辞》）、"道""生""气"（《庄子》）。"形"成为各家理解、规定道、器、气、实、名、事、物的公共架构，正是在此意义上，我们将"形"视为先秦思想的基本"范式"。类似的，"体""理"首先被作为本质性范畴，进而被当（转下页）

体、理范式之嬗变历程相应，对道的领会相应展现为从形名到形而上、从体到本体、从理到天理。作为中国思想最高的范畴与最高的境界，道的形上化、道的本体化、道的天理化相应要求与规定着通达道的方法，即感通、体会、理会。超越"形"也就超越了视觉，由体到理，由感通、体会到理会则不断生成、强化着味觉思想。

春秋时期，周天子弱势，制度性的礼乐崩坏，精神性的礼乐也逐渐式微。春秋五霸位高势重，也统领着时代精神。尽管齐桓、管仲等尊王攘夷对捍卫华夏文明功莫大焉，但事功与事功精神之唤起，却将精神导向了刑、法、兵、利，效率原则、功利原则、欲望原则由是被尊崇。战国诸雄承五霸之统，刑、法、兵、利等外在的、客观的确定性精神之追寻成为时代洪流。这构成了诸子百家共同的精神背景。但诸子对此潮流态度、立场各异。概而言之，一是与其合流而在理论上系统化，形名家、法家、兵家、纵横家是也。二是对此潮流的反动，批判、超越之，走上形而上的道路。效率、功利在理论上展开为对"定""分""限""止"之"形"的追求。形名家以"刑"-"形"立论，实可作为此思想洪流之代表。"形名"思潮之反动有几条线索：第一，以"仁""道"抑制效率、功利优先倾向；第二，"耳目之争"，"耳"压倒"目"，视觉精神被压抑；第三，从"形"走向"形而上"，中国形而上学由此发生。

（一）"形"之突显

春秋思想世界中存在着两股重要的思想力量，一是《诗》《书》《礼》《乐》代表的老的思想传统，另一个是齐桓、管仲所掀起的形名-事功思潮。后者之兴起，一方面动摇了《诗》《书》《礼》《乐》

（接上页）作理解人、事、物的架构，即成为思想范式。当我们的目光再次聚焦这些范式，讨论其合理性与限度等，则它们又会变成思想的"主题"。

思想系统，成为与之对峙的新的思想力量；另一方面，这个思潮与
《诗》《书》《礼》《乐》思想传统一道构成了先秦诸子思想之源头与
背景。正视此两股思想力量，尤其是齐桓、管仲掀起的形名-事功思
潮，为准确理解春秋思想世界及诸子思想提供了必要的前提。两种
思想力量之对立构成了春秋思想展开的内在张力，在此张力展开过
程中，春秋思想超越"形"而走上了"形而上"道路，由此确立了
中国哲学的运思方向。

对春秋思想的看法，20 世纪初胡适与冯友兰定下基调后，至今
还在学界流行。胡适把老子、孔子之前的二三百年当作中国哲学的
"怀胎时代"①。"怀胎时代"说法的意思是，播下去"龙种"，才能生
出真龙。不过，由于囿于实证古史观与狭隘哲学观②，胡适并未正视
此"龙胎"，而只是将此"龙胎"当作毫不起眼的"胎儿"轻轻地滑
转过去。冯友兰一方面将诸多春秋文献谨慎地拉到战国，乃至秦汉
之后；另一方面，将哲学界定为以理智的态度，系统地说出、写出
的道理。逻辑论证、私人著述、系统的思想，此乃哲学的基本标
准③。依照此观念，《诗》《书》《礼》《乐》被剔出哲学之外，孔子之
前的思想亦全部被剔除出哲学。故冯友兰以孔子为"万世师表"，并
将其确立为中国哲学史的开端。④

其后，有学者接受西方"哲学的突破"理论，认为春秋战国是
中国"哲学的突破"时代。比如，余英时认为，中国的"哲学的突

① 胡适：《中国哲学史大纲》，商务印书馆，1987 年，第 36 页。
② 蔡元培称胡适"不能不依傍西洋人的哲学史"，又称其为"截断众流"（胡适：《中国
哲学史大纲》，蔡序第 1、3 页）。蔡氏无疑准确地挑明了胡适书写中国哲学史的底细。
③ 可参见冯友兰：《中国哲学史》之绪论部分。
④ 其他中国哲学史的撰写者也持大致相同的看法，比如，劳思光《新编中国哲学史》
讨论了《诗经》中的"形上天"、《易经》中的"宇宙秩序"、《书经》中的政治思
想。不过，他只是将此视为"中国哲学未出现之前零星观念"（劳思光：《新编中国
哲学史》，广西师范大学出版社，2005 年，第 57 页）。

破"是针对古代诗书礼乐所谓的"王官之学"而来。具体说，儒家与墨家最早突破"王官之学"旧传统，而建立新的思想系统。[①] 依照此说法，诸子都是"突破者"。其结论与 20 世纪前期的胡、冯基本一致。

将诸子视为"突破者"，这个论断没有问题。但将突破的对象确定为诗书礼乐等"王官之学"，其论不能无疑。从"王官之学"到私家之学，"学"改变的仅仅是"形式"，"突破"也只是形式的突破。真正的突破指的是实质的突破，就是指突破诗书礼乐的精神传统，而建立新的思想传统。如果真是诸子推翻了诗书礼乐的精神传统，而建立起新的思想体系，那么，诸子就是诗书礼乐思想的"掘墓人"。问题是诗书礼乐旧传统的"命"是诸子革掉的吗？通常的看法是，老子、孔子生而面对"礼崩乐坏"之颓局。也就是说，在他们思想时，诗书礼乐旧传统的"命"已经被革掉了。那么，革掉诗书礼乐旧传统命者并非老、孔，亦非纯粹的破坏性的"虚无"力量。能够革掉诗书礼乐旧传统之命者势必在思想领域有相当的广度与深度，且拥有强大的现实势力。这个新的思想势力才是老、孔及诸子所要直接超越的对象。

1. 形名-事功：春秋思想世界中的新势力

西周以来的《诗》《书》《礼》《乐》等典籍构建出一个深厚而博大的思想传统，春秋思想世界首先扎根在这个传统之上。汉人将诸子视作六经之支流，亦立足于此。[②] 正因为扎根于六经，诸子的思想才能够深沉博大、截断众流；老、孔失去这个根基，其思想也会随之浅薄与无法理喻。

---

① 参见余英时：《士与中国文化》，上海人民出版社，1987 年，第 26—30 页。

② 如"诸子十家，其可观者，九家而已，皆起于王道既微，诸侯力政，时君世主，好恶殊方，是以九家之术，蜂出并作，各引一端，崇其所善，以此驰说，取合诸侯。……今异家者，各推所长，穷知究虑，以明其指；虽有蔽短，合其要归，亦六经之支与流裔"（《汉书·艺文志·诸子略叙》）。

从其构成看，春秋思想世界中的《礼》《乐》是一个古老的思想传统，《书》以及《诗》中的《雅》《颂》也为历史所遗留。偏向抒发个体情志的《风》①　则大体为春秋时期所创作，是新涌现的精神趋向。不过，《风》吟诵、歌咏、敞开人的性情，以期陶冶、健全情性，这种浪漫的、理想的精神与礼乐精神仍然内在一致。胡适称春秋是一个悠悠吟唱的"诗人时代"，不无见地。②　诗人以诗表达对时代问题的关切与思考，王公贤士熟知《诗》，引用《诗》来表达自己的想法，以《诗》进行思想的交流。显然，《诗》参与春秋时代之"思"，成为"思"的一种重要的形态。③　如果承认人的性情、遭遇、

① 《诗》包括《风》《雅》《颂》三部分。对三者之差异，《毛诗序》有简要的表述："以一国之事，系一人之本，谓之风；言天下之事，形四方之风，谓之雅。雅者，正也，言王政之所由废兴也。政有小大，故有小雅焉，有大雅焉。颂者，美盛德之形容，以其成功告于神明者也。"郑樵则曰："风土之音曰风；朝廷之音曰雅；宗庙之音曰颂。"（《通志·昆虫草木略》）朱熹的说法与前两者大同小异："凡《诗》之所谓《风》者，多出于里巷歌谣之作，所谓男女相与咏歌，各言其情者也。……若夫《雅》《颂》之篇，则皆成周之世，朝廷郊庙乐歌之辞。"（《诗集传序》）《雅》《颂》与礼乐的精神相配合，其主旨精神是对天下、王政的关怀。《风》则是后起诗篇，它以抒发个人情志、追求个体价值理想为其基本特征。从创作时代说，《雅》《颂》大部分作于春秋之前（《商颂》《鲁颂》产生于春秋），《风》则大部分产生于春秋时期。故论春秋思想，当以《风》为对象。

　　关于《风》的作者，司马迁认为是"圣贤"，"《诗》三百篇，大抵圣贤发愤之所为作也"（《史记》自序）。汉宋学者绝大部分主张《风》来自民间。现代学者中亦有主张《风》非出于民间者，如朱东润作"国风出于民间论质疑"（本文收入朱东润：《诗三百篇探故》，云南人民出版社，2007年）。从思想层面说，二说有巨大差异：《风》出于贤圣，表明个体情志之自觉仅限于少数；《风》出于民间，表明个体情志之自觉已经深入社会底层。

② 参见胡适：《中国哲学史大纲》第二篇。不过，在胡适的观念中，"诗"还算不上"哲学"之"思"。

③ 比如，唐兰指出，《道德经》中的格言，以及"道""德"等概念多受《诗》《书》等典籍的影响（唐兰：《老子时代新考》之五，载于罗根泽编著《古史辨》第六册，上海古籍出版社，1982年，第608—617页）。王博则注意到了老子的"无为"思想，亦受到《诗经》的影响（土博：《老子思想的史官特色》，文津出版社，1993年，第63页）。更有学者指出，《诗》于诸子，绝不仅是笼统的背景，也不仅是僵化的"依据"，而是其思想议题的承载者、表述者和引发者（张丰乾：《〈诗经〉与先秦哲学》前言，北京大学出版社，2009年，第3页）。

命运就是我们所关注的"本质",那么,我们甚至可以说,《诗》就是"思",《诗》《书》《礼》《乐》都是"思"①。诗书礼乐的世界是一个文质彬彬的世界,也是一个深沉绵长的思想世界。诸子生长于斯,涵思构想,遂破茧而成就各自的思想系统。

周王室衰微,朝廷、宗庙之音成为幽幽往事,而《风》所倾诉与追求的价值理想,如家国安定、人伦有序、人情敦厚等,其如何由理想变为现实,停留在主观情感的或"应该"的层面始终得不到解决②。寻求可靠、有效地变革现实的客观手段与力量,这构成了春秋时代贤士的历史使命。事实上,春秋以来,除了《诗》《书》《礼》《乐》所构成的思想世界,另一股与之相对的思潮也在涌起,那就是以齐桓霸业为标志,以管仲为其思想名片的思潮③,其文本为《管子》④。

----

① 如我们所知,对存在的领会与呈现乃哲学的核心任务。通过"名言"而"思"可以呈现存在,但呈现存在的方式不限于"名言"之"思",以"名言"为工具的"思"亦非领会、通达存在的唯一通道。在"名言"之外,"卮言"(《庄子》)、"象"(《诗》《易》)、"重言"(《春秋》)都是先秦诸子多用的运思方式。换言之,《诗》与《书》都承载着"思",可以被视作"思"的基本方式。春秋时代,诚然不是以"名言"而"思"的时代,毋宁说,这个时代乃以"诗"而"思"、以"史"而"思"的时代。诗、史与思往往相互融合,"诗"(《诗》)是"哲思","史"(《书》《春秋》)亦是"哲思"。《礼》《乐》亦然。

② 在《风》中,爱恨出于一己之口而实表达出了时代之呼声,具有普遍性。但是,对于如何惩恶扬善,如何得其所爱,消除其所恨,并没有展示出相应的客观的手段。

③ 管仲提出霸道,齐桓接受之并通过手中权力付诸实施。齐桓与管仲二人共创霸业,并将此思想通过各种途径为时人了解、熟悉。从而深远地影响了春秋思想世界的广度与深度,在此意义上,称之为"齐桓-管仲"思想最为合适。

④ 现存的《管子》一书,或以为成书于文景之间(郭沫若:《郭沫若全集》第五卷,人民出版社,1984年,第31页),或以为成书于王莽时代(参见马非百:《论管子轻重》,载于《管子轻重篇新诠》,中华书局,1979年,第4页)。当代学者们倾向将《管子》视为春秋战国时代作品。至于此书的作者,影响巨大的说法是将其视作战国时期稷下学派的作品。如果我们详细分析,则会发现此说难以成立。"稷下学宫"确实聚集了大批游士,他们"不治而议论"(《史记·田敬仲完列传》),"不任职而论国事"(《盐铁论·论儒》)。但这般名士聚在稷下,都以自己的著述与思想来博取社会声誉。比如,尹文著有《尹文子》,其说"形名";宋钘著有《宋子》,其说近于尹文;孟子著有《孟子》,其说"性善";邹衍著有《邹子》,其说"五行";田骈著有《田子》,主"齐万物以为首";接子著有《接子》,其说"或使";慎(转下页)

这个思潮的特点是推崇形名事功①，具体说，提倡效率，追求功利。其表现是，推贤举能，明令尊法，务实尚形（刑）②，计功重财。甚至"义""孝""敬""悌"等无甚实用的精神也被齐桓-管仲在治国理政中提及。齐桓-管仲思想博大庞杂，虽不能一以贯之，但却有清晰的主轴。宰周公以"务施与力而不务德"（《国语·晋语》）来概括齐桓-管仲思想，应当说是非常精到的。"施"是"施加"，从形式上看，包括物质的施与与精神的施加；从实质上看，是指以自己的意志、目的施加于他人。"力"指"强力""武力"。两者结合，意味着总是以强力、武力将自己的意志施加于他人。作为一贯的做事风格与思想原则，"务施与力"显然是对《诗》《书》《礼》《乐》所构成的思想世界（以规劝、教化等温和的方式待人）之反动，通常所说的"礼崩乐坏"正是这一思潮崛起、冲击所带来的后果。

客观地看，春秋三百年间并非质而无文之混沌，亦非文化黑夜。其间礼乐犹在，而仁义形名等各种思想勃兴。只不过，思想之共主势弱，各种思想力量依次登台。"礼崩乐坏"③乃春秋末期的社会思想状况，亦是孔家的价值判断。如果用事实判断表述则是，礼乐由

（接上页）到著有《慎子》，其说"重势"；荀子著有《荀子》，其说主"王霸礼法并用"。可见，《管子》与这些名士关系不大。至于那些平庸之辈，他们既无一己之说，亦不可能编撰出《管子》这样的杰作。因此，将《管子》视作春秋之稷下（即齐桓-管仲治下的名士）之作更合适。尽管《管子》中可能有伪篇，也可能由其后学缀辑，但《管子》之主体思想实围绕齐桓-管仲之霸业展开。因此，可以将《管子》视作齐桓-管仲思想的集中表述。如我们所知，齐桓-管仲的形名-事功思想由于其位高权重，且为当世掌权者所倾慕，故得以一呼百应，而在当时广为传播，并迅速成为与外在霸权相匹配的、在诸侯间通行的意识形态。

① 尽管管仲也"敬百姓"，提倡孝悌，推崇"义""信"，但其志向始终是功名，如"不羞小节而耻功名不显于天下也"（《史记·管晏列传》）。"事功"为目的，"形名"为手段，这构成管仲思想的内核。

② 在先秦思想境域中，"形"与"刑"通，"形名"与"刑名"通。两者差异在于，"刑"表述具体的治理措施，而"形"则包含更一般的思想倾向：追求外在、确定、客观的形式。

③ "礼崩乐坏"一词出自《论语》："三年之丧，期已久矣。君子三年不为礼，礼必坏；三年不为乐，乐必崩。"（《论语·阳货》）

至尊的意识形态转变为与形名法术同序列的思想力量①。作为新涌现的思想力量之代表，齐桓-管仲思想以效率、功利为其基本旨趣，其现实目标包括取物以归己与屈人（国）以就己。"取物""屈人"也就是能将自己的意志、目的、欲望施加于事事物物，简言之，即"有为"。老子以"无为"扭转"有为"，孔子以"为政以德"来超越刑政。老、孔皆针对齐桓-管仲思想而发，或者说，皆是齐桓-管仲思想的突破者，这似乎更合乎春秋思想的逻辑。

管仲最重要的举措是让"士""农""工""商"分工分处，使"士"明确独立出来。"昔圣王之处士也，使就闲燕……令夫士，群萃而州处，闲燕则父与父言义，子与子言孝，其事君者言敬，其幼者言弟。少而习焉，其心安焉，不见异物而迁焉。是故其父兄之教不肃而成，其子弟之学不劳而能。夫是，故士之恒为士。"（《国语·齐语》）"士"不与"工""商""农"杂处，给予他们相对独立的空间与充裕的时间，让他们共同从事思想观念的探讨（"言"），以解决精神生命的安顿问题（"心安"），"士"无疑已经成为一个独立的"知识阶层"。依照余英时说法，"哲学的突破"包含相互关涉的三点："第一，'哲学的突破'为古代知识阶层兴起的一大历史关键，文化系统从此与社会系统分化而具有相对的独立性。第二，分化后的知识阶层主要成为新教义的创建者与传衍者，而不是官方宗教的代表。第三，'哲学的突破'导致不同学派的并起，因而复有正统与异端的分歧。"② 在三个标准之中，"知识阶层"的分化与独立最为重要。依照余英时给出的标准，较之老、孔，齐桓-管仲思想实际上更接近"哲学的突破"。"士"不用劳作，其生活靠国家供养。以"义""孝""敬""悌"为思想对象表明"士"为"文士"而不是"武士"。"士"对内可安民心，对外则担负起宣传、推广齐桓-管仲思想的任务。

---

① 春秋依然将"礼乐"视为正价值，将"非礼"视为不合道义之举。

② 《士与中国文化》，第31页。

"为游士八十人，奉之以车马、衣裘，多其资币，使周游于四方，以号召天下之贤士。"（《国语·齐语》）"号召天下之贤士"是"游士"的基本职责。当然，"游士"既能对四方宣传、推广齐桓-管仲思想，其前提定然是这些"士"熟悉齐桓-管仲思想。可以想见，"士"并不仅仅一直谈论、探究"义""孝""敬""悌"等伦理性、精神性议题①，轻重、形势、法禁等齐桓-管仲所关注的富国强兵议题也是"士"的实质关怀。当然，不同的"士"兴趣、关怀不同，其观点、立场亦自然有异。对于来自齐国之外的"天下之贤士"来说，他们各以其"贤能"而为齐桓-管仲所用，而他们的思想与齐桓-管仲不必一致。这些来自不同文化区域、具有不同思想倾向的贤士居住在一起，专心思考、议论、辩难，探求种种思想的可能性。尽管他们没有各自独立创建自己的学派，亦没有文献明确记载他们思想间具体的差异、对立，但其中包含诸子之各种思想端绪已经相当明晰②。就此而言，将齐桓-管仲思想视为《诗》《书》《礼》《乐》老传统的第一次真正的突破或许更合适。

齐桓-管仲思想以形名事功为核心，大异于诗书礼乐"务德"等

---

① 鼓励"士"讨论"义""孝""敬""悌"，并不意味着管仲以此为其精神根基，它们不过是实现霸业的工具罢了。管仲亦注重"礼"，在其追求霸业过程中，"礼"充当着重要的工具。比如，在葵丘之会时，天子赐祭肉（"胙"）给齐桓公，并且传达王命，让齐桓公受赐肉时"无下拜"。桓公询问管仲，管子对曰："为君不君，为臣不臣，乱之本也。"（《国语·齐语》）让桓公依"礼"而拜。于是，诸侯"称顺焉"。

② 学界或将《内业》《心术上》《心术下》《白心》视作黄老道家的著作（冯友兰：《中国哲学史新编》第十章，人民出版社，1962年；陈鼓应则将此四篇与《形势》《宙合》《枢言》《水地》等篇也划归黄老道家，参见《管子四篇诠释》，商务印书馆，2016年）；或将四篇之外的著作视作"齐法家"著作（冯友兰：《中国哲学史新编》第七章，人民出版社，1962年）；或认为《管子》一书是黄老之学与法家的结合体（冯契：《中国古代哲学的逻辑发展》（上），上海人民出版社，1983年）；或认为《管子》中除黄老、法家思想之外，还有儒家思想（如冯友兰：《中国哲学史新编》修订本第一册，第三章，人民出版社，1982年）；或认为《管子》以《幼官》为理论中心，全书体系严密，言论不离其宗，应是道家（黎翔凤：《管子校注》序论，中华书局，2004年）。简言之，学者在《管子》中可以发现春秋战国各家的影迹，这正表明《管子》为诸子之源。

浪漫、理想精神，也同时构成了诸子思想的重要源泉[1]。两股力量相互激荡，相互撕裂，共同构成了春秋思想世界的完整图景。礼乐缺乏外在物质力量之保障。诗之思精神虽穿透力强大，但亦缺乏直接变成现实的通道。相较而言，齐桓-管仲的形名事功思想与权力、物质利益牵连，拥有更强的变革现实的力量，由此成为春秋战国诸侯为之倾心的新的思想势力。

2. 形名-事功思想之发展

齐桓-管仲的思想在其同时代即产生了巨大的影响，贤明的诸侯纷纷效法之。晋文公是其中最成功者，其图霸业之举措多借鉴齐桓-管仲："元年春……公属百官，赋职任功，弃责薄敛，施舍分寡。救乏振滞，匡困资无。轻关易道，通商宽农。懋穑劝分，省用足财，利器明德，以厚民性。举善援能，官方定物，正名育类。昭旧族，爱亲戚，明贤良，尊贵宠，赏功劳，事耇老，礼宾旅，友故旧。胥、籍、狐、箕、栾、郤、柏、先、羊舌、董、韩，实掌近官。诸姬之良，掌其中官。异姓之能，掌其远官。公食贡，大夫食邑，士食田，庶人食力，工商食官，皂隶食职，官宰食加。政平民阜，财用不匮。"（《国语·晋语》）"尚贤能""正形名""足财用"等措施与齐桓、管仲的治国措施基本一致。晋文在继位前曾流亡至齐，受到齐桓的优待。嫁给晋文的齐姜氏，在管仲、齐桓去世之后，仍能言管仲遗教："畏威如疾，民之上也。从怀如流，民之下也。见怀思威，民之中也。畏威如疾，乃能威民。威在民上，弗畏有刑。从怀如流，去

---

[1] 赵俪生在《齐桓公与管仲》（载于《管子学刊》1990年第3期）一文中，提出"桓、管思想＝儒前思想＋道前思想"。按照赵氏的说法，所谓"儒前思想"是指"凡发生在孔子以前而又与孔子思想有相当类似者"。"道前思想"指"凡发生在《道德经》以前而又与《道德经》思想有相当类似者"。齐桓-管仲思想在此意义上可说是老、孔思想之母体。王德敏在《管仲思想对老子道论的影响》（载于《中国社会科学》1991年第2期）一文中，揭示了管仲思想与老子道论之间的联系，阐发了老子如何继承管仲的思想。赵、王二氏的研究给我们呈现了一个更为真实的历史境域。

威远矣，故谓之下。其在辟也，吾从中也。"（《国语·晋语》）学习且利用管仲刑政思想治理晋国，在晋文乃自然而然的事情。

子产治郑国，尚贤使能，依靠刑辟，其主导精神可以看作对齐桓-管仲思想的继承。所谓"子产之从政也，择能而使之"（《左传》襄公三十一年）。以"能"任事，以此为原则，不惜违逆主政者，这正是齐桓-管仲的核心思想。"能"以"学"而得，所谓"侨闻学而后入政，未闻以政学者也"（《左传》襄公三十一年）。"乡校"为"学"与"议"之所，子产拒绝"毁乡校"，其理由同样基于乡校之有利于为政。"夫人朝夕退而游焉，以议执政之善否。其所善者，吾则行之。其所恶者，吾则改之。是吾师也，若之何毁之？我闻忠善以损怨，不闻作威以防怨。岂不遽止，然犹防川，大决所犯，伤人必多，吾不克救也。不如小决使道。不如吾闻而药之也。"（《左传》襄公三十一年）不故步自封，而是向贤能开放，这是子产为政的重要特征。"学而后入政"，就保证了治理的效率。乡校中议政固然可以疏通民情民怨，但也激发了"民智"。其结果是造成了郑国思想的短暂勃兴，邓析便是其中的佼佼者。

任贤能旨在更有效地进行国家治理，"刑"则是有效治理的权力保障。将"刑"向民众公开，使其确定化、客观化，这是追求效率原则的必然选择。子产因应历史需要，而在郑国铸刑书，这在当时具有重要的历史意义。不过，依据客观的刑法进行国家治理，这势必威胁着国家权力的神秘性与权威性。感受到国家权力崩溃危险的时人对此忧心忡忡，他们及时地向子产表露其忧虑。《左传》昭公六年载叔向给子产书，曰："昔先王议事以制，不为刑辟，惧民之有争心也。犹不可禁御，是故闲之以义，纠之以政，行之以礼，守之以信，奉之以仁，制为禄位以劝其从，严断刑罚以威其淫。惧其未也，故诲之以忠，耸之以行，教之以务，使之以和，临之以敬，莅之以强，断之以刚。犹求圣哲之上、明察之官、忠信之长、慈惠之师，民于是乎可任使也，而不生祸乱。民知有辟，则不忌于上，并有争心，以征于书，而徼幸以成之，弗可为矣。……今吾子相郑国，作封洫，立谤政，制参辟，铸刑书，将以靖民，不亦难乎？……民知争端矣，将弃礼而征于书。"在叔向看来，有两条截然分明的治理之路：一是依靠义、礼、信、仁、忠、行、务、和、敬、强、刚精神，以及圣哲之上、明察之官、忠信之长、慈惠之师，由此可使民"任使"；二是依靠刑律（"刑辟"）之治。依靠"刑"，使民知"刑"而据之（"弃礼而征于书"），则民不复敬畏官长。不敬畏官长则民不听任使，由此"锥刀之末，将尽争之。乱狱滋丰，贿赂并行"，争端起，政必乱。

应该说，叔向对两条治理道路的截然分判非常有见地，他让我们想起了孔子对刑政与德礼的划分。将刑辟与乱政直接勾连，也让我们联想起《道德经》第五十七章"法令滋彰，盗贼多有"的忧虑。从郑国当时情况看，叔向的担心不无道理。当时士文伯借"火见"而断言郑国"火未出而作火以铸刑器，藏争辟焉"（《左传》昭公六年）。"藏争辟"意味着基于"刑辟"的"争端"已起。不仅民与民争，民亦据"刑"而与主政者争。比如，邓析私造刑法，书之于竹简而有"竹刑"。他依据"竹刑"而"不法先王，不是礼义"（《荀子·非十二子》）。据《吕氏春秋·离谓》载："令无穷，则邓析应之亦无穷矣。……子产治郑，邓析务难之……以非为是，以是为非，是非无度，而可与不可日变。所欲胜因胜，所欲罪因罪。郑国大乱，民口喧哗。子产患之，于是杀邓析而戮之，民心乃服，是非乃定，法律乃行。"尽管一为私，一为公，[1] 但邓析与子产都将"刑"客观化，

---

[1] 子产在回复叔向质问时答曰："若吾子之言，侨不才，不能及子孙，吾以救世也。既不承命，敢忘大惠？"（《左传》昭公六年）以"救世心"做事，此为大公之心。当时郑国，人们对子产的态度也经历了一个转变，起先是欲杀之而后快，后尊崇之。"从政一年，舆人诵之，曰：'取我衣冠而褚之，取我田畴而伍之。孰杀子产，吾其与之！'及三年，又诵之，曰：'我有子弟，子产诲之。我有田畴，子产殖之。子产而死，谁其嗣之？'"（《左传》襄公三十年）

两者精神实质一致。故子产（《左传》载是郑驷歂）杀邓析，但还是用其竹刑（《左传》定公九年）。铸刑书与竹刑以确定性、客观性为其基本特征，这无疑推进了齐桓-管仲所崇尚的效率原则最大化之展开。

除了形名家、法家之外，直接继承齐桓-管仲思想的还有兵家。兵圣孙武晚齐桓、管仲百年，在其入吴前一直生活在齐国。孙子入吴所献的《孙子兵法》无疑与齐桓、管仲的思想有着顺承关系。因为，《兵法》中不只有军事，还包括刑政、名法、经济，及更广大的天地人之道。《兵法》之成熟不仅标志着其军事理论之高度自觉，同时也意味着其刑政、名法、经济理论之高度自觉。在春秋诸侯中，只有齐桓-管仲以来的齐国达到其现实与理论的要求。此外，在齐桓-管仲的继承者中，法家一直是重要的一支。《韩非子》称管仲为"圣"[1]，表现出法家对齐桓-管仲的自觉继承。而其所说"今境内之民皆言治，藏商、管之法者，家有之"（《韩非子·五蠹》）。无疑表明，他们在宣传、鼓吹齐桓-管仲思想方面不仅投入巨大，而且收效甚巨。

3. 老子对形名法令的超越

老子活动与思考时代为齐桓-管仲的形名法令思潮所笼罩。老子反对、超越的对象包含礼乐文化，但其最重要的对象是形名法术，后者即是当时主导诸侯思想的齐桓-管仲思想。或者说，形名法术思潮亦构成了《道德经》展开的思想背景。具体说，《道德经》所批判的不是处于自发状态中的鄙俗、冲动，而是在当时已经被"理论化""系统化"的思想潮流。如我们所知，管仲所追求的"仓廪实""衣食足"指向功利的实现与人的欲望的满足，这无疑是世俗性人道价值。在老子看来，这些世俗性人道价值的实现不仅不能带来社会秩序的安定（知礼节）与道德品格（知荣辱）的完成，相反，它却会使社会陷入争斗、混乱，人的品格堕落，人心不得安宁。老子曰：

---

[1] 齐桓公说其先君齐襄公"卑圣侮士"（《国语·齐语》）。

"不尚贤，使民不争；不贵难得之货，使民不为盗；不见可欲，使民心不乱。"（《道德经》第三章）"尚贤""贵难得之货""见可欲"并非儒家的核心主张，而这却是《道德经》所极力批判的观念，《道德经》显然并不是以儒家为其敌手。同时，这些主张乃自上而下的治理措施，其发布与支持者只能是拥有至上权位与社会声誉的霸主、名相[1]。《道德经》第五十七章与此类似："人多利器，国家滋昏；人多伎巧，奇物滋起；法令滋彰，盗贼多有。""利器""伎巧""法令"亦为孔孟等儒者所警惕与远离。《道德经》反复痛斥此类主张，其指向是明确的，那就是齐桓-管仲所掀起的形名-事功思潮。"绝圣弃智，民利百倍；绝仁弃义，民复孝慈；绝巧弃利，盗贼无有。"（《道德经》第十九章）如我们所知，"尚贤""贵难得之货""见可欲"所体现的效率原则、功利原则、欲望原则恰恰是形名-事功思潮的核心。在齐桓-管仲所掀起的形名-事功思潮中，"圣""贤""仁""义"的内涵皆为形名-事功所统摄。换言之，"绝巧弃利"之"巧"（"能"之一种，效率的具体形态）与"利"乃"圣""智""仁""义"的实质内容。

效率、功利、欲望都指向"有为"，而彻底的突破自然是"无为"。《道德经》第八十章所展示的世界图景正是扭转"有为"的"无为"世界。"小国寡民，使有什伯之器而不用，使民重死而不远徙。虽有舟舆，无所乘之；虽有甲兵，无所陈之；使民复结绳而用之。甘其食，美其服，安其居，乐其俗。邻国相望，鸡犬之声相闻，民至老死不相往来。"帛书本是"小国寡民，什伯人之器不用"。这里的"器"指人造之器物。"什伯人之器"即十倍、百倍效率于手工之器[2]，行文中以"舟舆""甲兵"为代表。"舟舆"可以负重超过十倍、百倍于人而到达更远的目的地；"甲兵"具有超过十倍、百倍于

---

① "春秋五霸"中，孔子亦曾言及晋文。不过，较之齐桓，晋文在孔子心目中的形象并不怎么好，所谓"晋文公谲而不正，齐桓公正而不谲"（《论语·宪问》）。
② 高明：《帛书老子校注》，中华书局，1996年，第152页。

人工的战胜对象（包括人与物）的能力。简单说，"舟舆""甲兵"可以提高人的行动效率，可以更有效地实现人的目的意志。对于"什伯之器"，老子的态度是"不用"，即拒绝效率原则，拒绝以人的目的意志加于他者之精神。不用效率高的筹策，改用无效率的"结绳"，这也是"道"的基本精神。

按照我们现在的说法，不用"什伯之器"表明其拒绝改善劳动工具，拒绝提高生产力。那么，拒绝齐桓、管仲所倡导与实施的"四民分居""作内政而寄军令"等加强对民众的控制与组织，以获得更强的生产力与战斗力①，则是拒绝生产关系的改善，此亦是"无为"的基本表现。在老子看来，在上者组织、控制在下者，其结果必然是民众生命力被减损与褫夺，最终则指向上下间的对立与相互伤害。"太上，下知有之。其次，亲而誉之。其次，畏之。其次，侮之。信不足焉，有不信焉。悠兮其贵言，功成事遂，百姓皆谓我自然。"（《道德经》第十七章）"亲"是自然的亲近，"誉"是他者对自身的增益，"侮"是他者对自身的减损。最理想的人我关系是建立在彼此不扰之上，各依其素朴之性自然展开，此即"下知有之"。彼此怀有虚无之意，守身自持，不相叨扰，相忘于江湖，彼此之间都能"独立而不改"。知对方"有"而不亲，此是最理想的状态。由"有"到"亲"，关系进了一层。由"亲"到"誉"，由"誉"到"畏"，由"畏"到"侮"，关系每进一层，则危险就相应推进一层。"誉""侮"都是对自身素朴之性的移易，如此则不能"独立而不改"。"言"即出于己而施加于人的政令，"贵言"即不再以"己"加于"人"。如此则百姓素朴之性能够保全，各自按照素朴之性展开自身，此谓"功成事遂"。

───────────

① 在管仲看来，加强对民众的控制与组织的目的是"人与人相畴，家与家相畴，世同居，少同游。故夜战声相闻，足以不乖；昼战目相见，足以相识。其欢欣足以相死。居同乐，行同和，死同哀。是故守则同固，战则同强"（《国语·齐语》）。

在"无为"精神主导下，人的生命才能得到保全与守护，才能吃什么都香（"甘其食"），穿什么都好（"美其服"），住什么样的房子都满足（"安其居"），什么样的外在条件都可以乐在其中（"乐其俗"）。同样，与人共在的其他生命才能免遭损伤。"鸡犬之声相闻"之"相闻"展示出物与物[1]、人与人之间充满慈意、相互不扰的意愿，及随着意愿而开出的人物之间的素朴关系。在小国寡民之中，每个人能够持守自身，而不再屈物屈人。物不屈而任己之性自正自化，万物之生机得以完整保存，其生命环节得以完整展开。"鸡犬之声相闻"描述的正是此生机勃勃之态。"鸡犬"乃与人最近之物[2]，与人最近，被人施加与改变亦多。然人退物生，鸡犬随着人的欲望之收摄，其性上之所加减退，所损伤逐渐恢复，其生机亦随时涌现。"鸡犬之声"随时随地涌起，亦可随时随地被听闻。愿意闻听鸡犬之声，表明彼此乐于相容，不仅人愿意听闻鸡犬等物，鸡犬间亦安然相处。"闻"所体现的"闻者"与"所闻者"之间的距离性在"相闻"的意愿中保持，距离性则保证了"闻者"与"所闻者"之间彼此不扰，各全其真。[3] 显然，"小国寡民"状态下，"万物""民"的

---

[1] "相闻"之"闻者"为寡民，亦可为鸡犬。如我们所知，鸡犬的听觉比人更敏锐。一处鸡飞狗跳不仅使之闻不了近旁的鸡犬之声，也会让临近鸡犬不宁而不得去"闻"。"相闻"表明，各处鸡犬间安宁祥和，彼此不扰。诚然，此物与物之间之秩序源于人的退让，然其生机之迸发却超出人伦，流布于天地之间、万物之中。

[2] "鸡犬"一直被当作人气、人烟的象征，"无鸡犬"则人气湮灭，生机不再。晚唐诗人韩偓曾以"鸡犬"与"鸣鸦"相对，以表达"有人气"与"无人气"之境。他写道："水自潺湲日自斜，尽无鸡犬有鸣鸦。千村万落如寒食，不见人烟空见花。"（韩偓：《自沙县抵龙溪县，值泉州军过后，村落皆空，因有一绝》）"无鸡犬"即"有鸣鸦"，此为描画人烟湮灭、生机褪尽之图景。"有鸡犬"即有生气，韩诗此处与《道德经》同旨。当然，依《道德经》，"水自潺湲""日自斜""空见花"等无人之境亦生意显露之境，"鸡犬相闻"则是人退隐进显、人物生机共现之境，二境皆可期待。

[3] 吴澄注曰："虽相邻之国，目可以相望，鸡犬之声，耳可以相闻，如此至近，至老死不相往来。"（《道德真经吴澄注》，华东师范大学出版社，2010 年，第 113 页。）"相望""相闻"表明的是人物之至近，但"至近"却非"亲近"，而恰恰在"相望""相闻"中形成距离才保住彼此至近不扰。

生命力甚强，而"国"则相应被弱化。两者不可得兼，齐桓-管仲选择的是"尚贤能""作内政而寄军令"而富国强兵，老子选择的是扭转此精神路向而让民、物各全其真①。齐桓-管仲追求形名法令，老子则果决地拒斥之而追求"无形（无名）"之道。这条道路后由庄子继承并发扬光大，由"形"而明确走向"使形者"或"形形者"，从而确立了道家"形而上"的思想道路②。

4. 孔子对刑政的超越

如果说礼乐征伐自诸侯出为"无道"，那么诸侯只出征伐而不举礼乐可谓无道至极。孔子欲恢复周礼（包括《诗》《书》《礼》《乐》等）以救世，但当时的思想界却是齐桓-管仲的形名事功思想当道，《诗》《书》《礼》《乐》被冲击而逐渐式微。在理论上坚定地回击齐桓-管仲的"刑政"思想，此为孔子绕不开、推不掉的难题。在《为政》篇，孔子对比了两种为政方式，并断言："道之以政，齐之以刑，民免而无耻。""道之以政，齐之以刑"针对的是孔子同时代的诸国意识形态，此意识形态之祖师无疑是齐桓-管仲。"仓廪实而知礼节，衣食足而知荣辱。"（《管子·牧民》）"仓廪实""衣食足"在齐桓-管仲为实实在在优先追求的价值目标，"知礼节""知荣辱"是其企盼之局面。两者兼得可能是管仲的善良愿望，实际上，齐桓-管仲仅仅达到了"仓廪实""衣食足"这个物质文明的目标，"知礼节""知荣辱"等精神文明目标显然没有实现③。百年后的孔子看到了这一点，并且敏锐地指出了问题之所在。"知礼节""知荣辱"等精神

---

① 孔子亦言"无为"，如："无为而治者，其舜也与？夫何为哉，恭己正南面而已矣。"（《论语·卫灵公》）"恭己"是"无为"的前提，即"为政以德"，其实质是博施于民。老子之"无为"不以"仁义"等德居先，更"不博施于民"。
② 关于道家"形而上"道路的形成，请参见本书第三章。
③ 齐桓公的同时代人对其做法已有比较明透的了解，如宰周公曰："夫齐侯好示，务施与力而不务德……惠难遍也，施难报也，不遍不报，卒于怨雠。"（《国语·晋语》）"务施""务力"而"不务德"，其结果必然是"卒于怨雠"。

目标的实现或许可以奠基在物质之富足上（"富之"，然后"教之"），但依靠刑政手段却适得其反。刑政作为外在强制性手段，可以使民众外在地服从规范，亦能合乎规范，但却无法深入内心，完成内在道德品格（"有耻"）的建构。为实现这个目标，孔子另辟蹊径，开辟了"道之以德，齐之以礼"之精神道路，唤醒内在精神，由内而外地认同、皈依精神目标，由此形成健全的道德品格（"有耻且格"）。以"德、礼"治国（《论语·里仁》称之为"以礼让为国"）也拒绝以效率为先，拒绝以功利为尊，所谓"无欲速，无见小利。欲速，则不达；见小利，则大事不成"（《语论·子路》）。"速"即办事高效，"无欲速"即反对办事效率为先。"小利"指眼前目标的实现，"无见小利"即反对追求眼前实利。在孔子，"大事"当指伦常秩序修整，民众道德意识健全。这亦是指向对齐桓-管仲"贤能"为"上"价值观念的超越。

　　"管仲之器小哉！"（《论语·八佾》）是孔子对管仲的纲领性评价。"器"本指有限量、具有特定功能与用途者，这里指气度、度量。按照朱熹的解释，"器小"之"小"是说管仲心中只有功利，能够"九合诸侯，一匡天下"，而容不下王道，故曰"局量褊浅，规模卑狭"①。管仲相齐桓而霸诸侯，其才能已经得到证明，但他没能辅助齐桓走上王道，此又为儒者所诟病。这个评价所包含的两个方面的内容在《论语》中都有展开。比如在《八佾》中，孔子批评管仲："管氏有三归，官事不摄，焉得俭？……邦君树塞门，管氏亦树塞门；邦君为两君之好，有反坫，管氏亦有反坫。管氏而知礼，孰不知礼？"以"礼"为价值标尺而做出价值评判，则管仲"不知礼"。这也可以说明"礼"在管仲思想中并不重要。但换个角度看，管仲的才能与治国方式又值得肯定。比如，孔子在《论语·宪问》中评论管仲道："人也。夺伯氏骈邑三百，饭疏食，没齿，无怨言。""刑

---

① 《四书章句集注》，第 67 页。

政"总是以外在客观的尺度（刑、法）为标准。作为治理方式，"刑政"中个人的因素会被最大化地悬置。严格依照"刑政"行事，个人因素被剔除，其结果亦不会归结为个人之间的恩怨。"无怨言"彰显的正是社会治理依"刑政"而不依个人所造成的社会后果。

如我们所知，管仲相齐桓长达四十年，在齐国，其一言一行都被视作权威、楷模而被记诵；另一方面，由于其成功，各诸侯国纷纷仿效，学习其举措、思想。这样，管仲由齐国而至于各诸侯国，被各诸侯国记诵。由此，孔子才有可能如此细致地了解管仲。当然，在了解中包含着不一样的情绪。首先，立足于"从周"、捍卫"周礼"的情怀，孔子指责管仲与邦君一样"树塞门""反坫"为"不知礼"。这个带有价值意味的判断非常准确。因为在管仲的观念中，国之强盛依赖贤明之士与以法令保障的制度系统，于是大力"制国""进贤"（《国语·齐语》）。围绕"足甲兵"展开的举措以提高效率为核心，比如"相地而衰征""举善而诛不善"等（《国语·齐语》），其实质正是孔子所反对的"道之以政，齐之以刑，民免而无耻"，更与礼乐制度所维护的确定秩序相悖逆。"道之以政，齐之以刑"实施百年，在春秋时代影响巨大，其流弊孔子看得十分清楚。"民免而无耻"不仅是道德的评价，更是鲜明的社会效果之揭示，可谓精当之极。孔子"道之以德，齐之以礼"之理念即是立足于刑政之治的流弊而展开的超越，其深沉内涵正基于刑政之治所带来的思想力量与社会影响之深刻的反转。

孔子仁爱、礼治等观念虽与管仲霸道刑政观念相左，但霸道刑政对于文明的守护又为前者之实施提供前提与保障，孔子对管仲事功的肯定正基于此。"管仲相桓公，霸诸侯，一匡天下，民到于今受其赐。微管仲，吾其被发左衽矣。"（《宪问》）而且，管仲之霸诸侯，不是完全凭借武力，所谓"桓公九合诸侯，不以兵车，管仲之力也"（《宪问》）。尽管管仲思想与礼乐相悖，但以事功捍卫文明，霸诸侯而不以兵车，此乃孔子退而求其次，有限地接受、肯定管仲的原因。

而且，为达到人伦治平的目标，在仁德、礼让精神前提下，孔子亦不弃绝"刑罚""名利"，所谓"名不正，则言不顺；言不顺，则事不成；事不成，则礼乐不兴；礼乐不兴，则刑罚不中；刑罚不中，则民无所措手足"（《子路》）。"名"与"实"相符，言顺事成，则可安民。施仁于民固重要，施利于民，惠民而使民"富"才更完美。"刑罚中"则犯上作乱可惩治，"礼乐兴"而民知耻，由此国可治，天下可平。在孔子观念中，作为外在规范的"礼乐"离不开内在人心的认同，礼乐之兴最终要仰仗"仁"的精神，所谓"人而不仁，如礼何；人而不仁，如乐何"（《八佾》）。"仁"为礼乐之基石，礼乐则能保障刑罚之效用。不以名利、刑罚为尊，而是在仁德、礼让精神根基上开启其用，这是孔子对齐桓-管仲思想的颠覆与扭转。不同于老子同时拒斥礼乐、形名，孔子拒斥形名法令而使之归于仁、礼，此道路后由《系辞》继承并发扬光大，由"形"走向"形而上"，从而确立了儒家"形而上"的思想道路。

质言之，老、孔面对的不仅有诗书礼乐的老传统，同时还有一个广大博厚且拥有思想与现实双重势力的齐桓-管仲新思潮。不妨说，这两个不同思想道路之争——可视作当时的"古今之争"——构成了春秋思想界之张力与境界。据此，我们可以补充《汉书·艺文志》的说法，诸子不仅为六经之支流，同时也是齐桓-管仲之支流。温情、和谐、理想与强力、秩序、现实，不同的价值追求纠结于两个思想道路之长期对峙中。对待春秋思想界张力的立场与态度之差异构成了"百家争鸣"的实质内容：老子对礼乐文化系统与形名-事功思潮一并否定；孔子试图否定、超越形名-事功思潮，而欲恢复、重建礼乐文化系统；老、孔由此开辟并使中国思想走上"形而上"道路。子产等法家、孙武等兵家，及邓析等形名家则自觉批判礼乐文化系统，继承并系统完善形名-事功思潮。简言之，诗书礼乐老传统与齐桓-管仲思想新势力之对立构成了春秋思想展开的必要张力，在此张力展开过程中，超越"形"而走上了"形而上"道路，由此确立了中国哲学的运思方向。正视此两股思想力量，尤其是齐桓-管仲掀起的形名-事功思潮，为准确理解春秋思想世界及诸子思想提供了必要的前提。

（二）从"形"到"形而上"

与耳目之争脉络相一致，儒家道家自觉抵制、消除"形"的观念，从而使目-智思潮难以确立为主导性思想传统。闻-圣-道思潮经过几代人的努力，逐渐突显，成为思想主流。如战国时，儒家成为与墨家并列的显学。"闻"的对象是声音，包括自然之声，如天籁、地籁，也包括人籁、人声。天籁、地籁与天道通，可谓道言。人籁为心声，如"民虑之于心而宣之于口"（《国语·周语上》），人声与人道通。二家共同推崇、走向闻道。声虽在外，但通过闻而可进入人的生命。闻-圣最终通达天人，而自觉超越了以"分""定"为基本特征的目-形。

"形"的观念之历史的展开同时表现为逻辑的开展。从形体统一的"象"到形与生、形与神的分别及分化，形名家则将"形"突显为具有本质意义的观念，而这种以形为性的思想倾向首先为《庄子》所扭转。《庄子》立足于完整的生命，反对"形"拥有独立的、本质的意义，在对"使形者"与"形形者"等"形"的根据的寻求中赋予"形"以"生理"内涵。《系辞》则立足于宇宙万象而提出"形而上""形而下"框架，从而确立了以"形"理解、规定、把握道与器的道路，这构成了中国"形而上"学的原初形态。不过，"形而上"反过来又使"形"成为与本质无涉之存在。"形"彻底成为无本质的东西，形而上的道路遂成为单纯形上的追求。视觉由此在方法论上成为不必要，味觉思想相应在"形而上"道路中确立。

今人多喜弃形而直接讲道、讲理、讲"形上"，20 世纪以来，学者们更乐于撇开其原始含义，从抽象与具体等架构来诠释"形上"

与"形下"①，以致在此之外的可能性亦被质疑。从《系辞上》看，"形而上者谓之道"中的"形"被理解为规定道、器的根据，理解与把握"道"之道路相应经由"形"而被确定。由"形"而开启、通达"形而上"的道路，也是一条研究、进入"形而上学"的道路。以"形"来理解、阐释"道""器"的思路是否更健全不敢遽断，但正视从"形"出发研究"形而上"的可能性或有益焉。

1. 大象无形

"形"的观念之历史的展开同时表现为逻辑的开展。从观念史看，尽管"形"字出现并不晚②，但形体之区分、分离无疑是较晚的事，在价值上更迟迟难获认同。《道德经》之"大象无形"（《道德经》第四十一章）崇尚的是具有未分化特征的"象"，而表现出贬低形体之分化、分离的趋向。"象"既指形式，又指实质，乃形式与实质未分之统一体。在《道德经》，"大象"（即"道"）乃创生之源，万物与人乃这些崇高者所创生，故它们也如"象"一样具有神圣性，具有"象"一般的力量、生命力，成为生生不已的宇宙"万象"。"道之为物，惟恍惟惚。惚兮恍兮，其中有象，恍兮惚兮，其中有物。"（《道德经》第二十一章）"恍""惚"是"道"的存在形式，也是"道"生化万物万象的方式。这里的"物"与"象"处于同一序列，"大象"与"道"居于同一序列。承大象之生机言，"物"有其"象"，"象"成其"物"，"象"为物之"体"。在此意义上可说，"物"即"象"，"象"（而非"形"）即"物"。"有象"而"有物"，也就有了"形"，或者说，"有形"之"物"根基于"无形"之"象"，从生成秩序说就是由无名、无形之道到有名、有形之物：

---

① 如冯友兰言："我们所谓形上、形下，相当于西洋哲学中所谓抽象、具体……理是形而上者，是抽象底；其实际底例是形而下者，是具体底。"（冯友兰：《贞元六书》，华东师范大学出版社，1996年，第36页。）

② 较早的文献有"乃审厥象，俾以形旁求于天下"（《书·说命》）。

> 道生之，德畜之，物形之，势成之。是以万物莫不尊道，而贵德。(《道德经》第五十一章)
>
> 昔之得一者，天得一以清……万物得一以生。(《道德经》第三十九章)

《道德经》关注物之"生"，物之"生"即物之"形"，即获得各自独特的形状。"生"或"形"的动力源于"道"，"道生之"或"万物得一以生"是也。道生物自然而生，自然者，自成也[1]，即自己成长、成熟。"成"不是一成不变之"成"，"成"指生、长、收、藏整个完整过程。"形"属于"有"，"无形"是"无"，万物之"形"与"成"源于无形之道。将无形之道作为有形万物之根确立起来，这样有形而有限之万物就有了无限性、绝对性。人工所造之物——器[2]同样由无形之道衍生出来："朴散则为器。"(《道德经》第二十八章)"朴"即"道"，将"器"的原理归之于"道"无疑深刻影响了《系辞》之"形而下者谓之器"思想。

万物秉得无形之道而得以生，在人类的视野中，在得道成形的同时，万物也因获得的"形"而潜藏着远离道的危险。相对无形之道，有形的万物打动人的感官，满足人的欲望，也因此更容易获取人们的目光，更容易成为人们追求的目标。一旦人们把有形者当作终极目标追求，把它们理解为唯一的实在者，也就入了迷途。《道德经》不否认"有之以为利"(《道德经》第十一章)，但更要求从"有"回归"无"，一方面在实用层面上发挥"无"的妙用，"无之以为用"(《道德经》第十一章)；另一方面，在根本处确立万物、有、无的谱

---

[1] 所谓"自然"之"然"，按照《广雅·释诂》解："然，成也。""自然"即"自成""自熟"。

[2] 器字不从犬，而是从豕，本义为养猪用的石槽，引申为人工制品。可参见何金松：《汉字文化解读》，湖北人民出版社，2004年，第596页。

系："天下万物生于有，有生于无。"（《道德经》第四十章）破除以"有"为终极存在或唯一实在之陋见，从而确立大本大根。

当然，《道德经》的重心是确立天地万物本源之"道"，而其对道的规定更侧重于与有形之物相对照。强调"道"与"物"之"异"的结果则是突出了"道"的自身无性，遂有将道隔绝于万物的倾向。《道德经》一直使用"无形""无名""视之不见""听之不闻""抟之不得"等否定性语言来表述"道"，从而突显出它对有形有名之物的超越特质。如：

> 道可道，非常道。名可名，非常名。（《道德经》第一章）
> 视之不见名曰夷。听之不闻名曰希。抟之不得名曰微……是谓无状之状，无物之象，是谓惚恍。（《道德经》第十四章）
> 道常无名……始制有名，名亦既有，夫亦将知止。（《道德经》第三十二章）
> 大方无隅，大器晚成，大音希声，大象无形，道隐无名。（《道德经》第四十一章）

"有名"乃有形有状之万物，"名"之"始制"乃是"无名"之道所衍生的结果。叶落终将归根，创生者同样也是归宿，有名有形之万物终将回归无名无形之道。在《道德经》的视域中，这种回归既是大道运行之必然，也是思想之必然、价值之必然。以"道""无"超越"形"，其所奠定的对"形"的超越基调也为中国"形而上"思想道路之形成确定了方向。

2. 形不胜心，心不胜术

与《道德经》一致，孔子自觉批判刑政。"道之以政，齐之以刑，民免而无耻。"（《论语·为政》）在孔子看来，刑政通过外在的强制，并不能实现民众内心的认同。因此，作为治理手段，刑政比不上德礼。孔子不反对事功，但却自觉以道义抑制之，所谓"君子喻于义，小人喻于利"，正是对功利优先原则的贬抑。相较《道德经》对物之"形"的思考，孔子更关注人之"行"。《论语》中没有出现"形"字，但在实质层面，孔子对"行"的理解、规定与"形"密切相关（古"行"字与"形"字通），并且深刻影响与规定着后儒的思考。孔子讲人道，讲"礼"这种"人文之形"，主张以有形之"礼"来规范行为、形体（非礼勿动），成就文质彬彬的德行与德性。通过形式性的"礼"使言行有序，由这些有序、有形的言行出发，即由行（形）而上，来实现终极价值。当然，孔子以礼正身、以德润身的前提是以仁充实礼，其强调行为的自觉性，亦即强调内在仁爱心性对外在行为的主导性，即形体服从于仁爱之心，由仁爱之心统摄行为。"人而不仁，如礼何？"（《论语·八佾》）德性、德行优于自然欲望及形貌。孔子虽以文质彬彬为理想而反对质胜文，但以仁充实礼的思路决定内在的仁爱才是文质彬彬行为、形体意义之支撑点。可见，孔子对人"行"之看法类于老子对物"形"之看法，行（形）的意义奠基于仁（道），行、形不具有终极的自足性。

作为孔子的继承者，思孟及荀子对"形"的看法与孔子基本一致，但思想架构已有所转：转"行"而结合"行"与"形"，思考"行"与"形"之根基，即后世所谓"行（形）而上"也。行，事也，情也；形，式也。转"行"为"形"，转"行而上"为"形而上"已经从偏重于动态的考察转而在一定程度上具有更多静态结构趋向：

> 诚则形，形则著，著则明，明则动，动则变，变则化，唯天下至诚为能化。（《中庸》）
>
> 有诸内必形诸外。（《孟子·告子下》）
>
> 形色，天性也，惟圣人然后可以践形。（《孟子·尽心上》）

作为天性的"形"需要转换、教化成德性之"形"。这种转换不是否定天性，而是以德"润"身，使天性德性化。形之出既由仁义而发，又由己出若天性使然。这个以心灵自觉主导、自然呈现的境界当然很高，以至于孟子认为唯有圣人才能"践形"。

> 口之于味也，目之于色也，耳之于声也，鼻之于臭也，四肢之于安佚也，性也，有命焉，君子不谓性也。仁之于父子也，义之于君臣也，礼之于宾主也，智之于贤者也，圣人之于天道也，命也，有性焉，君子不谓命也。（《孟子·尽心下》）

形色是自然属性，对此讲"命"而不能不讲"性"，因为形色非自己所能决定，所谓"莫之致而至者命也"（《孟子·万章上》）。讲命是接受形色事实，但不是接受形色的支配，不是按照形色原则办事。在孟子，形色只是"小体"，仁义之"心"才是"大体"。人应当"养气"，先立乎其大者，确立起大体的主导性，这样，形色服从大体支配，表现大体，即在一言一行中表现出来，此即所谓"践形"也。孟子认为，仁义礼智天道皆根于心，皆出于性，它们对人来说不仅是可能性，也具有可掌控的现实性。因此，不可自暴自弃谓之曰命定。仁义礼智天道在人身之实现即表现为由内而外之涌现："君子所性，仁义礼智根于心，其生色也，睟然见于面，盎于背，施于四体，四体不言而喻。"（《孟子·尽心上》）以德润身，以礼润形（文质彬彬），得诸内，形诸外，形被理解为内心的直接表达[①]。

---

① 王夫之对"形色，天性也"解释道："妖祥之变有色矣，而不能有形，则无定性；草木之类有形矣，而不能有色，则无觉性。若夫人也，则外形之用，色所发也……性也者，即此内外成形至实之体……人之形则为人之性，犬牛之形则为犬牛之性。"（王夫之：《船山全书》第 13 册，岳麓书社，1996 年，第 680 页。）基于此，王夫之对于"绝形"说提出批评："以累于形者之碍吾仁也，于是而以无欲为本之说尚焉。乃或绝形以游于虚，而忘己以忘物，是其为本也，无本者也。形皆性之充矣，形之所自生，即性之所自受。"（《船山全书》第 13 册，第 638 页。）"形皆性之充"，形性非二而一，在此意义上，形即性。王夫之以"形"论"性"可以看作向形名家的复归。

孟子以心胜形，荀子则进一步主张（道）术胜心，心胜形：

> 相形不如论心，论心不如择术。形不胜心，心不胜术。术
> 正而心顺之，则形相虽恶而心术善，无害为君子也；形相虽善
> 而心术恶，无害为小人也。（《荀子·非相》）

> 君子养心莫善于诚，致诚则无它事矣。惟仁之为守，惟义
> 之为行。诚心守仁则形，形则神，神则能化矣……善之为道者，
> 不诚则不独，不独则不形，不形则虽作于心，见于色，出于言，
> 民犹若未从也，虽从必疑。（《荀子·不苟》）

荀子主"隆礼尊贤"（《荀子·大略》），与孔子一样，荀子主张以
人之精神来充实"礼"。"礼以顺人心为本，故亡于《礼经》而顺人心
者，皆礼也。"（《荀子·大略》）形式性的《礼经》以实质性的人心为
本，顺人心即礼，因此，形的价值系于心。形相与心术皆有善恶，价
值上两相权衡，心术之善大于形相之善。就人之为人说，心术之善恶
成为区分君子、小人的标准。荀子大量列举了形恶而心术善之往圣，
及形善而心术恶之暴虐之徒，其目的就在于说明，术胜心，心胜形。

诚中形外，先秦大儒并没有如《道德经》一样为皈依道而超越
形①，对于形体的需求他们大体表现出积极的关怀。孟子主张把养欲
与仁义教化结合起来，"百亩之田，勿夺其时"，"五亩之宅，树之以
桑"，"谨庠序之教，申之以孝悌之义"（《孟子·梁惠王上》）。荀子更
直接肯定养欲的意义，甚至以"养"诠释"礼"：

> 先王恶其乱也，故制礼义以分之，以养人之欲，给人之
> 求……刍豢稻粱，五味调香，所以养口也；椒兰芬苾，所以养
> 鼻也；雕琢刻镂，黼黻文章，所以养目也；钟鼓管磬，琴瑟竽

---

① 《道德经》不灭生，但亦不"厚生"，所谓"为腹不为目"（《道德经》第十二章）是也。

笙，所以养耳也；疏房檖貌，越席床第几筵，所以养体也。故礼者，养也。（《荀子·礼论》）

形体需要养，但形体之养并不是目的。人之为人者是"义"，形体之养并不能达到这个目的，因此，形体之养远不及心术之养（在孟子为"思"，在荀子为"学"）重要。小体服从大体①，形体服从心术，或者说，追求形体之上者（而非形体之外者），这才是大儒们之真正关怀。

3. 有形者必有名

"形"的自觉在古希腊是一大思想事件，对先秦思想来说，"形"的自觉同样意义重大。"形"作为独立的、本质性范畴正是由形名家确定的。由于对"名"的思考与对"形"的理解相联系，名家亦称为形名家。形名可分两层次：一般意义上讨论形与名的关系，将"形"作为具有本质意义的存在进行探究；应用层面上的形名，将形名当作根据，由形名比详而展开活动。形名家往往根基于前者而落实于后者，比如公孙龙以白马论出名而以名实论指向现实。广义的"形名"不限于形名家，同时包括崇尚形名的兵家、法家。春秋时期，礼崩乐坏、列国纷争，这促使思想家们努力寻求重建秩序之道。以确定、区分、形式为基本特征的"形名"思想因为其拥有较强的操作性而为诸家注意。儒道两家虽然一直对形名思想保持着高度的警惕，但形名思潮还是在春秋战国之际得到了广泛发展与传播。

类于《道德经》，形名家大都认同无名、无形之道到有名、有形之物这个分化过程，如邓析说："无形者有形之本，无名者有名之

---

① 作为"大体"之"心"亦有"体"。但此"体"是"形体"之"体"，还是"无形体"之"体"，《孟子》并未言明，后世学者们对此有争论。按照《黄帝内经》的说法，"心"为内脏，同时为"灵明之主"（《孟子》亦曰"心之官则思"）。近现代学者以"理性"释"心"，"心"则成为"无体者"。

母。循名责实，实之极也；按实定名，名之极也。参以相平，转而相成，故得之形名。"(《邓析子·转辞篇》) 如前所述，《道德经》将无形之道作为有形万物之根确立起来，这样有形而有限之万物就有了无限性、绝对性。形名家以无形之道作为讨论形名的基础，其意图显然在于为形名之本质性提供一个前提。随着形名之辩的深入，这个前提很自然地被形名家淡化，乃至抛弃。

> 夫明于形者分不遇于事，察于动者用不失则利。(《邓析子·无厚篇》)
>
> 视能见于无形……不以目视则照于无形矣。(《邓析子·无厚篇》)
>
> 百官有司，各务其形(《四部备要》本改"形"为"刑"①)。(《邓析子·无厚篇》)
>
> 循名责实，实之极也……明君之督大臣，缘身而责名，缘名而责形，缘形而责实。(《邓析子·转辞篇》)

"大道无形，称器有名。名也者，正形者也。形正由名，则名不可差……大道不称，众有必名。生于不称，则群形自得其方圆。名生于方圆，则众名得其所称也。"(《尹文子·大道上》) 其顺序大致是，无形之道生有形之物，名则生于(有)形。"群形"生于"不称之道"，如《道德经》一样，道生之"生"乃是群形之"自生"。"名"由"形"生，故名由形定。

首先，"形"指与视觉(目)相对应的形状，这与稍后的《公孙龙子》对"形"的使用是一致的，即以"目视"与"马形"相对，而以"手拊"与"坚体"相对。其次，"形"指确定的规定、职分，

---

① 形名家多有礼法政治关怀，形刑相通。但形名说之意义远逸出礼法政治领域，包含我们今天所熟悉的逻辑学及存在论的意义。

如《邓析子》所论，明于形者不待与事遇而知分。我们看到《转辞篇》中"身"是指身份，"名"是名分，"形"即指所负职分，"实"是指实际功效。由"缘名而责形，缘形而责实"，我们可知，"形"乃是循名责实之"名"与"实"的中介。故"形"又不限于"刑"，百官各务其形之"形"乃职分也。

众所周知，《道德经》关注无形无名之道，关注由有形到无形的"复初""返本"，有形有名是待超越者。相较于此，形名家更关注有名有形界形与名之间的内在关联。

有形者必有名，有名者未必有形。形而不名，未必失其方圆白黑之实。名而不可不寻，名以检其差。故亦有名以检形，形以定名。名以定事，事以检名。察其所以然，则形名之与事物，无所隐其理矣。（《尹文子·大道上》）

名者，名形者也；形者，应名者也。然形非正名也，名非正形也。则形之与名居然别矣。不可相乱，亦不可相无。无名，故大道无称；有名，故名以正形。今万物具存，不以名正之，则乱；万名具列，不以形应之，则乖。故形名者，不可不正也。（《尹文子·大道上》）

形未名不失其实质，名无形不成其所以然，形名指向一个有着"所以然"、有"理"的世界，指向一条有秩序的道路。由"形"走向"名"，即由"形"而通达名言世界，有了形名则万物敞开其意义。形与名不能等同，形不是名，名不是形。万物现于前，不以名命之称之则乱。名为形命名，一旦名定，彼此区别之众形则一形有一名，名就成为形的标准。故《尹文子·大道上》又曰："名也者，正形者也。形正由名，则名不可差。"万物由形而名，由名而得秩序。形属于存在着的万物，经过命名而与名相应，形就成为名的内容或实质，成为"名"之有意义的根据，故"形以定名"。名不可乱，万名离形同样会产生混乱。

名起源于万物自身的差异，有了差异就有了分别。形奠基于差异、分别之上，名则确定了这些差异与分别：

> 名称者，别彼此而检虚实者也。（《尹文子·大道上》）

"形"是"分定"，即自身规定性的确定。"奇正无穷，分也。""分"是有差异、有分别者，在一定意义上可看作特殊规定性或特性。《尹文子·大道上》则说：

> 名宜属彼，分宜属我……白黑、商徵、膻焦、甘苦，彼之名也；爱憎、韵舍、好恶、嗜逆，我之分也。

"分"指"名分"，具体地说，是指"我"对事物的判定、区分、辨别，故曰"分宜属我"。但我之"分"应该对应于彼之"名"，名分察则得，名分混则失。因此，名分虽二实一。类似的说法有：

> 故有形之徒，莫不可名……分定则有形矣，形定则有名
> ［矣］。（《孙膑兵法·奇正》）
> 物固有形，形固有名。名当谓之圣人……物固有形，形固有名，此言不得过实，实不得延名。姑形以形，以形务①名，督言正名，故曰圣人……以其形因为之名，此因之术也。（《管子·心术上》②）

---

① 务，读为"侔"，取也。见郭沫若：《管子集校》，《郭沫若全集》第六卷，第424页。
② 一般看法是，《管子》在战国时期及其后成书，包含儒、道、兵、名等各家杂说，《心术》中有关于形名的重要思想。

所谓"以形务名""以其形因为之名",就是以"形"作为制"名"的根据。

公孙龙对"形"与"名"的看法最为世人熟知。在《白马论》中,公孙龙论证道:"言白所以名色,言马所以名形也。色形,非形,非色也。夫言色则形不当与,言形则色不宜从,今合以为物,非也。""形"非"色",亦非"色形",它只与"马"相关。《尹文子》对"牛"与"形"有类似说法:"牛则物之定形。"(《尹文子·大道上》)为什么会用"形"来界定"牛""马"等物呢?

如前所述,"形"与视觉对应,偏重于形状、形式。公孙龙亦谈论"体"或"质",比如《坚白论》所论之"坚"。但同样值得注意的是,公孙龙以"坚"与人的触觉(手拊或捶)对应,同时,他以"坚""白"与"石"独立,而相互分离,在这个意义上,"坚""白"不得作为"物"的本质规定性[①]。"言马所以名形也",也就是说,"马"这个"名"是"名形"的,即马之"形"乃是马的实质,按照我们今天的哲学概念说,马之"形"就是马的本质、马之性。可以看出,形名之学发展到公孙龙这里,已经摆脱早期"无形生有形"的存在论前提,而径以形为性,以性为形,或者说,形即性,性即形[②]。

[①] 《坚白论》有:"天下无白,不可以视石;天下无坚,不可以谓石。坚、白、石不相外。"现在一般认为,这段是宾客之诘难,公孙龙的观点正与之反对。

[②] 谭戒甫对形名家的思路有深刻的揭示:"因为凡物必有形,再由形给它一个名,就叫'形名'。由是得知:形名家只认有物的'形',不认有物的'实'。他以为'形'即是物的标识,'名'即是形的表达,物有此形,即有此名。若人由名求物,由物求形,是易见的。若必由名而求物实,那个实究竟是什么东西,很难说的;即或能说,而所说的究竟能够达到什么程度,还是很难的。然则'实'这个东西,终于不可捉摸,只好归到形和名罢了。"(谭戒甫:《公孙龙子形名发微》,中华书局,1963年,第1—2页。)如果仅指公孙龙,这个论断还是不错的。但在其他形名家那里,问题可能没这么简单,如"形"在邓析那里被理解为通达"实"的桥梁。如《邓析子·转辞篇》:"明君之督大臣,缘身而责名,缘名而责形,缘形而责实。"名、形与实并非同一,形侧重指形式性方面,实侧重指实质性方面。形名之辩与名实之辩关注点相应表现在形式与实质不同方面。形名家的功绩在于将"形"独立出来,并确立为"名"的直接相关者。

对于形名家何以独以"形"为"物"(马、牛)之规定性,我有个推测,即这可能与以"象形"为主的汉字之特殊的造字法有关①。"牛""马"等物之"名"(字)由模拟牛马之"形"而得,"字""形"与"物"本身为一,基于此,形名家才会说"马所以名形也","牛则物之定形"。

4. 从"形"到"使形者"

相较于《道德经》、形名家对无形(道)及有形(物)的分别关注,《庄子》则对"德"给予更多关注。得道为德或得道成形,形名家所隔绝的无形与有形在庄子思想中得以通达。

首先来看看《庄子》对形名家之"形"的观念的批评。

是故古之明大道者,先明天而道德次之,道德已明而仁义次之,仁义已明而分守次之,分守已明而形名次之,形名已明而因任次之,因任已明而原省次之,原省已明而是非次之,是非已明而赏罚次之。赏罚已明而愚知处宜,贵贱履位,仁贤不肖袭情。必分其能,必由其名。以此事上,以此畜下,以此治物,以此修身;知谋不用,必归其天,此之谓太平,治之至也。

故书曰:"有形有名。"形名者,古人有之,而非所以先也。古之语大道者,五变而形名可举,九变而赏罚可言也。骤而语形名,不知其本也;骤而语赏罚,不知其始也。倒道而言,迕道而说者,人之所治也,安能治人!骤而语形名赏罚,此有知治之具,非知治之道;可用于天下,不足以用天下,此之谓辩士,一曲之人也。礼法数度,形名比详,古人有之,此下之所

① "牛"字甲骨文、金文为ψ、ψ,"马"字甲骨文、篆文分别是 𩢥、𢑚。

以事上，非上之所以畜下也。(《庄子·天道》)①

在庄子，最大的危险来自儒家的形名说，批评儒家形名说乃是庄子的首要任务，即反对以礼乐仁义形名匡天下之形，如："及至圣人，屈折礼乐以匡天下之形，县跂仁义以慰天下之心，而民乃始踶跂好知，争归于利，不可止也。此亦圣人之过也。"(《庄子·马蹄》)形名在庄子治道中列于第五位，它根基于分守，分守根基于仁义，仁义根基于道德，道德根基于天。同时，它也是因任、原省、是非、赏罚的基础。较之形名，礼乐仁义近于道德、天、大道，但与道"近"，对人迷惑亦甚，对天性之伤亦大。形名较之仁义更远离大道，但远非最坏，庄子反对的是"骤而语形名"，反对将形名当作根本的东西看待，在他看来，"礼法度数，形名比详，治之末也"(《庄子·

---

① 古今不少学者对这一段大加批评，或认为是秦汉间黄老之术言论，或认为形名家言（王夫之），或以为是儒生言（钱穆），或以为是稷下学派观念（冯友兰），陈鼓应对此有总结（参见陈鼓应：《庄子今注今译》，商务印书馆，2012年，第399—400页）。如我们所知，庄子始终以形名家代表之一的惠施为朋友、对话者与理论阐发的靶子。惠子藏书甚富，可能家贫的庄子借过不少朋友的书。庄子无钱周游列国，在学界因此也没有什么声名。很可能一直是他这个富有的朋友来会他，与他交谈、论辩。正是二人的直接论辩，激发了庄子深度的思考。显然，庄子的思想表达一直以惠子为直接呼应者，而自然延伸到惠子深深相契的形名思潮之中。这个线索贯穿于《庄子》内篇、外篇、杂篇之中。如惠子见瓠子，马上就要剖为瓢，庄子则主张保持瓠子整全之态，以之系于腰间，浮游于江湖(《逍遥游》)；见樗，惠子就想其实际功用，庄子则将其树之于无何有之乡、广漠之野，不损不益之(《逍遥游》)；惠子努力追求"增益其生"(《德充符》："不益生，何以有其身？")，恐庄子代其相(《秋水》)；随时区分人与他者（如"鱼"），造出对偶来，庄子则始终拒绝区分，始终与万物为一，与鱼一道在水，与鸢一道在天。惠子为庄子提供了深度的理论批驳靶子，故惠子死，庄子有"无以为质"(《徐无鬼》)之叹。可以推想，经由惠子，庄子不仅熟知与他同时代的形名家思潮，而且熟知形名传统。《庄子》以大道超越形名乃是内篇、外篇、杂篇一贯主张。这里将"形名"视为古已有之的观念，实际上有本有源，并不突兀。庄子称惠子："儒墨杨秉四，与夫子为五。"(《徐无鬼》)惠子本人曾为相，其时，形名家多居高位，名声显赫，社会影响亦大。他们与兵家、法家（此二家同样都居高位、声势大）一起推动着"形名"思想，故可以说"形名"在当时已经成为一股重要的社会思潮。

天道》)。形名只是"治之末也",绝不是"治"之"本"。可见庄子没有直接抛弃形名,而是以"天""道德"消化了形名。

对于形名家所津津乐道的指物论、白马论,《庄子》直接批评道:"以指喻指之非指,不若以非指喻指之非指也。以马喻白马之非马,不若以非马喻白马之非马。天地一指也,万物一马也。"(《庄子·齐物论》)

如前述,白马论以"形"规定"马",把马当作"定形"(《尹文子》:"牛则物之定形。")。针对形名家这个观点,庄子以"化"① 来解构"定",或者说,庄子更强调形之化与生。"道与之貌,天与之形,恶得不谓之人?"(《庄子·德充符》)"夫大块载我以形,劳我以生,佚我以老,息我以死。"(《庄子·大宗师》)"形"源于道,它不是自足的而是被生成的。"形"归于道是从本原处说,为了解构形名家形即性(本质)的观点,《庄子》进一步论述道:

> 汝身非汝有也……是天地之委形也;生非汝有,是天地之委和也;性命非汝有,是天地之委顺也……夫昭昭生于冥冥,有伦生于无形,精神生于道,形本生于精,而万物以形相生,故九窍者胎生,八窍者卵生。(《庄子·知北游》)

> 故形非道不生,生非德不明。存形穷生,立德明道,非王德者邪!(《庄子·天地》)

---

① 章太炎在《齐物论释》中阐释为:"'以马喻白马之非马,不若以非马喻白马之非马。'所以者何?马非所以命形,形者何邪?唯是勾股曲直诸线种种相状,视觉所得,其界止此,初非于此形色之外,别有马觉。意想分别,方名为马,马为计生之增语,而非拟形之法言。专取现量,真马与石形如马者等无差别。而云马以命形,此何所据?然则命马为马,亦且越出现量以外,则白马与马之争自绝矣……假令云:'马者所以命有情,白者所以命显色;命显色者非命有情,故曰白马非马。'庄生奚以破之邪?"(章太炎:《章太炎全集》第六卷,上海人民出版社,1986年,第18—19页。)章论立足于破生、无生,故对《庄子》破除形名、护持真性之说加以非难。庄子"破"(形)、"离"(形)乃破形名家以"形"为"性"说,其意在护生、全生而不是破生。

　　察其始而本无生，非徒无生也而本无形，非徒无形也而本
无气。杂乎芒芴之间，变而有气，气变而有形，形变而有生，
今又变而之死，是相与为春秋冬夏四时行也。(《庄子·至乐》)

　　种有几，得水则为继……久竹生青宁；青宁生程，程生马，
马生人，人又反入于机。万物皆出于机，皆入于机。(《庄子·至
乐》)

　　有形生于无形，形生于精，生于气，是"气之变"。"万物皆种
也，以不同形相禅，始卒若环，莫得其伦。"(《庄子·寓言》)同一物
之形、不同形之间如气一样不断流动、转化，相互生成。

　　一受而成形，对于成形者来说，形不是一物之为一物的主导者，
简单说，形不是本质。对于物来说，有"使其形者"(《庄子·德充
符》)或"形形者"(《庄子·知北游》："知形形之不形乎?")；对于人来
说，心、德、神支配着形，"执道者德全，德全者形全，形全者神
全。神全者，圣人之道也"(《庄子·天地》)。由德而形而神。德是一
物之所以为一物者，由德而有形，由形而神得以生，但神却是形的
主宰。这里可以清楚地看出《庄子》的策略：形朝本源处追溯，则是
形归气，形归道；既形之后，形则归于生，归于神，从而有力地反
对、驳斥单纯以形为性的形名家。

　　破除以形为性之说乃是为重建做铺垫，《庄子》对"形"给出了
一个明确的定义："泰初有无，无有无名；一之所起，有一而未形。
物得以生，谓之德；未形者有分，且然无间，谓之命；留动而生物，
物成生理，谓之形；形体保神，各有仪则，谓之性。性修反德，德
至同于初。同乃虚，虚乃大。"(《天地》)

　　宋人林希逸对此有精彩的解析："未形者，言一所起之时也，若
有分矣，而又分他不得，故曰且然无间……无间，便是浑然者，有
分便是粲然者。此命字即天命，谓性之命。留动而生物，元气之动，
运而不已，生而为物，则是其动者留于此，故曰留动而生物。留动

二字下得极精微，莫草草看过。动，阳也；留动，静也，静为阴，此句便有阳生阴成之意。物得之而生，既成物矣，则生生之理皆具，以元气之动者，而为我之生者，此谓之形也，看他形字却如此说！实他书所无。"①

近人钟泰解释道："'动'即流行也。流行之中而有留滞，则无间者卒有分矣，是物之所从生也。分者不一，则成亦不一，是物之所以有万也，故曰'留动而生物，物成生理，谓之形'。此文'留'字最为要义。"②

按照这些解释，"留"是流行之留滞，是气之留，是道之留。道留、气留而聚成万物，故万物有形而不离道。正是在道留成物基础上，庄子也以形论物。"成形"意味着特定"生理"的确定。形变而"生理"在变，在此意义上也可以说是种变、类变、性变。如：

> 彼正正者，不失其性命之情。故合者不为骈，而枝者不为跂；长者不为有余，短者不为不足。是故凫胫虽短，续之则忧；鹤胫虽长，断之则悲。故性长非所断，性短非所续，无所去忧也……天下有常然。常然者，曲者不以钩，直者不以绳，圆者不以规，方者不以矩，附离不以胶漆，约束不以缤索。（《庄子·骈拇》）

物皆有特定"生理"，有特定"生理"而有"定性"，有"定性"而可言"定形"，"合者不为骈，而枝者不为跂；长者不为有余，短者不为不足"。但是这个"定形"是以自性为准的，而非外在的规矩尺度。庄子此处所谓"钩""绳""规""矩""胶漆""缤索"即我们通常所说形式性的标准，对于具体的存在者（"曲者""直者""圆者""方者"等）来说，形式性标准绝不能充当它们唯一的尺度。

① 林希逸：《庄子鬳斋口义校注》，中华书局，1997年，第195页。
② 钟泰：《庄子发微》，上海古籍出版社，2002年，第261—262页。

"礼乐""仁义"于人性亦然，只是外在形式性的东西，以之范导人，即是"削其性者""侵其德者"。

形是生之理的载体，形之在是生的前提与基础。但形与生并不同一，形全而不必有生。在庄子看来，现实的万物之为万物在于生而不在形，如果没有"生"的统摄、护持，形也就由聚而散："有生必先无离形，形不离而生亡者有之矣。生之来不能却，其去不能止。悲夫！世之人以为养形足以存生；而养形果不足以存生，则世奚足为哉！"（《庄子·达生》）"形"指形体、形骸，"生"指生命，两者并非同一。以物养形，形而有生，无离形是"生"的前提，但"形不离而生亡者有之矣"，有形而无生，形即为可弃如敝屣。类此，在失去神、德的情形下，形并不具有独立的价值。在两者不可兼得的情况下，为了保全生、德、神，"离形"就成为不得已的手段。所谓"堕肢体、黜聪明，离形去知，同于大通"是也。形得之与道、德、神、生而得形全，"离形"则指向道、德、神、生之实现。

这里庄子思想的两个层次昭然浮现：一方面反对形名家以形为性（本质）的看法，而将形的本质归诸气、道、德、神、生；另一方面，将形视为道的直接显现，视为生之理的体现，故由形可入道。既由形入，又需要超越形至于形上，这正是庄子卓绝之智慧。《系辞》总结性地提出"形而上者谓之道"正继承了这个理路。

5. "形而上"道路之生成

如果说《庄子》对"形"的理解偏重"生"之"理"。《易传》则更多考察了无生命的统一体，而且《易传》[1] 区分了形之上下，并

---

[1]《易传》可能作于战国，但其发扬却依靠汉人，或者说，与汉人精神最相契（如《大学》《中庸》与宋明人相契一样）。由形入，由形而上，这正是汉人精神。"形"既包括有形之万物（对外物兴趣盎然如汉赋），也包括礼数名教。由形入，形被理想化为道、德、神的直接显现、载体；由形而上，形的本与体被引向"形上"，最终成为与本、体剥离的纯粹形，"形而上学"的内在张力在大汉精神史中被充分展开。

从上而下地贯通了形上与形下。

形而上、形而下提法见于《系辞上》：

> 乾坤，其《易》之缊邪？乾坤成列，而《易》立乎其中矣。乾坤毁，则无以见《易》。《易》不可见，则乾坤或几乎息矣。是故形而上者谓之道，形而下者谓之器①。化而裁之谓之变，推而行之谓之通，举而错之天下之民谓之事业。是故夫象，圣人有以见天下之赜，而拟诸其形容，象其物宜，是故谓之象。

"大象无形"，"道"无形，"意"无形，但经历形名家及孟子、庄子充实后，"形"与"道""性""心"都建立起内在关联，这就出现了经由形来理解、规定道、器的思想趋向。就文本说，这里"形而上"之"形"指的是有形的卦爻符号：卦、辞等②。这些符号有本义，有特殊义，也有引申义、一般义。引申义、一般义不在本义、特殊义之外，或者说，两者不是内外关系、包含关系，而是"上""下"关系。拘于前者，则象、卦、辞仅有狭义、死义，通于后者才有活义。这一层以"意"的传达为中心，实质是形与意的关系经过立象活动，不可见之"意"通过"形"传达，"意"凝在"形"上，因此，"象"指涉可见之形，更指涉不可见之"意"。从上下文看，形而上、下直接指涉《易》与乾坤的关系，《易》是形而上者，乾坤是形而下者。乾坤显现《易》道，乾坤毁则无以见道。《易》道则是乾坤显现的根据，无《易》道，乾坤变易之几亦失去动力。由象见

---

① 帛书本《系辞》则为："刑而上者胃之道，刑而下者胃之器。"

② 不少学者都注意到这个问题，如王博："什么样的素材让《系辞传》的作者想起道和器的问题。从文章中看，这个素材就是卦象和意义的关系问题……器，就是对卦象的概括；道，就是对意义的概括。"（王博：《易传通论》，中国书店，2003年，第171页。）作者在关注道器时也注意到器与卦象关系密切，但显然对"形"及由"形"而上之道路缺乏自觉。

意，由乾坤见道，如此铸成由形而上的思想道路。

就《系辞》乃至整个《易传》来看，"形"又逸出卦象，而指向一般意义上的存在。"天尊地卑，乾坤定矣。……在天成象，在地成形，变化见矣。"(《系辞上》)后世对于"形"的解说不一："形，况山川草木。"[1] "形者，山川动植之属。"[2] 山川动植之属即指大地上一切有形的存在者。天地氤氲，乾坤交感，众形由此而生，由此而化。不管是天上之"象"，还是地上之"形"，皆充满变化，皆包含向上、向下的无限张力与可能性。"形"虽较"象"为确定，而变化不彰。难以变化者非不变也，整部《易》的核心精神就在于阐明世界变易原理，《彖》传对"形"之变易特征有鲜明的交代：

> 大哉乾元，万物资始，乃统天。云行雨施，品物流形。大明终始，六位时成。时乘六龙以御天。乾道变化，各正性命。保合太和，乃利贞。首出庶物，万国咸宁。(《易·乾·彖》)

要理解"品物流形"之"形"，必须要明白整段话的内容。学者们大体上都认为这段是对"元亨利贞"四义的解释，但对于何谓"元亨利贞"又有歧义。不少易学家都以四季循环来贯通，即将"大哉乾元，万物资始，乃统天"配"春"，以"云行雨施，品物流形"配"夏"，以"大明终始，六位时成。时乘六龙以御天"配"秋"，以"乾道变化，各正性命。保合太和，乃利贞"配"冬"，以"首出庶物，万国咸宁"配"来年"。按照这样的解释，"云行雨施，品物流形"配"夏"，可是"夏"并不是"成"，而是"长"。事物之"成"包括"生、长、收、藏"的完整过程，"长"只是完整过程的一个环节，这正是"流形"之"流"之特征。"长"由"生"而流

---

① 孔颖达：《周易正义》，九州出版社，2003年，第584页。
② 朱熹：《周易本义》，中华书局，2009年，第222页。

来，并流向"收"与"藏"。就"形"说，云行雨施诚然促成了形之长，但同样也将形推进无尽的大化流行之中。"品物流形"之"形"恰恰是不断流动转化的，夏所体现的"形"之"成"同样展现着"形"之生与化。

"品物"，不同种类的万物；"流"，流动；"形"，万物之形状、形态。万物之"形"一直处于流动、转化过程中，也就是说，"形"有因有果，有本有源，有始有终。"各正性命"是在此流动转化中的"正"，是在乾道变化过程中得以实现的。"精气为物，游魂为变，是故知鬼神之情状。"（《系辞上》）物之形与成乃精气聚散流变所致，一成非永成，精气流变不止，众形变化不已。从根源说，"形"之"流行"乃"乾道变化"的结果，"形而上"指示的正是由形而至大化流行、乾道变化之方向。

圣人立象仰观俯察，立象非从无到有造象，"立"是将世界万象取出而已。仰观俯察亦无遗乎"形"，即不仅取天之象，还取地之"形"，立地之形。形与意通过"立"亦可为"象"，形而上与形而下之分正是基于"立象"活动。作为"这一个""那一个"之"形"很容易被执为确定者，但"形"一经"立"便不仅仅是"这一个""那一个"之"形"，而是"通"向万象之"类"。由"立"，在地之"形"就上升为"象"。与万象通，形便与"道"一；立象为尽意，意与形在象中亦为一。单就"形"看，形为器；就完整的"象"看，形器本于象、道。"制器者尚其象"（《系辞上》），对器而言，与道为一之象乃成器之"形式因"。"形而上"之"上"就是向上的指引。

所以，形之所以有"上""下"之分，乃在于形自身趋向确定性，而不包括内在的意、道，后者恰恰是主导形体者。定形者即被确定者，所谓"形而下"之"下"就是指"形"的这种被确定、被主导的性质。相应，所谓"形而上"之"上"指的即是"形"之主导者，即主导"形"之动因、法则①。

形上和形下之分与形自身本质的缺失有直接关系。形不是性，不具有自足的本质，而只是道的表现。不过，形自身虽没有本质性，但经由形，向上可达道，向下可成器。因此，形成为理解、规定道、器的根据，这与庄子所开创的道路无疑是一致的。汉人宇宙论的兴趣与这一由形而上的思想道路不无干系（确切地说，汉人宇宙论主要是以"形而前"解释"形而上"）。当然，上下之分是道路之分，也是价值之分。为了彰显道器之别，后世蔚为大观的"道器"之辩总是围绕着"有形"或"无形"展开，最常见的是将"形而上"之"道"理解为"无形"②，"形而下"之"器"理解为"有形"。

以无形、无体、超乎形器之上、未成形质③等诠释"形而上"，形而上往往导向与"形"分离、与"形"异质，乃至与"形"不同世界的存在。强调形而上、道之"无形"，其目的在于强调道与形的异质性，这种解释的危险之处就在于，对"无形"的强调往往导致对"形"之道性、本质性的否定，许多思想家都警觉到这种倾向④。

---

① 关于"形"与"象"之别，可参见贡华南《中国思想世界中的形与象之辩》，载《杭州师范大学学报（社会科学版）》2008年第3期。

② 如王夫之："'形而上者'：当其未形而隐然有不可逾之天则，天以之化，而人以为心之作用，形之所自生，隐而未见者也。及其形之既成而形可见，形之所可用以效其当然之能者……'形而下'，即形之已成乎物而可见可循者也。"（《船山全书》第一册，第568页。）

③ 戴震则进一步以"形以前、形以后"来解释"形而上、形而下"："形谓已成形质，形而上犹曰形以前，形而下犹曰形以后。阴阳之未成形质，是谓形而上者也……有质可见，固形而下也。"（戴震：《戴震全书》卷六，黄山书社，1995年，第176页。）以"前后"解释"上下"，以"未形"释"形而上"，"未形"实质上仍是"无形"。

④ 如王夫之带几分自我批判性质地反省道："形而上者，非无形之谓。既有形矣，有形而后有形而上。无形之上，亘古今，通万变，穷天穷地，穷人穷物，皆所未有者也……器而后有形，形而后有上。无形无下，人所言也。"（《船山全书》第一册，第1028—1029页。）从《周易内传》到《周易外传》对"形而上""形而下"的诠释明显有变化，即明确了"未形"与"无形"的差异，未形而形自生之类的表述让位于以"有形"立论，以"治"而论"上""下"。比如："圣人者，善治（转下页）

从史的角度看，汉代蔚为大观的"形神"之辩亦围绕着形与形上者（"神"）是否可离以及两者之主从关系展开，不过以尊神为主导的观念取向还是弱化、取消了"形"之独立意义。在《说文解字》中，"形"则被理解为"从彡"，"彡"即"毛饰画文也"①，成为纯粹与本质无涉的"形"，或者说，"形"彻底成为无本质的东西。形而上的道路遂成为单纯形上的追求。

形本身沦落为纯粹无本质的毛饰画文，"形而上"的终结即刻面临万物以何为体的问题。从中国哲学史看，形、体分离导致的是对"体"的追问与反思，即以"体"为"体"（本质），而对"体"的追问最终导致"本体"②观念的诞生。正因为形已成为与本质无涉的毛饰画文，其所催生出来的本体观念也呈现出特殊内涵，我们通过西方哲学可以更清楚地了解这一点。西方哲学通过"形"来界定"个体"之"体"，即有"个"又有"体"。如亚里士多德说："实体是指那些单纯的物体，例如土、水、火以及这类东西，一般来说物体以及由它们所构成的东西，动物和精灵，以及它们的各部分。……故实体具有两方面的意义，或者作为不用述说他物的终极载体；或者是作为可分离的这个而存在，每一事物的形状便具有这种性质。"③

（接上页）器而已矣。自其治而言之，而上之名立焉。上之名立，而下之名亦立焉。"（《船山全书》第一册，第1028页。）当然，以"治"论"上""下"其实还是将"形"的动因置于形之外的他者（人）。陈梦雷亦说："道超乎形而非离乎形，故不曰有形无形，而曰形上形下也。"（陈梦雷：《周易浅述》，九州出版社，2004年，第405页。）

① "形"字古文从"开"与"彡"，《说文解字》："形，象形也。从彡，开声。""形"义从"彡"，按照《说文》，"彡"义即"毛饰画文也"。徐灏注曰："毛饰画文者，谓凡毛及饰画之文。"《广韵·衔韵》曰："彡，毛长。""毛饰画文"即用羽毛装饰或刻画出来的文彩、纹理，对物体来说，毛饰画文指"外"而不及"内"。《说文》曰："开，平也，象二干对构，上平也。""开"音同"见"，与"彡"合义即指与"质""生""体""神"相对待的、平列着的毛饰画文，即事物外露、可见的形貌。

② 王弼的本体观念恰恰建立在对《道德经》的重新诠释之上，即对无形与形等核心观念重新理解与规定，这恰恰是本章从《道德经》开始的原因之一。

③ 亚里士多德：《形而上学》，吴寿彭译，商务印书馆，1983年，第97页。

每一事物的形式都具有"不用述说他物的终极载体"与"可分离的这个"这两个实体的根本特征，这两个特征也是"个体"的基本特征："不用述说他物的终极载体"是有"体"，"可分离的这个"则是有"个"。当"形"与本质剥离而成为纯粹无本质的形式，以形展示的"个"与"体"因此剥离：有个而无体。相应，诞生出来的"本体"观念也就与"形式"（形）剥离。王弼曰："万物万形，其归一也。"① 所归之"一"乃无形之体，"万形归一"实质即是"万形一体"。故中国哲学中的（本）体只有一个，西方哲学中的（个）体却是"万"（有），形式因即本质因，每一形皆成一体也。

6."形而上"与感通

当"形"被超越，纯粹的看亦相应被规避；形而上对"形"确定界限的弥缝，相应发展出"感而通"的方法论。"形"带来个体间的区分、割裂，甚至隔绝，由融入、渗入性的感通完成界限的突破，由此使原本被"形"隔绝的双方相互通达。"通"是分之通，《庄子》提出"道通为一"，将"通"表述为"道"的存在状态，同时也是天地万物及人所应保持的创造状态。《系辞》亦不厌其烦地表达"通"的理想，如"通乎昼夜之道""通变""通天下之志""通天下之故""通神明之德"等等。可以注意的是，所通者——道、变、志、故、德皆为有实质而无确定形式者。对于何谓"通"，《庄子》提出"通天下一气耳"，即将天下万物理解为"气"的流动转化之具体形态，也就是说，通就是各个（人）物之间相互流动转化的状态。《系辞》曰："往来不穷谓之通"，"推而行之谓之通"，也就是说，能够保持各物及人之间顺畅往来，并可以在行动上贯彻下去。至于如何通，《庄子》提出"体道"说，即以"体"的方式通达道，同时以此通达他人、他物。《系辞》提示有以下方式："会通""变则通""感而通"

---

① 楼宇烈校释：《老子道德经注校释》，中华书局，2008 年，第 117 页。

等。"会"① 即"变",即"感"。其特征是通过主动穿透对方,特别是穿透具有坚固的、确定的、自我封闭的外在形式,以相互融合,最终彼此相互给予。所以,"会""感"之实质是克服不同物之间、不同人之间,及人与物之间僵固的界限而完成相互融贯,顺畅往来。

会通、变通、感通首先表述的是世界万物破除隔绝、彼此联结而为一整体的存在论图景;对人而言,会通、变通、感通则首先表达的是理想的生存境况:通过自觉的调适,不以己自限,让自己的生命与天地万物融合,而获得更广阔的生命境界。人的身心皆能与天地万物相感通,由此感通又具有了方法论意义,即通过"会""感"方式认识、领会与之交往者。如我们所知,"感"就是《咸》卦之"咸",也就是五味之首的咸味。作为方法,"咸"就是尝味、体味、玩味。因此,会通、感通都是味觉思想的具体表述。

---

① 宋儒多言"理会",即以如理而在者通达物理。尽管对"会"的具体内涵理解有差异,但仍保持着"会"而"通"的基本特征。

三 从"体"到"本体"

由形名到形而上，作为本质性范畴的"形"被超越，取而代之的是"体"范畴①的广泛使用。较之于外在性、形式性的"形"，"体"更多涉及对象之内在质料。从外在形式到内在质料，"体"取代"形"成为思考世界万物的本质性范畴。从散殊之体到性分之体，从作为"类"之体到作为"故"之体，最终确立"本体"范畴及观念。以"体"作为基本范畴来思考世界，并相应生发出"体道""体仁""体物"等"体"方法论。"体"强调的是物我彼此融合，展现出两体之间的距离消弭、彼此交融之方法论内涵。较之于"感通"，"体会""体道"无疑更深入地展现出味觉思想的特质。

由形名家"以形为性"到《系辞》"形而上"，再到汉代以"毛

---

① 《系辞》一方面拒绝以"形"立"道"，另一方面，转而以阴阳立道，所谓"一阴一阳之谓道"（《系辞》）。如果说"形而上者谓之道"是对"道"的否定性表述，那么，"一阴一阳之谓道"则可以看作"形而上"的肯定陈述。"形而上"拒绝以"形"立道，转而以"体"立道。阴阳尽管可以"形"显，但其自身却是"无形而有体者"。《系辞》（一说为《说卦传》）又曰："立天之道曰阴与阳，立地之道曰柔与刚，立人之道曰仁与义。"这里，"形而上"被从"形"引向并落实为阴阳、刚柔、仁义。如我们所知，天道、地道、人道内在贯通，阴阳、刚柔、仁义都是无形而有体者，秦汉人正是将"体"作为基本范式，不断推进着中国思想。

饰画文"规定"形","形"观念由思想范式逐渐被超越。与此历史演变过程相一致，"体"范畴不断升格，并被广泛使用。"体"字原本是对人身的描述，继而指向实物，指物体，并逐渐突破实物，指称一般实在之本质，最终用以描述终极实在——本体。从散殊之体到性分之体，也就是从作为"个"之"体"到作为"类"之"体"。继而由作为"类"之"体"演变到作为"故"之"体"，"体"逐步成为中国思想的基本范式。"形"范畴侧重"类"思考，"体"范畴则由"类"而进入"故"（根据），在方法论上则相应发展出一套"体"的方法论。由"形"到"体"范式之嬗变标志着汉语思想不断深入，汉语思想之特质也由此逐步生成。

（一）从散殊之"体"到类之"体"

"体"字古体为躰、骵、軆、骿、體，體为通行字。体之本义为人身之骨，这或许就是古圣之"近取诸身"之实例吧。《说文解字》："体，总十二属也。"对于何谓"十二属"，《说文》没有具体说明。段玉裁《说文解字注》补充道："今以人体及许书核之。首之属有三，曰顶，曰面，曰颐。身之属三，曰肩，曰脊，曰屍。手之属三，曰厷，曰臂，曰手。足之属三，曰股，曰胫，曰足。合《说文》全书求之，以十两者统之，皆此十两者所分属也。"段玉裁以人体之十二部分发挥《说文》，成书于秦汉之际的《黄帝内经·素问》对"体"的解说同样基于人体，如"在体为筋""在体为脉""在体为肉""在体为皮毛""在体为骨"等等。体与人之脏、窍、志相对，既指涉人的外身（皮毛），也包含人的内身（筋、脉、肉、骨）。汉末的《释名》也有类似的解释："体，第也。骨肉毛血表里大小相次第也。"体既包含身表（毛），也包含身里（骨、肉、血）。《说文解字》《释名》皆以"人体"解释"体"，所注重的显然是"体"之本义。

事实上，在先秦文献中，"体"的外延已经从人扩展到物。《诗·卫风·氓》："尔卜尔筮，体无咎言。"这里的体指兆卦之体。《诗·大雅·行苇》："方苞方体，维叶泥泥。"这里的体指物之体之形成。不管是人体，还是物体，相较于"形"，"体"虽涉及、包含一物之外在、表面，但更重要的是，"体"更多指涉一物内在之质。所谓"物体"之说，即主要指有质料之物。

另一方面，体也逐渐由人之"身"扩展到人之"事"："夫礼，死生存亡之体也。"（《春秋左传·定公十五年》）体为骨干、支撑者，有"礼"作支撑，死生存亡才像死生存亡，才真正成为死生存亡，即才有其意义与尊严。"礼"被理解为死生存亡等"事"之骨干、支撑者。

人有"体"，由人所组成之家国等社会组织亦有体。《管子·君臣下》："四肢六道，身之体也。四正五官，国之体也。"身有骨干作为其支撑者，故可说"身之体"。国无"骨"，但有其支撑者，以此说"国之体"。这里的"体"类比于身之体之体，指维持社会组织（一国）之生存与安定之内在要素[1]。《管子·五辅》亦以"体"来表达精神观念之内容与内涵："义有七体，七体者何？曰：孝悌慈惠，以养亲戚。恭敬忠信，以事君上。中正比宜，以行礼节。整齐撙诎，以辟刑僇。纤啬省用，以备饥馑。敦蒙纯固，以备祸乱。和协辑睦，以备寇戎。凡此七者，义之体也。"孝悌慈惠、恭敬忠信、中正比宜、整齐撙诎、纤啬省用、敦蒙纯固、和协辑睦等七种精神品格共同构成了"义"的骨干，规定了义的基本内容、内涵，成为"义"的支撑者。

在《易传》中，"体"与"刚""柔"等性德联系在一起。《系辞下》："乾坤其易之门邪？乾阳物也，坤阴物也。阴阳合德，而刚柔有体，以体天地之撰，以通神明之德。"刚柔并非实物，而是泛指一

---

[1] 《春秋榖梁传·庄公二十四年》亦有"国体"之说："大夫，国体也，而行妇道，恶之，故谨而日之也。"国体即国之骨干，即支撑国之存在、对其具有决定意义者。

切具有触之或避（柔）或不避（刚）之性德。有此性德者乃包含有形、无形之一"类"事物，也就是说，刚柔有体所表达的是"类"皆有体。刚类、柔类有其体，这些体保证了其能够通达"天地之撰""神明之德"。

"体"可指整体之部分，如"四体""大体""小体""一体"①。体为"多"②，依其价值则可二分为"大体""小体"。价值上的"大"高于、压倒、决定"小"，在《孟子》，"大体"即人之所异于禽兽而使人成为人者③。广而言之，"大体"乃是使一事、一物成为一事、一物之本质规定。

事实上，以"大体"来表达事、物之本质规定性在先秦时代已经非常普遍④。例如：

> 后世之学者，不幸不见天地之纯、古人之大体，道术将为天下裂。（《庄子·天下》）
>
> 百王之无变，足以为道贯。一废一起，应之以贯，理贯不乱。不知贯，不知应变。贯之大体未尝亡也。（《荀子·天论》）
>
> 凡人之大体，取舍同者则相是也，取舍异者则相非也。（《韩

---

① 以《孟子》为例，"四体"如："人之有是四端也，犹其有四体也。"（《孟子·公孙丑上》）"大体""小体"如："体有贵贱……从其大体为大人，从其小体为小人。"（《孟子·告子上》）"一体"如："子夏、子游、子张皆有圣人之一体，冉牛、闵子、颜渊，则具体而微。"（《孟子·公孙丑上》）"一体"即一个部分，圣人之一体即圣人的某个方面的品质。具体而微即具有圣人之整个品质，但气象尚小。

② 万物体异，则有万体，如"万物同宇而异体，无宜而有用为人，数也"（《荀子·富国》）。

③ 《礼记》亦以"体"作为"人"的充要条件，尽管其"体"的内涵与孟子有异："礼也者，犹体也。体不备，君子谓之不成人。设之不当，犹不备也。"（《礼记·礼器》）"成人"即成德于内、成事于外而成就自我之人，成人的前提是"体备"，"体备"的前提是礼备，而不是心为身主。

④ 汤用彤断言："旧时所谓体，皆如身体之体。至王弼始以之为本体。"（汤用彤：《魏晋玄学论稿》，上海古籍出版社，2005年，第126页。）汤氏所断无疑忽视了作为一般意义上的"类"及"故"之"体"。

非子·奸劫弑臣》)

　　夫礼始于冠，本于昏，重于丧祭，尊于朝聘，和于乡射，此礼之大体也。(《礼记·昏义》)

　　这些思想家对人、事、物之本质理解不同，"大体"的具体内容也随之而异。《孟子》中人之"大体"指不蔽于物之心；《庄子》中，古人之"大体"指凝道成德之真；《荀子》所谓"贯之大体"指"道贯"之本质特征；《韩非子》所谓"全大体者"之"大体"亦指内外完善者。"大体"虽涉及人、事、物、性，但其共同特征即是指人、事、物、性之本性、本质。相较于"以形为性"者，以"大体"来规定人、事、物、性的本性、本质，强调的不是其形式规定，而更多地涉及实质。

　　体对自身而言是自身存在之支撑者，对他者而言就是异于他者之根据。失体就失去其存在之实质。"国之所以乱者四，其所以亡者二，内有疑妻之妾，此宫乱也。庶有疑適之子，此家乱也。朝有疑相之臣，此国乱也。任官无能，此众乱也。四者无别，主失其体。"(《管子·君臣下》)主失体失去主之实质，人失体失去人之实质，一物失体也就失去一物之实质。"人始生有大命，是其体也，有变命存其间者，其政也。"(《春秋繁露·重政》)在董仲舒看来，人有人之体①，

────────

① 在董仲舒看来，人之"体"为"命"。有意思的是，王充对"命"与"体"之间关系的探究又回到了"体"之原意，即"骨"："命甚易知。知之何用？用之骨体。人命禀于天，则有表候见于体。察表候以知命，犹察斗斛以知容矣。表候者，骨法之谓也。"(《论衡·骨相篇》)"非徒命有骨法，性亦有骨法。……性命系于形体。……相或在内，或在外，或在形体，或在声气。察外者，遗其内；在形体者，亡其声气。"(《论衡·骨相篇》)"王者一受命，内以为性，外以为体。体者，面辅骨法，生而禀之。"(《论衡·初禀篇》)性与体内外呼应，"骨"之为"体"正是"性"之外在显现。之后，魏晋文章之"风骨"、绘画之"骨法"(谢赫：《古画品录》)、书法之"骨"(如卫夫人《笔阵图》："善笔力者多骨，不善笔力者多肉。多骨微肉者谓之筋书，多肉微骨者谓之墨猪。多力丰筋者圣，无力无筋者病。")，作为本质性范畴，"骨"在文道中被广泛应用。

王道有王道之体①。存"体"则人存，失"体"则失道。

"体"对于他体表现为差异性规定，故"体"有"分"义②。《周礼·天官》"体国经野"，这里的"体"即"分"，如郑玄云："体，犹分也。"③《庄子·知北游》："不以死死生。死生有待邪？皆有所一体。"死为一体，生为一体，死生各有自身规定性，各自成一体④。《管子》中多处表达"体"之"分"义，如：

> 登降揖让，贵贱有等，亲疏之体，谓之礼。（《管子·心术上》）
>
> 先王取天下，远者以礼，近者以体。体礼者，所以取天下；远近者，所以殊天下之际。（《管子·枢言》）
>
> 君明、相信、五官肃、士廉、农愚、商工愿，则上下体而外内别也。（《管子·君臣上》）

礼主"分"，礼之"分"就具体落实到各个有差别之"体"，因此，"体"承载着别异、区分之功能。这一点在《礼记》中亦有明晰的表达："礼，时为大，顺次之，体次之，宜次之，称次之。"（《礼记·礼器》）《礼记正义》解曰："有时有顺，又须小大各有体别也。"《礼记集解》则曰："形之辨谓之体。"不管是《正义》，还是《集解》，都精确地阐发了"体"之"别""辨""分"之内涵。

---

① 如《春秋繁露·俞序》："孔子明得失，见成败，疾时世之不仁，失王道之体。"

② 汪荣宝在《法言义疏》中曰："全体谓之身。……明身为大名，体为小名。《说文》：'身，躬也'；'体，总十二属也'。……许以体为大名，身为小名，适与此相反。按：《尔雅·释诂》云：'身，我也。'《墨子·经上》云：'体，分于兼也。'然则全谓之身，分谓之体，经籍相承以为通诂。许君此解，有异常行也。"（汪荣宝：《法言义疏》，中华书局，1987年，第111页。）事实上，体既可指"分"，也可指"全"。

③ 郑玄注，贾公彦疏：《周礼注疏》，上海古籍出版社，2010年，第5页。

④ 郭象注："死与生各自成体。"成玄英疏："死，独化也，岂更成一物哉！死既不待于生，故知生亦不待于死。死生聚散，各自成一体耳，故无所因待也。"

"体"乃使万物成为其自身者，万物存其体即有其存在，万物失其体即不成其为自身。"佳人不同体，美人不同面"（《淮南子·说林训》），不仅佳人不同体，万物之体皆不同。在《淮南子》看来，阴阳相互作用，形成万物各殊之体，即所谓"阴阳者，承天地之和，形万殊之体，含气化物，以成垺类，赢缩卷舒，沦于不测，终始虚满，转于无原"（《淮南子·本经训》）。万物体既各殊，圣人之治理，其目标即是使万物各存养其体而不失。而在董仲舒看来，万物之"体"皆由天地人合而成："天地人，万物之本也，天生之，地养之，人成之；天生之以孝悌，地养之以衣食，人成之以礼乐，三者相为手足，合以成体，不可一无也。无孝悌，则亡其所以生；无衣食，则亡其所以养；无礼乐，则亡其所以成也。"（《春秋繁露·立元神》）万物之体在于天生、地养、人成之意义上的天地人之合。显然，董仲舒所理解的"万物之体"已非自然物体，而是我们今天所说的价值体了。

以"形"作为基本范畴来描述世界万事万物有其内在限制，最重要的是无法应付无形有体者。比如气、阴阳、天地等对于中国思想特别重要的实在，以"形"则无以称之。"体"虽有"分"，但具质带象，能更好地摹写与传达这些实在。汉人因此多以"体"称之："天之与地，皆体也。"（《论衡·道虚》）"其气体固未可得而形。"（张衡：《灵宪》）"阴阳有体，实生两仪。"（王符：《潜夫论》）"体"对无形者之容纳，不仅支撑起这些重要的实在，也支撑起汉人的宇宙论。有体者虽有分，但却可以相互通达。

荀子以"体常"来解释"道"："夫道者体常而尽变，一隅不足以举之。"（《荀子·解蔽》）《荀子》中的"常"指的是恒久性、不变性，比如"天行有常，不为尧存，不为桀亡"（《荀子·天论》）。"体常"所表达的正是道体之恒久性与不变性。道有体，且有常体，体被理解为道之基本规定性。道之"常"之所以为"常"，即在于其

"体常"①。"道体"之"常"表明，"道体"并非一时之偶然的显现，而是恒久之持存。以道体之恒久持存为前提，一切的变化才有其根据。

荀子以"常"说"体"，由体常而说常体。不仅道有常体，人、事亦有常体："天有常道矣，地有常数矣，君子有常体矣。"（《荀子·天论》）"材悫者常安利，荡悍者常危害；安利者常乐易，危害者常忧险；乐易者常寿长，忧险者常夭折：是安危利害之常体也。"（《荀子·荣辱》）君子之常体即依道而行之品性品行；安危利害之常体即安危利害惯常之表现与结果。人有常体，人作为人具有一贯不变的本性。在这里，"常"② 所强调的都是人、事之"体"的稳定性、不变性，也就是说，"体"所揭示的并非对象之偶然性，而是其内在的本质。"体"非无常者，以"常"形容"体"，"体"就被理解为一个本质性范畴。"常"相对于偶然、变化而言，以"常"来描述体，正是对"体"之本质性的肯定。"体常"之说进一步强化、推动了"体"演变为本质性范畴。

不难发现，战国以降，体的内涵与外延不断延伸与拓展，而使"体"由自然形体上升到观念层面之实体，从而使"体"成为一个描述对象"类本质"的范畴。汤用彤先生说汉人所关注的宇宙论意义上之元素为"有体的"③，确实反映出汉代思想已经从外在的、以形式为特征的"形"进入更内在的、带有质料性质的"体"，这种范式之转换又为"体之体"观念之孕育与生成打下了基础。

---

① 相较于《道德经》以"常"（恒）说"道"，荀子以"体常"论"道"显然更进了一步。

② 汤用彤认为，常有三义，即"本然义""静义""绝对义"（《魏晋玄学论稿》，第126页），故"常"可作"道"之别名。

③ 汤先生说："汉学研究世界如何构成，世界是用什么材料做的。推源自太初、太始或太素，有元素焉。元素无名，实为本质。汉学为宇宙论，接近科学。汉人所谓元素，为'有体的'，为一东西。"（《魏晋玄学论稿》，第125页。）事实上，汉人对"体"的探究构成了魏晋"本体"观念之前提与准备。

（二）本体：作为"故"之"体"

汉代思想家努力以"体"描述"道"，比如贾谊《新书·道术》："'请问品善之体何如？'对曰：'亲爱利子谓之慈，反慈为嚚；子爱利亲谓之孝，反孝为孽。爱利出中谓之忠，反忠为倍。心省恤人谓之惠，反惠为困。兄敬爱弟谓之友，反友为虐。弟敬爱兄谓之悌，反悌为敖。……凡此品也，善之体也，所谓道也。'""善之体"即善的内容、实质。"善之体也，所谓道也"一方面表明道以善为内容，另一方面也表明道与实质而非形式（"形"）相关。但品善之体有名有形，以此为道，则道又面临被有形化之危险，先秦"形而上"之道遂又被泯于"形之中"。《淮南子》以无有为道之体，再次试图将"道"与万物区分开。

"道何以为体"问的正是"万体以何为体"的问题。"道何以为体"出自《淮南子·说山训》，原文是：

> 魄问于魂曰："道何以为体？"曰："以无有为体。"魄曰："无有有形乎？"魂曰："无有。""何得而闻也？"魂曰："吾直有所遇之耳。视之无形，听之无声，谓之幽冥。幽冥者，所以喻道，而非道也。"魄曰："吾闻得之矣。乃内视而自反也。"魂曰："凡得道者，形不可得而见，名不可得而扬。今汝已有形名矣，何道之所能乎！"魄曰："言者，独何为者？""吾将反吾宗矣。"魄反顾，魂忽然不见，反而自存，亦以沦于无形矣。

"道以无有为体"并非《淮南子》的发明，它引自《文子》："道以无有为体，视之不见其形，听之不闻其声，谓之幽冥。"（《文子·上德》）不过，《淮南子》吸收了《文子》的这个观点并做了进一步发挥："无为者，道之体也。"（《淮南子·诠言训》）将"无有""无为"

作为"道之体"，其意义不仅在于将"道"与"物"区分开来，还在于勾勒出"体"之"无形""无为"之特质。依照此寓言，魄有体，魂无形。"无有"有"体"故可"遇"（"直有所遇之"），无形故不可视、不可听。落于"形名"则远道，反而自存实无形。无形而有体，此体为"无有"。无为、无形之体与有形万物之体之间关系如何？《淮南子》的问答又回到宇宙论形式之中，比如《天文训》："道始生虚廓，虚廓生宇宙，宇宙生气。气有涯垠，清阳者薄靡而为天，重浊者凝滞而为地。清妙之合专易，重浊之凝竭难，故天先成而地后定。天地之袭精为阴阳，阴阳之专精为四时，四时之散精为万物。积阳之热气生火，火气之精者为日；积阴之寒气为水，水气之精者为月；日月之淫为精者为星辰，天受日月星辰，地受水潦尘埃。"由道到虚廓、宇宙、气、天、地、阴阳、四时、万物……层层生化，形体之间转换、流动，道之生最终成为与有形体之生无差异者，从而使"道何以为体"之问之理论价值大打折扣。

以"体"作为描述自然存在、社会存在、精神存在本质的基本范畴，即把"体"作为一个基本范畴来描述与解释人、物、事及精神观念之内涵，并最终用来指称"道"。"体"的内涵在不同层次得到扩展与深化，从而塑造出一个不同于"形"的范畴群。汉人思想中以"体"来描述人、事、物，其对"体"的描述（比如汉赋）不厌其烦，铺陈堆砌，夸张至于离奇。但庞杂的质料却往往湮没道之超越性，于是，对体的超越与对体之体的追寻同时展开。从"体"出发，"道"被理解、规定为万体之体，从混同于万体中而超拔出来。

首先值得注意的是"以……为体"句式之使用[①]。从表层看，"以……为体"表达的是两类事物之间何者更重要，一体不仅比另一体更重要，而且是另一体的支撑者，是其之所以存在的根据。因此，

---

① 如《春秋公羊传·庄公四年》"国君以国为体"，《论衡·自然》"地以土为体"等。

"以……为体"包含着对"故"的追问,即一事物之为一事物的追问,即对其存在根据的追问(即"故")。如果说《淮南子》中道以"无有"为体,以区别于万体,重在问"类"——差异,那么,王弼说道以无为体不仅问差异,更重要的是问万物存在之共同根据。

以"体"来追问"道",以"以……为体"来追问道与万物之间的关系,"道物之辩"相应就由对一事一物根据的探讨进入万物共同存在根据之探讨。王弼"一与万之辩"把"体"从"类"的追问中超拔出来,从而真正走向对"类之为类"——"故"——的追问。"夫众不能治众,治众者,至寡者也。夫动不能制动,制天下之动者,贞夫一者也。故众之所以得咸存者,主必致一也。……则知可以执一御也。……夫少者,多之所贵也。寡者,众之所宗也。"(《明象》)寡、一为众、多之"宗"、之"主",为众、多存在之"所以"。执一即执众、多之"所以",故可制众、多。在王弼的话语系统中,"一""寡"即"道""太极",众、多即万物。万物皆有体,万物之体之"所以"在于"道体",此即"与太极同体"。"本其所由而与太极同体。……万物以之生。"① "万物与太极同体"是说万物之体以一体为体,万物之体与一体之体不二,简单说一体之体为万物之体之根据(以之生)。

道体被理解为万物之存在之根据,成为一个完全不同于物体之体。为了把道与万物区分开来,王弼一再强调道以无为体。太极作为"体"不同于万体之体,太极无名无形无象。"道者,无之称也,无不通也,无不由也。况之曰道,寂然无体,不可为象。"② 所谓"寂然无体"非谓道无体③,乃指道之体超越有形有分之体,其全而

---

① 《老子道德经注校释》,第 17 页。

② 王弼撰,楼宇烈校释:《王弼集校释》,中华书局,1980 年,第 624 页。

③ "无体"之"无"指无形体,非谓道为无。道非有体(如物体之体)非无体,颇易混同于佛家之"虚无"。为区别于佛家之"虚无",张载对"体"做了精辟规定:"未尝无之谓体。"(《正蒙·诚明》)"未尝无"表达的是"体"为实、为有。

无分之体与有形有分之体不同类。万体依据全而无分之体才能有其体，有其性，所谓"不用而用以之通，非数而数以之成"①。道体并非"用""数"之同类，也不仅是"用""数"之得以通、成之"所以"，而是万事万物之所以存在的根据。换言之，有了道体之支撑，万事万物之存在才获得其真实的根据。王弼说："物皆不敢妄，然后万物乃得各全其性。"② 不仅万物由道体获得其存在根据，生养万物之天地亦以道体为体："然则天地虽大，富有万物，雷动风行，运化万变，寂然至无，是其本矣。"③ 在王弼观念中，"天""地"与万物一样皆"形之名"④，因此与万物一样皆有其存在根据。"本"即"体"⑤，即其存在之根据。"天地"以"无"为"本"，即以"无"为"体"。"虽（德）盛业大，富（而）有万物，犹各得其德……（万物）虽贵，以无为用，不能舍无以为体也。（不能）舍无以为体，则失其为大矣。"⑥ 守道者以"无"为"体"，失道而德者不能居守"无"以为"体"，故谓失其大。失其大即失去其存在根据，即失去其"所以成""所由"，此即"行得则与得同体……行失则与失同体"⑦。将"体"理解为"根据"，将道体理解为万体存在之根据，对"故"的追问直接升腾至"本体"⑧，此为追问"道"之思想历程的又

---

① 韩康伯引王弼语，参见王弼：《周易注》，中华书局，2011 年，第 352 页。
② 《周易注》，第 139 页。
③ 《周易注》，第 132 页。
④ 《周易注》，第 3、17 页。
⑤ "木下曰本。"（《说文解字》）"本"是树木之根，乃支撑树木之生者。"体"原指动物之骨，亦是支撑动物之生者。"本"与"体"两者原义接近，皆指"生"之支撑，引申义为事物或观念之根源。二字合一，本体指体之本，既承认各个皆有体，又进一步追寻万体之体，即支撑万体者为本体。可以看出，"本体"观念所要表达的两层意思：一方面承诺各个事物皆有"体"，另一方面万体皆有共同的"体"作为根据。宋儒谈心、性、仁、义、礼、智之本体，本体的意思是本质规定性，也就是使心、性、仁、义、礼、智成为心、性、仁、义、礼、智者。
⑥ 《老子道德经注校释》，第 94 页。
⑦ 《老子道德经注校释》，第 57—58 页。
⑧ 尽管作为万物存在共同根据之"本体"一词出现较晚，但"体"已经具备（转下页）

一次飞跃,也是"体"范式思考世界之又一次飞跃:不仅用"体"追问一物之"故",而且用"体"来描述万体之"故"。一方面用体来描述道,另一方面用体描述万物,"体"范式由此得以彻底地贯彻。相较于"形"范式,"体"对世界的描述无疑更具有质性,更深入、更内在。不过,当体被用于描述万体之体,即万体之存在根据,以体描述万物达到高峰,体范式的功能随之达到极致。

如果说汉代的体是"类"之体,即把体看作分类的本质、标准,那么,魏晋玄学把体作为"故"之体,追寻的是事物之根据。从汉到魏晋,"体"从"类"到"故",从一事一物之"故"到万事万物之"故",由此确定其在中国思想史中的核心地位[①]。可以发现,不同于从"形"到"形而上"之超越即拒绝、否定,从体到本体首先是一种提升,也就是说,"本体"不离"体"。这个关键差异可看作"体"范式思考之推进[②],也表明"本体"范畴[③]深深植根于中国思想自身之"体"范式之历史演变脉络之中。

(三) 形与体之辩

从"形"到"使形者""形而上",先秦确立的"形"范式被超

(接上页)后世"本体"的基本含义,故可视为"本体"观念。具体论述可参见汤用彤:《魏晋玄学论稿》"言意之辩"等章节,以及向世陵:《中国哲学的"本体"概念与"本体论"》,载于《哲学研究》2010年9期。

① 宋代进一步推进,即把体作为"理"。体的礼化,是体思维的推进。理是体之理,即寻求体的道理,在这个意义上,理范畴的使用是体范畴的推进,不是舍弃体,而是体之深化。以"体"代"形"历史过程,以"体"代"形","形"被拒绝,走上"形而上",而以"理"代体不是拒绝,而是推进。

② 《人物志》为代表以神味为品鉴之根据,《古画品录》以气韵生动为第一,以骨法用笔为第二,实际上亦是对以"体"为"性"之超越。

③ 显然,以"体"为其词根的"本体"与西方哲学中以对 Being 的追问为根基的 Ontology 不同,也与 20 世纪熊十力、牟宗三等人所使用的"本体"范畴不同(后者所说的"本体"可"流行"或"生成"大用,因而明显具有神学创生性质)。

越。到了"形而上",汉语思想范式遂由"形"逐渐转换为"体"。魏晋之际,在"体"范式主导之下,新形名家崛起,再次突显"形(名)"。为回应新形名家,思想家们分别从儒家、道家立场出发,以"体"来拨正"形"。特别值得注意的是,王弼将"形"与"体"划分为两个层次,"形"为实存之"然","体"为"所以然",从而使"形"彻底被贬抑。"形体之辩"以深沉的理论辨析再次消解、压倒"形",自觉确立起"体"范式的主导地位。

从"形"到"形而上","形"被超越也使"形"的含义不断被重新界定。《说文解字》将"形"理解与规定为"毛饰画文"。这使得先秦形、名、实贯通的"形"不再被视作事物的本质规定①。但是,以"分""止"为其基本特征的"形名"作为有一定成效的治世方法在后世依然被想象,并在无序的社会状态中被寄予厚望。汉魏之际,在曹氏父子鼓动下,"形名"思潮再次弥漫天下。一方面,"形名"被视作最有效的治世方法;另一方面,以"形名"看待、对待事物被视为理所当然,甚至"形名"被当作"立道"之基。

秦汉以来,"体"取代"形",成为新的思想范式。新形名家鹊起,"形"被再次突显,"形体之辩"由此展开。杜恕从儒家立场出发,写了《体论》(作于 248 年),批驳形名,自觉归依"体"范式。但是,杜恕这里,"体"还只是一个"类"范畴,确切说,是指"类之本质"范畴,这无疑沿袭了秦汉以来的老传统。王弼差不多同期(王弼卒于 249 年)作了《老子注》《周易注》等著作,将"体"提升至"所以然"层面,并自觉对"形"进行批判,将"形"贬抑为"然"。这才真正在理论层面系统地确立了"体"范式。

1. 新形名家之崛起

汉魏之际,天下失序,曹操(196 年)"奉天子以令不臣"(毛玠

---

① 关于从"形"到"形而上"的历史演变脉络,可参见本书第二部分。

语），权倾天下，实行名法之治，新的形名思潮由此肇始。"近者魏武好法术，而天下贵刑名；魏文慕通达，而天下贱守节。"（《晋书·傅玄传》）形名家兴起，并没有因"魏文慕通达"而马上改变。事实上，这股思潮延续了半个多世纪。曹丕①、王粲（卒于 217 年）、傅嘏（卒于 255 年）、钟会（卒于 264 年）、刘劭（卒于 240—249 年之间）皆可视为新形名家代表②。

新形名家留下来的著作并不多，刘劭《人物志》算是其中最完整者。关于刘劭形名思想，汤用彤先生在《读〈人物志〉》一文中有系统论述。尽管其中夹杂着儒、道、法等家的思想，但《人物志》的主旨明显是围绕着人物品鉴展开。按照汤氏看法，与普通月旦人物不同，刘劭并不是论具体人事，乃是努力寻求其中的原理。具体包括："一曰品人物则由形所显观心所蕴；二曰分别才性而详其所宜；三曰验之行为以正其名目；四曰重人伦则尚谈论；五曰察人物常失于奇尤；六曰致太平必赖圣人；七曰创大业则尚英雄；八曰美君德则主中庸无为。"③ 故称刘劭为"形名家"最为合适。

较之于先秦形名家注重比较抽象的形、名、实关系，新形名家更关注政治人事④。但是，新形名家并未完全丧失超越之兴趣。值得注意的是，他们表达超越的基本范式仍是"形"，而不是"形而上"的"体"，这在"体"范式普遍流行之际显示出一定程度的倒退。比如，刘劭说："凡有血气者，莫不含元一以为质，禀阴阳以立性，体五行而著形。苟有形质，犹可即而求之。……虽体变无

---

① 《隋志》名家类著录载："《士操》一卷，魏文帝撰。"
② 关于傅嘏、王粲，刘勰曾论及："魏之初霸，术兼名法，傅嘏、王粲校练名理。"（《文心雕龙·论说篇》）
③ 《魏晋玄学论稿》，第 1—6 页。
④ 汤用彤先生对此有明察："凡此皆汉晋间流行之学说，以名实或名形一观念为中心。其说虽涉入儒名法三家，而且不离政治人事，然常称为形名家言。至于纯粹之名学，则有所罕有。"（《魏晋玄学论稿》，第 9 页。）

穷，犹依乎五质。故其刚、柔、明、畅、贞固之征，著乎形容，见乎声色，发乎情味，各如其象。……物生有形，形有神精；能知精神，则穷理尽性。性之所尽，九质之征也。"（《人物志·九征》）"阴阳""五行"构成"形质""形容"，人、物皆有"形"。就人而言，外"形"（包括"形容""声色""情味""象"，但以"形"为主）与内在的"精神"相应。比如，真正的仁（"诚仁"）一定会表现为温柔之形色；真正的勇（"诚勇"）一定会表现为矜奋之形色；真正的智（"诚智"）一定会表现为明达之形色。所以，根据"温柔""矜奋""明达"等"形"（"形质""形容"）就可以知其精神、才能。以"形"为基础，才可以检形定名、综核名实、分别才性、甄别人物、量能授官。可以看出，刘劭杂糅阴阳五行与人性论，以"检形名"为根基探讨人物识鉴的普遍原理，从而为名法治理提供理论指导。

形名家主张以形名治世，但"检形名"并不是他们的终极旨趣。刘劭在《人物志》之《材理》中将"理"分为四，即道理、事理、义理、情理。理多而难通，但人若能兼"聪能听序，思能造端，明能见机，辞能辩意，捷能摄失，守能待攻，攻能夺守，夺能易予"等八美，则可以通诸理。通理则得道，此即平淡之道。刘劭进而将"道"作为统摄众材的根基，所谓"聪明平淡，达众材而不以事自任者也。是故，主道立，则十二材各得其任也"（《人物志·流业》）。"道"之确立乃是综核名实、量能授官之理论前提，不妨说，形名观念之成立与实践贯彻都以"道"之确立为前提。以"形名"兴起、确立"道"，这是新形名家的思想特色。不仅刘劭，魏晋不止一位形名家试图通过形名来立"道"，以《道论》命名其著作即明白显示出这个意图。比如《隋书·志》卷二十九记载："任子《道论》十卷魏河东太守任嘏撰。"任子《道论》被视作形名家言，今已失传，无缘窥其美论。《意林》卷五引任嘏语一条："木气人勇，金气人刚，火气人强而躁，土气人智而宽，水气人急而贼。"此处所载的文辞接近

《人物志》，即以五行论人的才性。推想其《道论》应该近于《人物志》以"形名"立"道"之思路。又如，《魏志》卷二十八《钟会传》记载："会常论《易》无互体，才性同异。及会死后，于会家得书二十篇，名曰《道论》，而实刑名家也，其文似会。"显然，钟会《道论》的理路亦是从"形名"入手来呈现、确立"道"。这应该是魏晋之际时代思潮，实际上，在制度离析、名教颓坏情境下，严刑峻法必然被视作整饬名教的必要环节。以循名责实为基本内容的形名思想具有明确性、确定性、可操作性等特征，这对于整饬纲纪无疑十分必要。由形名而名教，此为治世之希望，其中亦蕴含着天下太平之终极理想。基于此，我们就不难理解他们以形名理解、规定"道"之意图了①。

2. 形与体之辩

从中国思想史演变脉络看，魏晋思想家以"形名"立"道"思路可以说是对先秦形名家的复兴与回应。有意思的是，先秦形名家遭遇儒家、道家的批判，超越了"形"范式而走上了"形而上"与"形而下"。魏晋新形名家同样遭受儒道二家的批判与超越，不过，这次，他们坚定地放弃了"形"范式，都自觉地走向了"体"范式②。具体说，杜恕撰写《体论》，从儒家立场出发，批驳"形名"，

---

① 汤用彤觉得"论以道名而内容为形名，其故何在，颇堪探索"（《魏晋玄学论稿》，第14页）。确实，形名以"分"为基本特征，"道"以"通"为基本特征，两者存在天然紧张。但考虑到"道"在中国思想中一直被当作最高的范畴、最高的智慧与最正确、最全面的思想，而这些又总是与权力结盟。我们就不难理解那些窥一端、一偏者总在信念层面确信自己已经把握到了整全之"道"。

② 实际上，随着秦汉以来"体"范式的逐步确立，"体"在各家著述、表达中都被普遍使用，新形名家亦不例外。比如《人物志》一方面广泛以"体"表达才性类别，如"体别""国体""具体""大体""同体""异体"等；另一方面，也自觉以"体"作为通达对象之基本方法，如"体五行"等。

以"体"抗"形"，寻求君体、臣体、兵体、万物之体①；王弼则从道家立场出发，通过"形体之辩"，以"体"压倒、超越"形"，进而确立"本体"。

《体论》从批驳"好名"始，深入探讨"君体""臣体""兵体"，以"万物皆得其体"终。这个结构本身清楚显示了杜恕超越"（形）名"，以"体"为归旨之意图。《体论》开篇曰："人主之大患，莫大乎好名。人主好名，则群臣知所要矣。夫名所以名善者也，善修而名自随之，非好之之所能得也。苟好之甚，则必伪行要名，而奸臣以伪事应之，一人而受其庆，则举天下应之矣。君以伪化天下，欲贞信敦朴，诚难矣！"② 在形名家的逻辑中，有形者有其名，有名者有其形。"形"为"实"，有名者须有其实。形、名、实三者直接对应，故循名就可责实。杜恕大体依照形名家的逻辑展开，在杜恕看来，"名"随"实"而生，离开"实"之"名"并不具有独立的价值。将"名"作为独立的价值来追求，上好下效，枉意为"名"，必然导致"名"远离其"实"。"名"远离"实"，"行"成"伪行"，"事"成"伪事"，贞信敦朴遂不可得。好名必伪，故人主当戒之。

好名成伪，尊卑之名尤其危险。杜恕接受《尚书》君臣之间本应为"一体"观念，认为"君为元首，臣为股肱，期其一体相须而成也"③。元首与股肱共处一体，两者有上下之别，但彼此相待相须。基于"一体"关系，人主之治，修身而诚，亲臣化民，天下可平。一体之间，相互配合，相互成就。他们之间不仅有生理性的相互需求，同时也夹杂着情感的相互依赖。杜恕论述道："人臣之于其君

---

① 余敦康先生曾论道："在汉魏之际这个历史时期，把儒家思想构筑成一个完整体系的著作，大概只有杜恕的这部《体论》，但只偏于政治思想方面，没有上升到哲学世界观的高度。"（余敦康：《魏晋玄学史》，北京大学出版社，2004 年，第 37 页。）诚哉斯论！
② 杜恕：《体论》，引自魏征等撰，沈锡麟整理：《群书治要》，中华书局，2014 年，第 582 页。
③《群书治要》，第 582 页。

也，犹四支之戴元首，耳目之为心使也，皆相须而成为体，相得而后为治者也。"① 四肢与元首、耳目与心之间一方面有使从关系，相须而成体，相得而为治；另一方面，尽管君臣一体之间的这种亲密关系需要通过自觉的教化才能完成，而父子间亲密关系乃基于血缘及长期共同的生活，但君臣处一体之中，有亲有恩，亲密无间更胜于父子。

不过，形名论者过分强调"尊卑"之"名"，不断强化"尊君而卑臣"观念，则完全破坏了原本亲密的"一体"关系，而走向君臣"离体"。他指出："尊君而卑臣。……元首已尊矣，而复云尊之，是以君过乎头也；股肱已卑矣，而复曰卑之，是使其臣不及乎手足也。君过乎头而臣不及乎手足，是离其体也。君臣体离，而望治化之治，未之前闻也。"② 君臣间有尊卑关系很正常，人为地将"尊卑"对立起来，使尊愈尊，卑益卑。尊卑之"名"太过明确、确定，势必将本应一体亲密的君臣之间推向疏离、割裂与对立。对于家国治理来说，形与刑通。刑被推崇，亦会导致人与人之间的疏离、隔离与对立。杜恕将子产相郑而铸《刑书》作为刑政之肇始，认为申不害、商鞅竞相任法，秦始皇灭礼义之官，专任刑罚，由此导致奸邪并生，天下叛之。任刑的后果往往是，穷民犯法，民怨沸腾，天下不宁。君臣民本一体无间，但刑（形、法、名）使他们有间而疏离、割裂、对立而不复为无间之"一体"，凝聚力、向心力不再，天下治理则不可能实现。

"形"表达着明确的、自我限定的边界以及相互之间的界限，此即"分"与"定"，"形"与"形"之间存在着相互分别的界限与鸿沟。"体"则不同，它首先表征着支撑存在者的要素或力量。"体"自身对其他要素或力量开放，或者说，它自身具有将其他要素或力

① 《群书治要》，第 584 页。
② 《群书治要》，第 582—583 页。

量凝聚为一的趋向。因此，"体"与"体"之间并不存在隔绝或鸿沟，它们之间随时能够结为一体。据此可以理解，在中国思想语境下，就君臣关系说，他们为无间之"一体"，但就君、臣自身说，他们各有其"体"：即确立自身之为自身的决定性因素或力量。由此我们见到，杜恕广泛讨论"君之体""臣之体"，如"夫设官分职，君之体也；委任责成，君之体也；好谋无倦，君之体也；宽以得众，君之体也；含垢藏疾，君之体也；不动如山，君之体也；难知如渊，君之体也。君有君人之体，其臣畏而爱之，此文王所以戒百辟也"①。这里列举的"君之体"包含君所应当完成的职责与应当具备的素养与品质。这些被称为"体"的职责、素养与品质指向着聚集、容纳、安顿他人，也就是说，其"体"之"立"恰恰意味着拥有聚集、容纳、安顿他人的准备。

"君"有其"体"，"臣"亦有"体"。"臣之体"包含"图国""悟主""怀众""服人"等才能与品德。一方之体皆向他者开放，而不是像"形"一样自我限定并与他者区分，因此最终能够聚集、容纳、安顿他人而实现天下一体。在杜恕看来，能将天地之间的人、物聚集、容纳、安顿为一体的是"礼"，因此，礼被当作"万物之体"②。万物得礼即得其体，这实际上是说，万物得到人有教养的、有节制的行为（温柔、忠贞、公平等）的保护，而得以完成与成就。成己而成物，万物由此被礼纳入人的命运共同体。以礼作为万物之体，自觉拒斥"形"（刑、法），最终指向天地人物一体无间。尽管其最切近的旨趣是重新确立"礼"，但这个努力由于对"礼"缺乏有创见、有生命的诠释而无法实现确立"礼"这个目标。不过，他以

---

① 《群书治要》，第 583 页。
② 裴松之引《杜氏新书》云："以为人伦之大纲，莫重于君臣；立身之基本，莫大于言行；安上理民，莫精于政法；胜残去杀，莫善于用兵。夫礼也者，万物之体也，万物皆得其体，无有不善，故谓之《体论》。"（陈寿撰，裴松之注：《三国志》，中华书局，1982 年，第 507 页。）

"体"作为基本方法来对抗"形（名）"，这既可以看作儒家对新形名家的理论回应，同时对于确立"体"范式也有着独立的理论意义。

3."形"为"然"，"体"为"所以然"

杜恕抑"形"而尊"体"，但在杜的著作中，"体"还只是一个与"形"一样的"类"范畴。"形"与"体"各有优劣，区分、选择两者更多依赖的是价值喜好。王弼一方面继承《庄子》《系辞》拒绝、超越"以形为性"的思想道路；另一方面，努力在理论层面拔高"体"，以使其明确超越"形"的层次，由此确立"体"范式。此一反一正两条思路相互交融，从而塑造出王弼完整思想品格。具体说，《庄子》《系辞》批判、超越形名家而走向"使形者""形形者"，王弼则批判、超越"新形名家"，明确提出"道与形反"，而坚定地走向"体"。使形者、形而上都重在否定，王弼既有否定"形"，又坚定地归于"体"。所谓"形虽大，不能累其体"[①]，正指向"形"与"体"之间的紧张关系。

王弼自觉批判"形名"，提出"不以形立物""不以形制物""不立形名以检于物"观点，如"居无为之事，行不言之教，不以形立物，故功成事遂"[②]。"以形立物"字面意思就是以"形"作为确立事物的"根据"。"形"一方面通"刑"，指人为制作的规范、规则；另一方面指事物外在的、确定的形式。当外在的、确定的形式被当作事物的本质，它亦成为认知事物的规范、架构。在两种意义上，"形"都属于广义的人为之物。"以形立物"意指以人的意志、目的、欲望施加于物，以使物合乎人的意志、目的欲望。对物来说，以形立物意味着屈物以就人。相应，"不以形立物"就是拒绝以人的意志、目的、欲望施加于物，以使物能够按照自己的自然本性展开自

---

① 《老子道德经注校释》，第 11 页。
② 《老子道德经注校释》，第 41 页。

身。《老子注》第二十七章有类似的表达："不造不施，因物之性，不以形制物也。圣人不立形名以检于物，不造进向以殊弃不肖，辅万物之自然而不为始，故曰无弃人也。"[1] "以形制物"即"以形名检物"，即循名责实，也就是将"形（名）"作为事物之本质，以此看待与对待万物。"名"为人之制作，"名"对应"形"，"名"之制作即取"形"代物，亦即将万物化为有限而确定的"形"，以此相互区分。"不以形制物""不立形名以检于物"即破除将"形（名）"作为事物之本质观念，不以形名看待与对待万物，此即"因物之性"，即"辅万物之自然"。

之所以不能以形制物，在王弼看来，是因为"形"乃实存者，即万物实际显示出来的现象（它包括数量、形状、情态等）。抓住"形"，才仅仅把握到表面性的"然"，而没有触及"所以然"。"夫执一家之量者，不能全家；执一国之量者，不能成国；穷力举重，不能为用。故人虽知万物治也，治而不以二仪之道，则不能赡也。地虽形魄，不法于天则不能全其宁。天虽精象，不法于道则不能保其精。冲而用之，用乃不能穷。满以造实，实来则溢，故冲而用之又复不盈，其为无穷亦已极矣。形虽大，不能累其体；事虽殷，不能充其量，万物舍此而求主，主其安在乎？"[2] "一家之量"是实存、有限之"形"，"全家"则指之为家之整体规定性，即家之"体"。实存、有限之"形"皆有"所以存"之"体"为其根据。将目光限定在实存者之"形"，必然遗失"所以存"之"体"，则不能获得"家之为家"（"全家"）之真谛。同理，"一国之量""地之形魄""天之精象"等皆是实存之"形"，它们之存在都有各自"所以存"之"体"，比如"国之为国""法于天""法于道"等。王弼指出，以实存、有限之"形"自限，则会遮蔽其"体"，此即"以形累体"。王

---

[1] 《老子道德经注校释》，第 71 页。
[2] 《老子道德经注校释》，第 10—11 页。

弼在《老子注》第三十九章对此亦有申明:"清不能为清,盈不能为盈,皆有其母,以存其形。故清不足贵,盈不足多,贵在其母,而母无贵形。贵乃以贱为本,高乃以下为基,故致数舆乃无舆也。玉石琭琭、珞珞,体尽于形,故不欲也。"① "清""盈"皆为"形","形"不能使"形"成为"形"。使"形"成为"形"的是"母""体"。"体"即"存其形"之"母",也就是"形"之所以然。"体"为"主","形"为"从",把握到"体"才算见"道"。据此,王弼又将"以形累体"称为"见形而不及道"②。

"形"为实存之"然","体"为"然"之"所以然"。两者为截然明晰的两个层次:"凡物之所以存,乃反其形;功之所以克,乃反其名。夫存者不以存为存,以其不忘亡也;安者不以安为安,以其不忘危也。故保其存者亡,不忘亡者存;安其位者危,不忘危者安。善力举秋毫,善听闻雷霆,此道之与形反也。安者实安,而曰非安之所安;存者实存,而曰非存之所存;侯王实尊,而曰非尊之所为;天地实大,而曰非大之所能;圣功实存,而曰绝圣之所立;仁德实著,而曰弃仁之所存。故使见形而不及道者,莫不忿其言焉。"③ "实安""实存""实尊""实大""实著"为"实然"之"形";"之所以存""之所以克""安之所安""存之所存""尊之所为""大之所能""圣之所立""仁之所存"为"所以然"之"体"。"实然"之"形"与"所以然"之"体"为明确相互区别的两个思维层次,此即王弼所说的"凡物之所以存,乃反其形",也即"道之与形反"。将"体"提升至"所以然"层面,相应,将"形"降低为"然",并以"体"为"形"之"所由",这是王弼对"形体之辩"的基本观点,也是他对中国思想方法最重要的一个贡献。

---

① 《老子道德经注校释》,第 106 页。
② 《老子道德经注校释》,第 197 页。
③ 《老子道德经注校释》,第 197 页。

　　"形"虽可表现"体",但"体"并非"形"之所呈现。以为"形"可以完全表现"体",这实在误会了"体"。"体尽于形,故不欲也。"① 作为"所以然"的"体"首先以"无形"(即上文所说"反其形"或"取天地之外")为基本特征。有形者皆以有限的、确定的特征显现,即有"分"。"分"指明确的、使一物区别于他物的自我规定性。"有形则有分,有分者,不温则凉,不炎则寒。故象而形者,非大象。"② "名则有所分,形则有所止。虽极其大,必有不周;虽盛其美,必有患忧。功在为之,岂足处也。"③ "分""止"为事物之明确的规定,规定即限定,有分者具有相应的限定与边界,所谓"不温则凉,不炎则寒"是也。有分之有形者因此必然是有限者,而有形有分的有限者不能充当有限者的根据,只有无限者——无形者才能充当有限者之根据。"无形"即摆脱"形"的束缚,超越有分有限,王弼不断强调"体"之"无形"特征,即见于此。"分"是对"全"的"分",即仅仅表达着部分,发挥着部分的功能。"止"即有边界、有界限。"分""止"皆是表达着有限性,此即王弼所说的"必有不周"。"周"即整体性、无限性。"以施为治之,形名执之,反生事原,巧辟滋作,故败失也。"④ 王弼承认"形名"之功可"极其大",可"盛其美",但自限于形名,其功总是有限、不完整的。以形名为治,则会使巧辟滋作,注定失败。

　　"体"无形,它乃"形"之"所由",两者乃"生"与"以生"关系。王弼有时又沿袭《道德经》母子之喻以明两者之间关系。"凡有皆始于无,故未形无名之时,则为万物之始。及其有形有名之时,则长之、育之、亭之、毒之,为其母也。言道以无形无名始成万物,

① 《老子道德经注校释》,第 106 页。
② 《老子道德经注校释》,第 113 页。
③ 《老子道德经注校释》,第 95 页。
④ 《老子道德经注校释》,第 165 页。

以始以成而不知其所以（然），玄之又玄也。"① "有形"始于"未形"，"无形"成就"有形"。"未形""无形"根基于"道"，可以为"始"、为"母"。"母"与"子"对，作为明理之"象"，两者之间的关系并不是自明的。在第三十八章注中，王弼明确以"本末"定位"母子"："用夫无形，故形以成焉。守母以存其子，崇本以举其末，则形名俱有而邪不生，大美配天而华不作。故母不可远，本不可失。仁义，母之所生，非可以为母。形器，匠之所成，非可以为匠也。"②"形名"为"子"、为"末"，"无形"为"母"、为"本"。为"子"、为"末"之"形名"对于长治之功并非可有可无，王弼亦非欲以为"母"、为"本"之"无形"对"形名"彻底加以否定。质言之，王弼肯定"形名"是在"守母""崇本"基础上肯定，即肯定其作为"子""末"而具有相应的价值，这可以看作在肯定"体"的前提与基础上安顿"形"。

　　一切实存之然（形）皆有其所以然（体），"之所以存"为"体"，"之所以克""安之所安""存之所存""尊之所为""大之所能""圣之所立""仁之所存"等亦为"体"。如果更细致地分梳，不难发现，"之所以存"所指为使"存"得以可能的动力、目的、形式、质料等原因，它显然不同于使"安"所以可能的动力、目的、形式、质料等原因，更不同于使"尊""大""圣""仁"所以可能的动力、目的、形式、质料等原因。诸"体"皆不同，由此看，王弼思想中的"体"无疑为"多"。但是，这个层次的"体"乃是分言之"体"。在王弼的观念中，分言之多"体"亦可合言为一"体"③，也

① 《老子道德经注校释》，第1页。
② 《老子道德经注校释》，第95页。
③ 这里关于分言之体与合言之体的区分，乃借鉴金岳霖、余敦康等先生做法。金岳霖先生提出，"道"可分开来说，也可以合起来说（参见金岳霖：《论道》，中国人民大学出版社，2005年，第16页）。余敦康先生将此应用到王弼思想研究中，认为，"自然"可分开来说，也可以合起来说。参见余敦康：《魏晋玄学史》，第164—167页。

就是说，如果将所以可能的动力、目的、形式、质料等原因不断追问下去，终极的"体"（原因）为"一"，为"无"，为"道"。所谓"万物万形，其归一也，何由致一？由于无也"①，此作为"一"、作为"无"的"体"即"道"（或称为"无""太极"等）。所谓"道者，无之称也，无不通也，无不由也"②，道为天地万物终极的根据（由）。天地万物皆由道而生、而成，最终皆以道为"体"。道（体）无形无名，但表达与理解道（体），又需经由"形""象"而实现。"夫物之所以生，功之所以成，必生乎无形，由乎无名。无形无名者，万物之宗也。……形必有所分，声必有所属。故象而形者，非大象也；音而声者，非大音也。然则，四象不形，则大象无以畅；五音不声，则大音无以至。四象形而物无所主焉，则大象畅矣；五音声而心无所适焉，则大音至矣。"③"大象"指向"道"，"道"（大象）非实存者，不具有普通人的感官所能把握的特征，此即"不可得而闻、彰、知、尝"。以实存之然呈现、人的感官可以把握之"形者"，皆有分限与所属，皆非无限者，必非道（大象）。但是，作为万物所由之体，又非虚无寂灭者，它总是不断地创生实存，并通过所创生的实存者（"四象"或"万象"）而显示出来。实存者与使实存之为实存者，这是两个判然分明的层次。道（大象）创生实存者，但并不是以另一个实存者姿态主导实存者之展开，而是通过"不塞其原""不禁其性"方式，让"物自生""物自济"④。此即以"无所主""不知其主"的方式彰显"玄德"，呈现道体。

王弼以"体"为"所以然"，最终走向以"无"为"体"，即将"无"当作万物存在的根据与原因。郭象并没有严格区分"形"与"体"，不过，他坚持万物之外并不存在像王弼所说的"无"——体

---

① 《老子道德经注校释》，第 117 页。
② 《王弼集校释》，第 624 页。
③ 《老子道德经注校释》，第 195 页。
④ 《老子道德经注校释》，第 24 页。

（造物主）作为万物自身存在之根据①，万物自己充当自身之存在根据。万物皆以自己为原因与根据，即以"自"为"体"。以"自"为"体"即"与化为体"（《大宗师注》）。万物自造、自生、自得、自化、自尔，故万物而万殊耳。所以，对作为所以然之"体"的关注同样构成郭象思想的基本特征。

不同于《系辞》通过"形而上""形而下"超越"形"的精神道路，王弼通过"形体之辩"，明确将"形"降低为"然"，而将"体"确立为"所以然"，把"形"与"体"确定为两个层次，从而使"形"彻底被贬抑。"形体之辩"以深沉的理论辨析再次消解、压倒"形"，自觉追求"体"，以"体"表达"道"，在中国思想史上确立起"体"的范式地位，从而使中国思想与"形式即本质"的思想道路愈行愈远。

（四）体道：作为方法论的"体"

体是使一事、物成为一事物者，事、物有常体而有自体。有自体，事、物之间有相对的区分。但体是质料，体与体之间可以有差异，却不必有界限。"异形者不可合于一体"（《淮南子·说林训》），异体者之间却可以合为一体，"一体""同体"说都表达出这样的意义。所以，"体"范式的使用弱化了界限，强化了相互通达，故一方面，万物皆有体，另一方面，万物一体。

对于异体者之间何以能够相互通达，各家给出的说法大同小异：

> 气者，体之充也。（《孟子·公孙丑》）
>
> 通天下一气。（《庄子·知北游》）

---

① 可参考汤一介：《郭象与魏晋玄学》，北京大学出版社，2000 年，第 203 页相关论述。

水火有气而无生，草木有生而无知，禽兽有知而无义，人有气，有生，有知，亦且有义，故为天下最贵。(《荀子·王制》)

体乃气之充，物体、事体、精神观念之体皆由气构成。气流动、转化而弥缝体与体之间的界限，故殊体之间又可构成"一体"。皮毛、筋骨与血肉这些身之体构成了完整的人——人体。甚至可以说，这些体与体之间之分别，恰恰在于它们本为一体，此所谓"一体而分"也。

各家对"一体而分"之表述不尽相同。在《庄子》，通天下一气，气聚为生，气散为死。"孰知死生存亡之一体者，吾之友也。"(《庄子·大宗师》)生死存亡之质皆为"气"，生死存亡不过为气的不同形态，这些气的不同形态之间流动、转换而结为一体。

荀子则说君民一体："故天子不视而见，不听而聪，不虑而知，不动而功，块然独坐而天下从之如一体，如四肢之从心。"(《荀子·君道》)荀子论证君民一体是以君民分工不同为前提。君民各有职分，各依其职分而行即可构成一个整体，荀子喻为四肢与心之构成一个完整的人体，其所强调的是君民之间顺畅通达性。

《吕氏春秋》谈父子一体而分："故父母之于子也，子之于父母也，一体而两分，同气而异息。"(《吕氏春秋·精通》)父母与子女虽有分——各自为一体，但他们之间亦在生理、心理、精神皆相通相感而成为一体，即所谓"隐志相及，痛疾相救，忧思相感，生则相欢，死则相哀"。《白虎通》则强调了父子之间荣辱共同体："父子一体而分，无相离之法……父子一体而分，荣耻相及。"(《白虎通·谏诤》)生死忧戚之感通是父子之间之相感相应，荣耻则涉及"父子"对外的共同反应。

父母与子女之一体建立在血缘为基础的家庭生活上，夫妻间一体则建立在承上启下的家族使命之上。《春秋公羊传·宣公元年》："夫人与公一体也。"《白虎通》对夫妻同体有进一步的解释："妻者，

齐也，与夫齐体，自天子下至庶人其义一也。"(《白虎通·嫁娶》)"妻
者，与己一体，恭承宗庙，欲得其欢心，上承先祖，下继万世，传
于无穷。"(《白虎通·王者不臣》)夫妻之一体指的是共同担负延续宗
族生命任务，承担共同的使命——上承先祖，下继万世，传于无穷。

共同的精神取向亦可使人与人趋向一体，比如"师徒"："善教
者则不然，视徒如己。反己以教，则得教之情也。所加于人，必可
行于己，若此则师徒同体。"(《吕氏春秋·诬徒》)师徒同心，志气合，
爱恶一则可使"师徒同体"。

人通过精神认同，可觉解并认同人与社会存在之间的一体关联。
"先王善与民为一体。"(《管子·君臣上》)《春秋公羊传·庄公四年》：
"国君一体也。先君之耻，犹今君之耻。今君之耻，犹先君之耻
也。国君何以为一体？国君以国为体①，诸侯世，故国君为一体也。"
国君一体的前提是国君以国为体，也就是国君在观念上将国确立为
自己之生命，确立为与己痛痒相关、荣辱与共者。董仲舒进一步将
国君一体细致化，他说："一国之君，其犹一体之心也。"(《春秋繁
露·天地之行》)心为神明之主，亦是一生命体之主，一体之心，表明
君在一体之中具有主导性质。不过，在一国之中，君民亦为一体：
"君者，民之心也，民者，君之体也；心之所好，体必安之；君之所
好，民必从之。"(《春秋繁露·为人者天》)在此一体之中，君以民
为体。

在《吕氏春秋》看来，万物之间并无精神上之关联，其一体乃
是建立在共同的生长成就节律之上。《吕氏春秋·情欲》："秋早寒则
冬必暖矣，春多雨则夏必旱矣，天地不能两，而况于人类乎？人与
天地也同，万物之形虽异，其情一体也。故古之治身与天下者，必
法天地也。"这里的"其情一体"指内在的伸展节律相一致。

"一体"表明不同事物之间不存在相互隔绝的界限，形异而体

---

① "民者，国之本也；国者，君之本也。"(《淮南子·主术训》)"本"即"体"。

同。天地一体、君国一体、家国一体、本末一体、死生存亡一体，弥缝界限，共同构成一个整体。彼此不离，不相互隔绝而是相互通达。不过，人之体与万物之体之间的通达却可能因人心之自限而与他人、他物隔绝。因此，对于人来说，与他者相通还需要自身做工夫——体：体物、体仁、体天、体道。

由"形"到"形而上"，对应的是"感通"。由"形"带来的区分，以及隔绝、割裂，先秦用感通的方法来通达对象，"通"是分之通，由感而通，乃是味觉思想的基本方法。作为方法论的"体"范畴之应用，不再强调由分而通，而是强调由体到体之间的融合①。

不管是作为"类"，还是作为"故"，"体"始终指向"本质"，相应于此，对作为本质即"体"的接近与认识也被领悟为"体"。如我们所知，"体"不同于以形式构建界线为基本特征的"形"。"形"可由"看"（肉眼与心眼）获取，"体"以内在实质为基本特征，不可看而可"体"。

先秦诸子对于如何体并没有明确的解说、规定，但我们可以从后代的诠释中追寻"如何体"的基本脉络。比如，《礼记·中庸》："体物而不可遗。"朱熹解释道："'体物'，言以物为体。有是物，则有是诚。"②"以物为体"同时"为物之体"，物我"互为体"："体物，犹言为物之体也，盖物物有个天理；体事，谓事事是仁做出来。如'礼仪三百，威仪三千'，须是仁做始得。凡言体，便是做他那骨子。"③体物首先不是外在的观看，不是旁观，而是进入到物的内部④。物与人始终处于"零距离"，这是体物的基本特征。

---

① "理"范畴对应的是理会。体会强调两个体之间的融合，理会强调的是两个理之间的交融、融合。较之于"体"，"理"更具有本质性、客观性。
② 《朱子语类》，第 1544 页。
③ 《朱子语类》，第 2509 页。
④ 如朱熹说："所谓'体'者，便作'体认'之'体'，亦不妨。体认者，是将此身去里面体察。"（《朱子语类》，第 2454 页。）

　　按照朱熹的说法，体物即我做物的骨子，物做我的骨子。我做物的骨子意思为我撑起物，我依照物之理来做。[1] 物之理是物生、长、成之理，其中有必然之理，也包含着物对人生命之范导，即当然之则（具体说就是人如何依照物之理来完成我之事）。因此，物对我的作用也是物之理。物我生、长、成之理相通，物非隔绝于我，外在于我者，我取物之理以成我之性，此乃精神层面之摄取；另一方面，摄取实物以养我身，使之成为我的一部分。实物与精神层面之双层摄取乃"体物"之具体内涵。能"体物"者能放弃一己之狭而能基于物展开自身，能超出一身而实现自身超越。能"体物而不遗"者则能超越至于"天""道"。

　　物可体，人亦可体。《礼记·文王世子》："外朝以官体异姓也。"《礼记·学记》："就贤体远。"《礼记·中庸》："体群臣也。"这里体的含义不尽相同："体异姓"之"体"重在消除不同姓之间之隔阂，其中包含着化"异姓"为"同姓"，以"同姓"来理解"异姓"之努力；"体远"之"体"重在拉近与"远者"之间的距离，以亲近"远者"；"体群臣"之"体"重在换位思考，以体恤群臣之具体处境。不难发现，这些不同的"体"之间又具有共同结构：消除人与人之间的距离，以了解、认同、接纳他人。"体人"指向的是自身之体与他人之体之间的融合，当然，这种融合并非身体之间的融合，而是指心灵体的融合：基于身位的理解，价值、情感的认同等等，在这个意义上，"体"所展示的乃是对现实中具体存在者之存在处境及存在感受的理解与认同。能"体"他人者，不仅了解自身，还能悬置自身；

---

[1] 如朱熹说："自家知得物之理如此，则因其理之自然而应之，便见合内外之理。目前事事物物，皆有至理。如一草一木，一禽一兽，皆有理。草木春生秋杀，好生恶死。'仲夏斩阳木，仲冬斩阴木'，皆是顺阴阳道理。……自家知得万物均气同体，'见生不忍见死，闻声不忍食肉'，非其时不伐一木，不杀一兽，'不杀胎，不夭夭，不覆巢'，此便是合内外之理。"（《朱子语类》，第296页。）物之理为"春生秋杀，好生恶死""阴阳道理""万物均气同体"等，相应地，人因理而应之，顺理而为，此即"合内外之理"。

不仅理解他人，还能基于他人的立场思与行。所以，能"体他人"体现的是一种精神的超越。

体物、体人以消除物我、人我距离，物我、人我一体为基本特征。能体物、能体人者非自然存在者，而是经过规训-修养者，即体道、体仁者。

道有"体"而无形，故需人以体体之。《庄子》曰："夫体道者，天下之君子所系焉。今于道，秋豪之端万分未得处一焉，而犹知藏其狂言而死，又况夫体道者乎！视之无形，听之无声，于人之论者，谓之冥冥，所以论道，而非道也。"（《庄子·知北游》）"体"是相互契入①，"体道"即人入道，道入人。仿照朱熹的说法：道既是我的身骨，也是我之心骨②，我之骨被道化（我堕肢体，黜聪明，离形去知而以道为体）；我依道而展开自身，成为道之身骨与心骨。依照《庄子》所提供的脉络，我们可知"体道"首先能够理解道、认同道（闻其风而悦之），能够在精神层面接受道，自觉将道作为思想与行为的动机、根据、目的。我之所视听言动思不仅合乎道，更严格说，已经出乎道。出于己即出于道，归于己即归于道。道主导我的视、听、言、动、思，我则以道视、听、言、动、思（率道直行）。

韩非子所言"道"之具体内涵与《庄子》有异，但同样需要人去"体"之："夫能有其国、保其身者，必且体道。体道，则其知深；其知深，则其会远；其会远，众人莫能见其所极。唯夫能令人不见其事极，不见其事极者为保其身、有其国。"（《韩非子·解老》）所谓"体道者"即能与道为一者，与道一故能超越一身而至于无极，故众人莫能见其所极。能体道者所知根于道、出于道，以道观物，

---

① 《庄子·刻意》："故素也者，谓其无所与杂也；纯也者，谓其不亏其神也。能体纯素，谓之真人。"成玄英疏："体，悟解也。妙契纯素之理，则所在皆真道也，故可谓之得真道之人也。""契"是"契入"，"契入"即"体"。
② 比如朱熹说："'体道'之'体'，只是道之骨子。"（《朱子语类》，第975页。）

故其知渊深("知深");能体道者所行无所不至,无有遗者,以道行世故遍交万物("会远")。

《易·乾·文言》则言"体仁":"君子体仁,足以长人。"朱熹解释道:"'体仁'如体物相似。人在那仁里做骨子,故谓之'体仁'。仁是个道理,须着这人,方体得他,做得他骨子。"① 不过,朱熹又认为,体仁即是以仁为体:"体仁乃足以长人……体者,以仁为体,仁为我之骨,我以之为体。仁皆从我发出,故无物不在所爱,所以能长人。"② 我做仁之骨子,仁同时为我之骨子,我与仁不二不离。体仁者由仁行,仁构成其视听言动思之出发点与根据,其所做所出都是"仁",温厚慈爱之情理由我发出,故体仁可以使物生,可以使人长。

可以看出,"体道""体仁"一方面表达人对道体、仁体之趋近、接近;另一方面,道体、仁体也要求人去承担。对道体、仁体之接近,包含着人不断突破一己之界限而趋于无限;承担道体、仁体之使命则要求一己去展开无限之生机。以"体"的方式趋近崇高者在汉代思想中非常广泛,如《淮南子·本经训》说:"帝者,体太一。"《春秋繁露》说:"体天之微。"(《春秋繁露·精华》)"体国之道。"(《春秋繁露·立元神》)"体天之节。"(《春秋繁露·官制象天》)"体阴阳。"(《春秋繁露·奉本》)"体天。"(《春秋繁露·循天之道》)《白虎通》说:"士贱不得体君之尊。"(《白虎通·爵》)凡此等等,都表达出个体趋近"天""道"等崇高体,且能自觉依"天""道"等而行,以己身展开"天""道"之体。

体物以体道、体仁为前提,以爱物为态度,成物为目的,这是其与纯粹观看最大之差异。因此,"体"总是以修养工夫为前提。至于修养工夫,儒道等家有差异,但工夫之指向却有一致之处,即人

---

① 《朱子语类》,第 1706 页。
② 《朱子语类》,第 1709 页。

如何进入体，如何打破人、物之间的距离，两者——进入体与打破人、物之间的距离性实质是同一个问题。在儒家，"体"首先是一种工夫，具体说就是克己①、推己及人②。克己与推己及人并行不悖，克己是消除物我之界限，限制小我，限制私我。推己及人是我不断向外延伸，人我距离不断消除过程，及人、及物，仁民爱物之仁、爱也是体的工夫。通过仁民爱物，我与人与物成为一体，因此，"体"就是我不断扩大，消除人我距离，消除人与物的距离。道家以"无"（无为、无知、无欲等）、"外"（外物、外天下、外身等）、"忘"（坐忘等）作为体物的准备、实质，其目标是与物为一体，与万物同体。一体、同体一方面消除了人物之间的距离；另一方面，它表明，人体物并不是寻求物的结构，看个究竟，而是消除距离，使人物一体。也就是说，体物不是到物的内部去看③，而是去物的内部品味，即感受物对人的作用④。

如我们所知，"感通"强调的是"通"，具体说是要克服"以形为性"之形名所造成的人与物、人与人之间的分割、分裂。与由"体"代"形"之思想史进程一致，"体"则由"通"而彼此融合，

---

① 如朱熹说："'体'，犹体当、体究之'体'，言以自家身己去体那道。盖圣贤所说无非道者，只要自家以此身去体它，令此道为我之有也。如克己，便是体道工夫。"（《朱子语类》，第 2488 页。）

② 无私心、为公便能推己及人，朱熹说："体者，乃是以人而体公。盖人撑起这公作骨子，则无私心而仁矣。盖公只是一个公理，仁是人心本仁。人而不公，则害夫仁。故必体此公在人身上以为之体，则无所害其仁，而仁流行矣。"（《朱子语类》，第 2454 页。）

③ 邵雍观物之观不是纯粹的观看，不是无体之观，而是有体之观。观物以爱物、成物为基本态度与指向。观就是体，观被体化，观物即体物。观物最终都落实到观身，所谓"反观"是也。

④ 严格说起来，作为人、事、物本质的"味"与"体"有差异。"体"主要指人、事、物的内在结构或脉络（骨架子），"味"乃物之内在体质所固有并散发者，而并无"结构"或"脉络"之义。相应，作为通达人、事、物本质的方法，"体"带有给出对象"内在架构或脉络"之义；"味"有辨识对象之义，其所呈现的是对象的整体特征，无给出对象"内在架构或脉络"之义。

展示出两体之间的距离消弭、彼此交融之方法论内涵。"形"侧重外在形式，"体"显示内在之质，由"以形为性"至"以体为性"，由"感通"到"体"显示出中国思想在把握对象方面不断深入之方法论自觉。

"体"以"一体"观念为思想前提，不需要"感"那样去穿透坚固的边界、隔阂。在此意义上，"体"与"感"又有差异。"体"无须穿透，而是自觉自居于一体之中，直接做一体之骨架子，以支撑起一体。当然，"体"与"感"一样，都内在要求人与对象无距离。人"体"对象，蕴含着不把对象推向外、推向自己之对立面之意（其中包含着不顾对象之命运，冷漠对待之态度）。这正是味觉思想者的一贯态度。

四 从"理"到"天理"

从"形"到"形而上",作为思想范式的"形"被超越,而转换为"体"范式。王弼将"体"范畴由"类"之体推进至"故"之体,其"崇本息末"方法使"体"范式优先关注"本体",而使万物之体被漠视,遂使"体"范式被架空而转入"理"范式。[①] 先秦人所论之理是作为"类"之理,如条理、分理,万物殊理,物有物理,人有人理;魏晋人进而论述作为"故"之理,即所以然之理,如王弼谈所以然之理,嵇康谈"生理""必然之理",郭象谈"独化之理";宋儒将"故"之理推进至"理"之理,即必然之理与当然之理。这是中国思想谈理的三个递进的思想进程。以"理"作为看待人、事、物的普遍架构。从"体"到"理"范式之更替,对内在质料(体)

---

① "体"被提升至"本体",其描述、解释功能也就不再被弱化,比如,只能描述与解释"所以然",而难以描述"实然"。这样,"体"不再适合充当普遍的思想范式。平面式的"一体"观念也随之弱化,相应,作为方法的"体"也让位于"味"(动词)。后者成为贯穿于形而上、形而下的普遍方法。这个进程可以看作是对"舌胜出"的历史回应。作为思想方法,"味"与个体生命密切相关,"体"可以通称一切人,而"味"直接由个体承担。由此可以理解,"味"在魏晋南北朝时期在各个领域喷放,如味道、味理、味书、味象、味文等。"味"所求取的更多是个体生命之受用,气质才性之发挥,而这些都往往并不合于社会规范。

之兴趣被推进至内在形式（理），“理会”成为主导方法论，味觉思想进一步确立。

（一）作为“类”[1] 之理到作为“故”之理

先秦著作中，“理”字已经大量出现，按照《说文解字》的说法，其原初含义是指治玉：“理，治玉也。顺玉之文而剖析之。”（《说文解字》）治玉时依照玉之文理而施人为即“理”，后世遂将玉等物之“文”称作“理”。《韩非子》概括道：“理者，成物之文也。长短大小、方圆坚脆、轻重白黑之谓理。”（《韩非子·解老》）如我们所知，“文”主要指物之形式，如“天文”概念即指“天”之呈现于人者。“理”不仅指形式（长短大小方圆），它还兼指物之内在实质（如坚脆、轻重等）。将兼含形式与实质的“理”作为使一物成为一物（“成物”）的条件，从而使“理”既区别于以形式为基本特征的“形”，也区别于以实质为基本特征的“体”。作为使一物成为一物之条件，一物之“理”内在包含着区分于他者之特征，由此“分”“别”成为“理”的基本内涵。

> 文理密察，足以有别也。（《中庸》）
> 别交正分之谓理，顺理而不失之谓道。（《管子·君臣上》）
> 乐者，通伦理者也。（《乐记》）

一物有一物之理，理构成一物与他物之区别。郑康成注《乐记》

---

[1] 类、故、理是《墨经·大取篇》提出的范畴：“夫辞以故生、以理长、以类行。”按照冯契先生的解释，先秦思想主要“察类”（追问“实然”），汉至唐宋思想主要“明故”（追问“所以然”），宋至明清主要“达理”（追问“必然”与“当然”）。本文采用“类”“故”“理”来考察“理”范畴的历史演变，但具体历史分期与冯先生稍异。

"伦理"云："理，分也。"其所强调的正是"理"之"分别"义。戴震更细致地梳理出"理"的几个原初意义："理者，察之而几微必区以别之名也，是故谓之分理；在物之质，曰肌理，曰腠理，曰文理；得其分则有条而不紊，谓之条理。"（戴震：《孟子字义疏证》）"理"对外构成分别他物之标志，于自身则呈现为一物自身之秩序（即有条不紊）。"万物殊理。"（《庄子·则阳》）"留动而生物，物成生理。"（《庄子·天地》）此所谓"生理"指使一物之成为一物之理，且使之区别于他物者（殊理）。物成而生之理虽可表现于外在的"形"，但更重要的是表现为一物之整体，尤其是内在特征，即"性"。故《庄子》曰"理不可睹"（《庄子·则阳》）。"理"内在，故"不可睹"①。

一物有一物之理，一事有一事之理。于事之理即"条理"。孟子说："金声也者，始条理也；玉振之也者，终条理也。始条理者，智之事也；终条理者，圣之事也。"（《孟子·万章下》）"条理"即事之内在秩序，以"智"明察事的内在秩序，始终护持事之内在秩序则被视为"圣"之事。

不管是"物"，还是"事"，"理"所表达的大体是其"类"特征。比如，"地理"指"地之理"："《易》与天地准，故能弥纶天地之道，仰以观于天文，俯以察于地理，是故知幽明之故。"（《系辞上》）孔颖达疏："地有山川原隰，各有条理，故称理也。""地理"即地之条理。同此，"天下之理"［"易简而天下之理得矣。天下之理得，而成位乎其中矣。"（《系辞上》）］指天下万事万物之条理；"性命之理"［"穷理尽性，以至于命。昔者圣人之作《易》也，将以顺性命之理。"（《说卦传》）］指性命之条理；"天理"［"依乎天理，批大卻，导大窾，因其固然。"（《庄子·养生主》）］指天然之分理。

理不仅表达事物之内在结构、秩序，同时表达精神秩序："理也

---

① 于不可睹者，可以通过"体道"而"达理"："万物有成理而不说。圣人者，原天地之美而达万物之理。"（《庄子·知北游》）

者，是非之宗也。"(《吕氏春秋·离谓》)"理"指是非之分际，也就是衡量是与非之标准或界限，这同样表达的是"是"与"非"之"类"特征。

先秦人所谈的是作为"类"之理，如条理、分理、殊理、天理、地理，魏晋人则进而讨论作为"故"之理，即所以然之理。在王弼看来，万物不仅"有其理"，更重要的是，万物之存在"必由其理"："物无妄然，必由其理。"(《明象》)"由"即根据，"由其理"就是以"理"作为事物存在之根据。"理"在此就是事物的"所以然之理"，王弼说："夫识物之动，则其所以然之理皆可知也。"①"所以然"涉及的并非事物的"类"，而是其"类之为类"者，"所以然之理"将"理"提升为事物之存在根据。王弼以"理"为事物之真实性（无妄）提供支持，但其追求崇本息末，将万物之理归于"至理"（"用夫自然，举其至理，顺之必吉，违之必凶。"②），归于"宗"："识物之宗，故虽不见，而是非之理可得而名也。"③"宗"即"太极""无""一"。因此，"万物之理"虽被追问至于"所以然"，但在其思考架构中又被"一体"消解，这不仅使"理"未能成为基本范畴，也一定程度上将"一理"与"万理"析离为二。

王弼论理重"一本"，郭象论理则重"万殊（理）"。在郭象看来，万物之外并不存在像王弼所说的"无"-本体（造物主）作为万物自身存在之根据，所谓"造物者无主，而物各自造"（《齐物论注》）。"生物者无物，而物自生耳。"(《在宥注》)"自造"相对"造物主"而言，即自己充当自身之存在根据。有物即有理，"付之自尔，而理自生成"(《人间世注》)。"凡物云云，皆自尔耳，非相为使也，故任之而理自至矣。"(《齐物论注》)在郭象看来，物之"自尔"则"理自生成""理自至"。万物皆有各自之"自"，故万物之"理"亦万殊。"恢恑

① 《周易注》，第 6 页。
② 《老子道德经注校释》，第 118 页。
③ 《老子道德经注校释》，第 126 页。

憍怪，各然其所然，各可其所可，则理虽万殊而性同得，故曰道通
为一也。……至理尽于自得也。"（《齐物论注》）"自得"即"尽理"，
其理皆为"独化之理"："若责其所待而寻其所由，则寻责无极，
[卒]至于无待，而独化之理明矣。"（《齐物论注》）自得、自化、自
尔之中有"理"，换言之，"理"乃是使各物自得、自化、自尔者。
独化之理自为，以自己为原因与根据，因此，万殊之"理"并非
"类"之理①，而是作为一物之根据之理。以下两段很好地说明了
这点：

> 应理而动，而理自无害。……任理而自殊也。②
> 神顺物而动，天随理而行。③

物物有理，万理各殊，万物各随自身之殊理而展开自身即可实
现自身之自得、自化、自尔，即可成就自身之"殊"。在此意义上，
"理"乃万物"殊"之为"殊"之根据。理皆"殊理"，万理万殊。
这样，"理"之尊严遂湮灭而不彰。

（二）天理：作为"理"之理

王弼以"一本"息"万殊（理）"，郭象以"万殊（理）"（独化
之理）消"一本"，"一本"与"万殊"被不同方式割裂为二。宋儒
以"理一分殊"方法将"理"贯彻"一"与"万"，真正实现了

---

① 汤一介说："郭象所说的'理'并不是和'殊相'相对的'共相'，因此它不是决定
'自性'的必然性，而是说由每个事物的'自性'所决定此事物如此生生化化的必
然性。"（汤一介：《郭象与魏晋玄学》，第274页。）郭象所说的"理"确实不是
"共相"，而仅仅是万殊之物自身自得、自化、自尔之根据，即殊理。
② 《庄子注疏》，中华书局，2011年，第312页。
③ 《庄子注疏》，第203页。

"理"之一统，也使"理"成为思想世界之最高范畴①。

不过，在魏晋通往宋儒的思想途中，隋唐人对"理"的思考构成了一个不可或缺的环节。比如，唐人开始以"当然""宜然""是非"说"理"："彼其宜然而信然，理也。彼不当然而固然，岂理邪？天也。"② "宜然"指合适、恰当，与"当然"义近。"宜然"与"当然"为"理"，此属于"人之理"。天人殊途，"天之理"不含"当然"。刘禹锡对此说得明白："是非存焉，虽在野，人理胜也；是非亡焉，虽在邦，天理胜也。"③ "是非"与"当然"归"人理"；"天理"无是非，不含"当然"。柳宗元对"理"的理解与刘禹锡类似，他说："夫天下之道，理安，斯得人者也。使贤者居上，不肖者居下，而后可以理安。"④ "理"之"安"与"乱"的根据在"得人"与否。"理"为人之"理"，以人世之得当为基本内容。可以看出，唐人赋予"理"以"当然"（宜然、是非）的含义，但仅限于"人理"之域，由此既未能将其与"所以然"结合，也未能将之贯彻于天（物），形成贯通天人的思想范式。

宋儒进一步将"当然"之义贯通于天、人之"理"，并且将"当然"与"所以然""必然"统一起来。程明道说："吾学虽有所受，天理二字却是自家体贴出来。"⑤ 程明道如此说并非为争话语发明权。如我们所知，"天理"二字出现于先秦，如"人生而静，天之性也；感于物而动，性之欲也。物至知知，然后好恶形焉。好恶无节于内，

---

① 在中国佛学中，"理"也是个重要的范畴。"理"通常与"事"对，或指平等的、无差别的无为法，"事"则指有差别的有为法；或指真谛，"事"指俗谛；或指真如之体，"事"指森罗万象之相。"理"不仅具有"所以然"义，也具有高于"事"的价值意义。就此说，佛理与魏晋人所说的"理"一致。将"所当然"自觉赋予"理"，此乃唐宋儒之贡献。

② 出于刘禹锡：《天论》，《刘禹锡集》，中华书局，1990年，第68页。

③ 《刘禹锡集》，第70页。

④ 柳宗元：《封建论》，《柳宗元集》，中华书局，1979年，第74页。

⑤ 《二程集》，第424页。

知诱于外，不能反躬，天理灭矣。夫物之感人无穷，而人之好恶无节，则是物至而人化物也。人化物也者，灭天理而穷人欲者也"（《礼记·乐记》）。"依乎天理，批大郤，导大窾，因其固然。"（《庄子·养生主》）正如戴震所说"天理云者，言乎自然之分理也"①。先秦人所使用的"天理"是"类"之天理，即指天然之分理：《乐记》指性、欲之分理，《养生主》指牛天然之分理。魏晋玄学家也谈天理，如"人之逐欲无节，则天理灭矣"②。天理指独化之理，即作为自尔自化根据之理，独化之理自为，以自己为原因与根据，因此，此乃作为"故"之天理。程明道说"天理二字是自家体贴出来"是指其对"天理"二字有自己独到的、崭新的领悟，或者可以说，他领悟到了"天理"二字不同于先秦与魏晋思想的、崭新意义。简单说，"天理"不再作为"类"（实然）或"故"（所以然）范畴，而被确立为"理"（必然与当然）范畴。

所谓"必然"意思是确定不移、不易，"必然之理"指"理"具有确定不移性、不易性。以"必然"论"理"始于魏晋，郭象多次讨论"理"之"必然"与"必然之理"：

　　不得已者，理之必然者也，体至一之宅，而会乎必然之符者也。③

　　任理理之必然者，中庸之符全矣，斯接物之至者也。④

　　斯必然之理，至人之所无奈何。故以为己之桎梏也。⑤

---

① 戴震：《孟子字义疏证》，《戴震全集》第一册，清华大学出版社，1991年，第152页。
② 《庄子注疏》，第128页。
③ 《庄子注疏》，第81页。
④ 《庄子注疏》，第89页。
⑤ 《庄子注疏》，第113页。

在郭象观念中，"必然"在一物为一定如此，在他者则为不得已。任理而自殊，万理则万殊，故一理之必然仅限于一物之不移不易。"一理"对他物并不提供存在之标准与根据，简言之，"独化之理"并不具有普遍的确定性与有效性。宋儒将"理"贯穿于人与物、天与人，人理通物理、天理，以此重新挺立理的确定性与普遍性。

> 万事只一天理。①
>
> 物我一理，才明彼，即晓此，合内外之道也。②
>
> 合天地万物而言，只是一个理；及在人，则又各自有一个理。③

物有物理，人有人理，物理与人理虽有"殊"，却为"一"。"一理"实，"万理"各正。"理"与"理"之间彼此开放，相互通达。它们之间之所以能相互通达，是因为"理"既是物与人之"所以然"，也是"所当然"。"所以然"就是一物之所以成为一物者，也就是使一物成为一物者。宋儒喜欢举"父慈子孝"之例来说明"所以然"，在他们看来，父之所以慈，子之所以孝，是因为父子本一人而分。仁义忠信诸理亦然，其所以然最终都可推至"天理"，所谓"皆天理使之如此"④。仁、义、慈、孝、忠、信作为"所以然之理"适用于每一个人，甚至每一个物。比如"仁"既是人之理，也是天地之理，天地生万物即是仁。本原处有"仁理"，人才有慈爱恻隐，物才有不已之生生。简单说，其论证"所以然"过程乃是一个寻求"使之然"的过程，最终将"天理"作为"所以然"的答案，也就将"天理"确立为万事万物存在的总根据。显然，从"实然"中逆推

---

① 《张载集》，第 256 页。
② 《二程集》，第 193 页。
③ 《朱子语类》，第 2 页。
④ 《朱子语类》，第 383 页。

"所以然"夹杂着目的论，物的规定性被置于"人-物"共在的生活世界，甚至被人的价值目的主导。张载的"民胞物与"①，二程推崇之"理一分殊"，都显示了这个趋向。朱熹以"所当然"寻求"理一"更清楚表明了这一点：

> 圣人未尝言理一，多只言分殊。盖能于分殊中事事物物，头头项项，理会得其当然，然后方知理本一贯。不知万殊各有一理，而徒言理一，不知理一在何处。圣人千言万语教人，学者终身从事，只是理会这个。要得事事物物，头头件件，各知其所当然，而得其所当然，只此便是理一矣。②

"所当然"就是"应当"，也就是人所遵循的规范。物之"所当然"在"人"而不在"物"，以"所当然"来领悟"理一"实际上是以"所当然"置换了"所以然"。当然之理为善，故理无不善。"所当然"内在具有"当如此"之要求与力量，这个要求与力量被称作"不容已"：

---

① 张载的《西铭》构建了一个温情脉脉的中土的神圣世界，这个世界可以看作是对汉末以来，佛学传入中国，以西方（天竺）为"极乐世界""净土"的理论回应。在佛学观念影响下，中土被视为一个多斗多杀，贪欲炽盛的糟糕世界。此时此地的这个世界极度被贬抑，而神灵、价值与希望被措置在西方。张载所构建的世界价值完满自足，它不在西方或其他什么地方，而是在中土，在此时此地。在这个世界中，没有佛祖，没有神灵，也不需要佛祖、神灵来拯救。以乾坤为父母，以众民为同胞，以万物为朋友的世界，其日常生活因有理而价值内在自足，在人伦日用间可以实现超越而不用借助神圣外力或期待来生。我们的日常生活，与人交、与物交，尊长爱幼、夫妻和睦，臣事君以忠，都是完满自足。不要带着好奇心，去企慕外在的世界，而是在这样一个平平常常的世界中自我实现，精神自足。这里不再以事功、不再以外在性标准、不再以西天、不再以效率作为精神目标，或者说作为一个终极的旨趣。就在这样一个人有人理、物有物理、平平常常的日常生活中，就可以自我实现。

② 《朱子语类》，第677—678页。

言凡事固有"所当然而不容已"者，然又当求其所以然者何故。其所以然者，理也。理如此，固不可易。又如人见赤子入井，皆有怵惕、恻隐之心，此其事"所当然而不容已"者也。然其所以如此者何故，必有个道理之不可易者。今之学者但止见一边。①

"所以然"之"不可易"是指其一定如此而不可改变，即"理"之"客观必然性"。"不容已"，如父必慈，子必孝，臣必忠，此乃主观之必定如此，即"主观必然性"。在宋儒看来，这些人伦之必然性与自然界春生秋杀、阳开阴闭之必然性一样，体现的是"理"之必然性。"不可易"与"不容已"结合就是主观与客观必然性之结合。"所当然"之必然性与"所以然"之必然性结合，从而使"理"成为人、物存在之根据、目的、动力与价值源泉。"所以然"与"所当然"的结合不仅意味着人、物之理的贯通，也意味着"理"贯通了人之外在与内在，成为人安身立命之根据。"理"的获得也就意味着获得了行动的根据、理由、动力与价值源泉，"有理"即有根据，且合乎目的与价值；"无理"不仅无根据，也不合乎目的与价值。

对于人来说，自觉明理、顺理，依照"理"而展开自身就成为人的使命。张载说："万物皆有理，若不知穷理，如梦过一生。"②人、物皆有"理"，但有"理"而"不穷"即意味着"不知理"，"不知理"则意味着行动不以"理"为动力与目的，从而无法实现人的性命（尽性③），此即所谓"如梦过一生"。自觉"穷理"，以"理"作为生命之根据、目的、动力与价值源泉，则生命有根据、行为合乎目的与价值。具体说，一言一行，一事一物都具有了内在完满自

---

① 《朱子语类》，第414页。

② 《张载集》，第321页。

③ 在物为理，在人为性，穷物理即可尽人性，故宋儒说："'穷理尽性以至于命'，三事一时并了，元无次序，不可将穷理作知之事。若实穷得理，即性命亦可了。"（《二程集》，第15页。）

足的价值。尽孝行悌、人伦日用都完满自足，挑水砍柴、温凊定省都是在过精神生活。在这个没有"神"与"众灵"的世界中，日用常行都因"有理"而神圣。

"所以然"与"所当然"之结合，以"所当然"规定"天理"，以"所当然"寻求"天理"，天理之必然性得以突显，从而将"理"由"类"（实然）与"故"（所以然）推进至"理"（必然与当然）。"天理合下当然。"① 因此，对万事万物之"当然"的寻求便构成了"格物"的真实旨趣："格物只是就事物上求个当然之理。"② "当然之理"压倒、统摄"所以然之理"③，"格物"所具有的对物之所以然的兴趣遂被稀释、被冲淡。宋儒一直将"人欲"作为"天理"之敌④，无疑也强化与突出了"天理"中"当然之理"的主导性。

（三）体与理之辩

秦汉以来，"体"虽然已经成为一个基本概念，但对这个概念却缺乏明晰的界定。王弼将"体"提升至"所以然"层面，将"无"视作万物之"体"。同时将"理"提升至"所以然"层面，以此来描

---

① 《朱子语类》，第 132 页。

② 《朱子语类》，第 2895 页。

③ 朱熹弟子陈淳发挥了当然之则便是理的思想，他说："只是事物上一个当然之则便是理。则是准则、法则，有个确定不易底意。只是事物上正当合做处便是'当然'，即这恰好，无过些，亦无不及些，便是'则'。如为君止于仁，止仁便是为君当然之则……古人格物穷理，要就事物上穷个当然之则，亦不过只是穷到那合做处、恰好处而已。"（陈淳：《北溪字义》，中华书局，1983 年，第 42 页。）"合做处""恰好处"都相对于人而言，指向人的目的，"所以然"在其中进一步隐身。

④ 类似的表述在宋儒中比较常见，如"人心私欲，故危殆，道心天理，故精微。灭私欲则天理明矣"（《二程集》，第 312 页）。"人欲盛，则于天理昏。理素明，则无欲矣。"（胡宏：《知言·纷华》，中华书局，1987 年，第 24 页。）陆九渊对"天理"与"人欲"之分与程朱有分歧，他说："天理人欲之言，亦自不是至论。若天是理，人是欲，则天人不同矣。"（《陆九渊集》，中华书局，1980 年，第 395 页。）不过，以"私""利"对"天理"（"公""义"）同样表达出"所当然"乃"天理"之实质。

述万物之根据，所谓"物无妄然，必有其理"（《周易略例·明象》）。作为所以然，"理"与"体"通。但作为"所以然"的"理"只能用来描述万物，而不能用来描述"道""无""太极"等"体"之"体"。

张载以"未尝无"界定"体"，一方面以"体"来表征客观的实有。以对抗佛老的虚无观念；另一方面，他以"两体""兼体"来表述事物发展的动力，从而将魏晋以来静态的、作为根据的"体"已经悄然推进到动态的、作为动力的"体"。朱熹区分了体用之体与形体之体，以"见在底"来界定体用之体。为表明世界之实存，他以"体"来称谓形而上者，如道体、本体等。

宋儒将"理"理解为"所以然"与"所当然"之统一，道体之体最终被归结为"理"，从而实现了"体"的理化。朱熹以"合当"来诠释与规定"体"，则将"体"亦理解为"所当然"，从而使"体"彻底"理"化。不过，作为"所当然"的"体"被用于摹写"人"，但不能用来描述"物"，"体"的描述功能被挤压而受限。由此，"体"被"理"压倒，"理"被确立为新的思想范式。

1. 一物两体，与道兼体

张载第一次明确界定"体"："未尝无之谓体。"[①]"无"是有无的无，也就是"不存在"。"未尝无"用今天的语言表述就是"客观的实有"。显然，这不仅是一个严密的逻辑界定，更是一个存有论的界定：始终存有。在此意义上，一切有"体"者皆为"有"，而不是"无"。在张载看来，万物皆有"体"，所谓"一物而两体，其太极之谓与!"[②]"一物两体，气也。"[③]"两体"指"虚实也，动静也，聚散

---

① 《张载集》，第 21 页。
② 《张载集》，第 48 页。
③ 《张载集》，第 10 页。

也，清浊也，其究一而已"①。相反的两体相感相推，这是太极之奥秘，也是万物之真实形态。正是内含相反的两体相感相推，遂有物之变化。在一物之中，虚实，动静，聚散，清浊之两体皆真实，两体相感相推所成就的气化流行亦真实不虚。"太虚无形，气之本体，其聚其散，变化之客形尔。"② 气之两体之相感，如聚散，而造成具体物现实的不同的"客形"。

就人而言，气聚而生，气散而死。聚、散皆有"体"，所谓"聚亦吾体，散亦吾体，知死之不亡者，可与言性矣"③。聚而生故不无，散而死因有体亦不无。当然，这里的"气"并非单纯指自然之气，它也包括"浩然之气"之类精神性的"气"。张载对此说得明白："天地之塞，吾其体；天地之帅，吾其性。"④ "天地之塞"直承孟子的气论："气，体之充也。……其为气也，至大至刚，以直养而无害，则塞于天地之间。其为气也，配义与道。"（《孟子·公孙丑上》）这种"气"至大至刚、配义与道，乃是构成人之"体"的基本要素。张载用"体"来论证生死之实有，有力地回应了佛教以"缘起"来论证生死虚无理论。人生有"体"而不虚，"自然"亦因有"体"而不虚，"世人知道之自然，未始识自然之为体尔"⑤。"自然"有多重含义，"道之自然"乃指大道主导下天地万物皆能自正、自化之态。张载强调识"自然之体"，其目的是通过确认天地万物皆有"体"而证明天地万物皆为实有。这显然也是对佛教以"缘起"解构万物理论之回应。

"一物两体"之"体"不是指一物之为"个体"或"统一体"，而是指"个体"或"统一体"之内部的要素。"两体"指一物内部有

①《张载集》，第 9 页。
②《张载集》，第 7 页。
③《张载集》，第 7 页。
④《张载集》，第 62 页。
⑤《张载集》，第 15 页。

两个相互对反、相互作用的要素，比如虚实、动静、聚散、清浊等。因其为"体"，故皆为"未尝无"者，即皆为客观的实有。事实上，一个存在体内可以存有多个这样的"两体"。多个相互对立、相互感应的"两体"存于一个统一体内，张载称之为"兼体"。"兼体"首先是道的特征："偏滞于昼夜阴阳者物也，若道则兼体而无累也。以其兼体，故曰'一阴一阳'，又曰'阴阳不测'，又曰'一阖一辟'，又曰'通乎昼夜'."① 在张载看来，任何物总是兼有"两体"，甚至兼有"多体"。但它们不能保持这种兼体特征，往往会偏滞于一体（如昼夜阴阳等）而陷入特定方体。偏滞于一体即为一体所累，不偏滞即能"无累"。道兼体而无累是说道能够不偏滞于一体而一直保持兼体特征。圣人修道、尽道、通道，因此也能"兼体而不累"。故张载说："圣人尽道其间，兼体而不累者，存神其至矣。"② 按照张载的说法，圣人明天道，知太虚间气必聚为万物，万物必散为太虚。此聚散，乃至阴阳、阖辟、动静、往返皆为天道内在所蕴含，为天道之常，圣人顺天道，亦能"兼体而不累"。

将"体"视为一物内部有两个相互对立、相互作用的要素，这恰恰是"体"区别于"形"的最重要特征。以"体"来论证天地人物所构成的这个世界之实有，以"一物两体"来论证这个世界之天地人物存在之丰富与多样，从这一点看，张载无疑秉承且强化了秦汉以来将"体"作为思想基本范式的传统。加之，他将魏晋以来静态的、作为根据的"体"已经悄然推进到动态的、作为动力（相互对立、相互感应）的"体"，这无疑是对"体"范式理解之推进，加强了"体"范式之思考力。

不过，张载对"兼体"热捧的同时，也对不能"兼体"者表现出深深的拒斥。他以"无体"来描述不能兼体者。"体不偏滞，乃可

① 《张载集》，第65页。
② 《张载集》，第7页。

谓无方无体。"① 体不偏滞者即兼体者，而兼体者恰恰"无方无体"。"体偏滞者"是指偏滞于"一体"，即任何某个两体之中的一体突显出来，而使另体弱化，甚至隐去。作为潜能或潜在势力的一体突显，也就是作为潜能或潜在势力之体的现实化，即现实化为占有特定时空的确定之"体"。由于此现实化的"方体"或"形体"只是一体而非两体之现实化，因而较之"两体"其自身缺乏多样可能性。"两体""兼体"者自身保持多样可能性，也就能够打破有限性，呈现出无限性。"两体""兼体"者自身保持潜能或潜在势力，而不让任何一体现实化，突显出来，就此而言，"两体""兼体"可谓"无体"。在论述一些基本观念时，张载往往用此意义上的"体"来彰显对象的超越性，比如"'形而上（者）'是无形体者（也），故形而上者谓之道也；'形而下（者）'是有形体者，故形而下者谓之器。无行迹者即道也，如大德敦化是也；有行迹者即器也，见于事实即礼义是也"②。"形而上"是对"形"的拒绝与超越，张载在这里强调"无形体"，显然有将"体"与"形"一道超越之意。"形体"与"行迹"都是可见的有限者，超越者（包括精神对象）既无形体，也无行迹。在张载思想中，"仁义""太虚""乾坤"都是这样的"形而上者"。"仁敦化则无体，义入神则无方。"③"太虚无体。"④"乾至健无体。"⑤"义理无形体。"⑥"无体"是说它们不具有可见的形体。"仁""太虚""乾"或为无形的精神之体，或为无形的自然之体。不难看出，"无体"实质上是拒绝对象的有限性。

"有体者"尽管"未尝无"，但其为形而下者，"无体者"为具有

---

① 《张载集》，第 65 页。
② 《张载集》，第 207 页。
③ 《张载集》，第 18—19 页。
④ 《张载集》，第 11 页。
⑤ 《张载集》，第 52 页。
⑥ 《张载集》，第 322 页。

超越性、无限性的形而上者，后者才是真正值得追求的价值目标。在张载看来，"道""仁义""太虚""乾坤""义理"就是这样的形而上者。它们无体而不偏滞于一物一事，此"不偏滞"的特性又被称为"通"。张载说："通万物而谓之道。"① "所谓天理也者，能悦诸心，能通天下之志之理也。"② "道"的特征是"通"，"天理"的特征也是"通"，两者一致。当然，"道"通万物，"天理"通天下之志之理，两者似乎有差别。如我们所知，先秦以来，人们一直认为道通而理分，如"理多品而人异也。夫理多品，则难通"（《人物志·材理》）。"理"以"分"为特征，"分"则自别于他理，故理难通。《易·坤》曰："君子黄中通理。"乃是说，君子居中正之位，能够以易道通达四方之分理。宋儒的重要任务之一就是解决诸"理"之间如何"通"的问题。"物无孤立之理，非同异、屈伸、终始以发明之，则虽物非物也。"③ 张载坚信万物不孤立，万物之理必相通。他的论证思路是这样的：首先，将"道通万物"这个古已有之的观念确立为大前提。然后，以"理"来表达、诠释、规定"道"，即将"道""理化"，如"循天下之理之谓道，得天下之理之谓德"④。循"理"为"道"，"道"的内涵由"理"来确定。在《语录》中，张载直接将"道"等同于"理"，他说："生成覆帱，天之道也（自注：亦可谓理）……损益盈虚，天之理也（自注：亦可谓道）。"⑤ "道"即"理"，"理"即"道"。"道""理"为一，一方面，"道"由"理"获得了新的规定；另一方面，"理"被升格至"道"，这意味着"理"这个新的范式获得了至尊的地位。"理"与"道"一，由此"理"与"道"一样，可以"通万物""通天下之志"。由此可说，理亦兼体不

---

① 《张载集》，第 64 页。
② 《张载集》，第 23 页。
③ 《张载集》，第 19 页。
④ 《张载集》，第 32 页。
⑤ 《张载集》，第 324 页。

累。兼体而无体，"体"的解释力与思想力在此吊诡式的表述中被引向了绝路。将兼体而无体纳于一身的"理"由此被升格为解释与思想的基本范式。

从中国思想史看，如我们所知，作为所以然的"体"是王弼等魏晋玄学家所追求的目标。王弼"以无为体"将"无"与"体"都推向了与"道"并列的高度，张载以"未尝无"为内涵的"体"为根据，以此表达儒家区别于佛老的基本立场。但这个基本立场仅仅是底色或底线，而不再是积极建构的目标。就此说，"体"不再是与"道"同序列的范畴。张载以"未尝无"来界定"体"，其意图主要是拒斥佛老，但在拒绝王弼"以无为体"观念时，他既坚定地拒绝了"无"，也在现实性层面上连带弱化了"体"。与此同时，"无体"之"理"取代之成为"道"同序列的范畴，成为新的精神目标。由此，思想范式逐渐由"体"向"理"转移。

张载以"理"为依据分判儒、佛，他说："儒者穷理，故率性可以谓之道。浮图不知穷理而自谓之性，故其说不可推而行。"① 理即性，性即天道。"理"构成了独立自足的价值目标，故张载说："万物皆有理。"② "万事只一天理。"③ 万事万物皆有理，得理也即得万事万物。"天理"由此构成了儒者待人接物的精神根据与基本内涵，所谓"天理者时义而已。君子教人，举天理以示之而已；其行己也，述天理而时措之也"④。人生的意义亦在"理"中，无"理"的人生是无意义的人生，张载拟之为"若不知穷理，如梦过一生"⑤。"穷理"是毕生之责，穷理而得理。有理的人生不再是浑浑噩噩的自然生命之展开，而是如理而在的觉解人生。有理有道，生命获得其充

---

① 《张载集》，第 31 页。
② 《张载集》，第 321 页。
③ 《张载集》，第 256 页。
④ 《张载集》，第 23—24 页。
⑤ 《张载集》，第 321 页。

实的意义与价值，身得以安，命得以立。

2. 体之理化

二程自觉地将"理"推为最高的范畴与精神目标，比如，程颢自道："吾学虽有所受，天理二字却是自家体贴出来。"① "天理"并非只是天之理，而是天人共有之理，"理则天下只是一个理，故推之四海而准"②。"一人之心即天地之心，一物之理即万物之理。"③ 天地人物只有一个理，因此，只要明"理"，也就能明了天地人物之本质。"理"之于天地人物，乃是其始与终："实有是理，乃有是物。有所从来……实有是理，故实有是物；实有是物，故实有是用；实有是用，故实有是心；实有是心，故实有是事。是皆原始要终而言也。"④ "理"是"物"之"所从来"，其"用"，其"心"，其"事"皆据"理"而在。在张载那里所谓"未尝无"者（"体"）皆以"理"为根据。二程不仅以"理"作为"体"的根据，而且以"理"来解释与化约一切现象，所谓"有道有理，天人一也"⑤。天人皆有"理"，循"理"可识天人。"理"乃天人的本质，约而言之，天即理，人即理。"天者理也。"⑥ 天只是理。性、命皆是理："在天为命，在义为理，在人为性，主于身为心，其实一也。"⑦ "理，性，命，一而已。"⑧ "理也，性也，命也，三者未尝有异。穷理则尽性，尽性则知天命矣。天命犹天道也，以其用而言之则谓之命，命者造化之谓

① 《二程集》，第424页。
② 《二程集》，第38页。
③ 《二程集》，第13页。
④ 《二程集》，第1160页。
⑤ 《二程集》，第20页。
⑥ 《二程集》，第132页。
⑦ 《二程集》，第204页。
⑧ 《二程集》，第410页。

也。"① 理、性、命为一，道的实质亦是"理"，所谓"此理，天命也。顺而循之，则道也"②。理构成"道"的实质内涵，理与道通，由此成为最高序列的范畴。就内容说，理与道一致，乃是仁义礼智信。"自性而行，皆善也。圣人因其善也，则为仁义礼智信以名之；以其施之不同也，故为五者以别之。合而言之皆道也，别而言之亦皆道也。舍此而行，是悖其性也，是悖其道也。而世人皆言性也，道也，与五者异，其亦弗学与!"③ 仁义礼智信皆道，亦是理。如我们所知，魏晋思想家一直追求作为"所以然"与"必然"的"理"，而仁义礼智信为"当然"（或称"应然"）。以"当然"视为"理"的基本内容，这是宋儒所赋予"理"的新内容。以"所以然"④ 与"所当然"相统一的"理"作为精神目标，这构成了宋儒思想的基本境界。

"理"的根基地位确立后，二程即以"理"来观照"体"。在《识仁篇》中，程颢提出"仁者，浑然与物同体"⑤。按照《识仁篇》说法，"同体"就是"与物无对"，也就是"万物皆备于我"。程颢认为，张载《订顽》备言此体，故"同体"可用张载的语言表述，那就是"乾称父，坤称母……民吾同胞，物吾与也"。天地物我乃充满温情、休戚与共的大家庭。"同体"之"体"即指充满温情、休戚与共的统一体⑥。仁者与万物始终处于同一个统一体之中。程颢也说

---

① 《二程集》，第 274 页。

② 《二程集》，第 11 页。

③ 《二程集》，第 318 页。

④ "理"首先是"所以然"，如"道非阴阳也，所以一阴一阳道也"（《二程集》，第 67 页）。

⑤ 《二程集》，第 16 页。

⑥ 关于"同体"的含义，学界有争议。牟宗三先生认为，"同体"当作"一体"解，而不是"同一本体"。（《心体与性体》（中册），上海古籍出版社，1999 年，第 180 页。）蒙培元先生认为，万物一体不是从形体上说，而是从本体之理上说。（蒙培元：《理学范畴系统》，人民出版社，1989 年，第 492 页。）郭晓东认为，程颢混全，以上两层含义都含在"体"中。（郭晓东：《识仁与定性》，复旦大学出版社，2006 年，第 114 页。）

"万物一体",对于何谓"万物一体",他这样解释:"所以谓万物一体者,皆有此理,只为从那里来。"① 一方面,万物"皆有此理";另一方面,他们都是"从那里来"。"那里"即"理","从那里来"即从"理"而来。万物有同一个根源,而且,万物都有其理。万物都有其理,此为"万殊";万殊之理彼此通达同一理,此为"一本"。所以,"一体"即"同体",其所表达的正是二程津津乐道的"理一分殊"。在《易传序》中,程颐亦明确以"理"解释"体"。"至微者理也,至著者象也。体用一源,显微无间。"② "体"虚指,"理"为实。"理"为"体","象"为"用"。"体用一源"与"同体"说、"万物一体"说一样,都以"理"作为其实质内容。因此说,程子以"理"解释、观照"体",使"理"成为"体"的出处、根据,由此使"体"的地位下降。原本在魏晋玄学中作为"所以然"的"体",以及在张载著作中作为内在动力的"体"被放弃,其意义逐渐虚化。

从"理"与"象"的关系说,"理"为"体"。脱离此语境,亦可单独言"体",此"体"则不复为"理"。比如,二程有时将"体"与"理"并列使用:"盖上天之载,无声无臭,其体则谓之易,其理则谓之道,其用则谓之神。"③ "上天之载,无声无臭"之"体"不是其"理",其所指的是"上天之载,无声无臭"之生化过程;"理"则指生化过程之根据。这里,"体"乃"理"之具体表现,"理"为"体"之根据。两者有区别,作为根据的"理"更重要。二程也使用"仁体"概念,如"学者识得仁体,实有诸己,只要义理栽培"④。"仁体"之"体"也不是指我们通常所说的作为万物根据的本体,确切地说,指仁所实有的品格特质,或可说"仁自身"。二程又直接以"体"释"仁",所谓"仁,体也。义,宜也。礼,别也。智,知也。

---

① 《二程集》,第 33 页。
② 《二程集》,第 689 页。
③ 《二程集》,第 4 页。
④ 《二程集》,第 15 页。

信，实也"①。按照儒家的说法，仁乃全德，分说则仁包义礼智信诸德，因此，这里的"体"指德之全体，而不是作为所以然的"体"。总体上看，随着"理"主导地位的确立，"体"的意义逐渐虚化：由作为所以然之故逐渐蜕化为一个表达实有的范畴。

3. 见在底便是体

朱熹继承北宋儒学，特别是二程理学，建立起系统而庞大的理学体系。朱熹更坚决地以所当然充实"理"，进而以此理诠释"性"与"道"，他说：

> 性，即理也。天以阴阳五行化生万物，气以成形，而理亦赋焉，犹命令也。于是人物之生，因各得其所赋之理，以为健顺五常之德，所谓性也。率，循也。道，犹路也。人物各循其性之自然，则其日用事物之间，莫不各有当行之路，是则所谓道也。②
>
> 道者，日用事物当行之理，皆性之德而具于心，无物不有，无时不然，所以不可须臾离也。若其可离，则为外物而非道矣。是以君子之心常存敬畏，虽不见闻，亦不敢忽，所以存天理之本然，而不使离于须臾之顷也。③

在解释人物之生的时候，朱熹使用了阴阳五行说。不过，阴阳、五行与气、形始终处于"形而下"序列，阴阳、五行、气、形之"所以"为"形而上"之"理"。理在气先，有理则有气。有理，便有气流行，发育万物。个体得所赋之"理"为"性"，得性即得理，

---

① 《二程集》，第 14 页。
② 《四书章句集注》，第 17 页。
③ 《四书章句集注》，第 17 页。

也即得当然、当行之道。于人而言，心具性之德，即具天理之当然。于日用事物之间，常存敬畏，须臾不离，谨守即可勿失此天理之当然。儒家一直以"诚"来称谓心所实有。在朱熹看来，心实有此理本身是天理之本然。天理本然真实无妄，实理该备，则可得天下之物。人之知最重要的人物就是知天人之"理"。

事物间常存天理，人伦本身亦皆天理。所谓"亲亲之杀，尊贤之等，皆天理也"①。人伦之间亲疏、远近都是天理，人伦相处之规则同样是"理"："仁义礼智信是理。"② 按照通常的理解，仁义礼智信是美德，它们在何种意义上是"理"呢？朱熹的看法是："仁是爱之理，义是宜之理，礼是恭敬、辞逊之理，知是分别是非之理也。"③"爱"有多种，博爱、兼爱、自爱、慈爱都是爱，无端施爱于人或物并非正当，而且危险。在朱熹看来，"爱"的施与也应当有根据。"仁"便是爱之施与的根据，即是说，以"仁"为根据的爱才能确保爱之正当。义之于宜，礼之于恭敬、辞逊，知之于是非亦是如此。无义之宜可能为苟且、权谋，无礼之恭敬、辞逊可能为谄媚，无知之是非可能为狡辩。自觉由理而发，天理流行，才能万物化育，人伦秩然。

"理"的基本特征是条理、文理，也就是思想与存在的确定界限。这些确定的界限共同构成了"道"，朱熹对"道"与"理"有明确的分判："道是统名，理是细目。道训路，大概说人所共由之路。理各有条理界瓣。……理是有条瓣逐一路子。以各有条，谓之理；人所共由，谓之道。……道便是路，理是那文理。……'道'字包得大，理是'道'字里面许多理脉。……'道'字宏大，'理'字精密。"④"道"统言"理"。"理"有"条"，是"细目"，有"界瓣"，

① 《四书章句集注》，第 28 页。
② 《朱子语类》，第 2421 页。
③ 《朱子语类》，第 466 页。
④ 《朱子语类》，第 99 页。

也就是具有确定性与明确界限。朱熹这里打通"道"与"理",以"理"表达"道",使"道"具有了确定的形态。"道"的"理"化使浩浩荡荡的"道"似乎被隔离出条条框框,虽然容易把握,但已经有些狭窄与冷峻的味道。

当"理"成为主导范式,"体"则逐渐虚化,这在朱熹思想中尤其明显。他一方面严格区分形而上(理)与形而下(器),将可见之体归为形而下;另一方面,为表明理之实存,以"体"来称为形而上者,如道体、本体。道体、本体之体意指道、理之本然,这样就把体彻底理化。

朱熹区分了"形体"之"体"与"体用"之"体",并试图界定后者,使之成为实存之依据。对于"体用"之"体",朱熹道:"见在底便是体,后来生底便是用。此身是体,动作处便是用。"[1] "见在"之"见"通"现",即呈现出来。当然,其呈现不是专指"已经呈现",而是包含着"正在呈现"与"即将呈现"。朱熹的这个看法与张载"未尝无谓之体"看法比较接近,"体"都被理解为在过去、现在与将来中一贯的"实有"(不"无")。"未尝无"还带有逻辑界定的意味,"见在"更强调了"体"能够呈现出来("在")之存在特征。当然,能够呈现出来者包括已经呈现与正在呈现,也包含着尚未呈现的潜能或潜在势力。在此意义上,"可见性"并不是"体"的主导规定性,确切地说,它是可见与不可见之统一。"体"的展开就是"用","用"总是表达正在或已经发生的情状。"用"根基于"体",无"体"则无"用"。

"体"是"根据",由此看"理"与"物",朱熹直接称"理者物之体,仁者事之体"[2]。"理"为物之"所以然",故可称为物之"体"。换言之,亦成立。朱熹又称"体"为"理":"体是这个道理,

---

[1]《朱子语类》,第 101 页。
[2]《朱子语类》,第 2510 页。

用是他用处。如耳听目视，自然如此，是理也；开眼看物，着耳听声，便是用。江西人说个虚空底体，涉事物便唤做用。"①　"体"即"道理"，"用"是道理之显现或实现。以"理"来界定"体"，"理"是事物之所以然，相应的"然"便是"用"。所谓"虚空底体"并非指"体"之"无"，而是指未涉具体事物，也就是宋儒常说的"理无形体"或"理无行迹"。显然，朱熹的这个说法并不严密。朱熹所要强调的是"理"为"体"，表述出来的却是，"体"都虚空无形体，这就将有形体者（如耳、目）与"体"对立起来。

不仅"所以然"是"体"，"所当然"也是"体"，所谓"合当底是体"②。"'论学便要明理，论治便须识体。'这'体'字，只事理合当做处。凡事皆有个体，皆有个当然处。"③"合当底"即是关于"应该"的道理，如仁义礼智信。以应然之"理"（合当、便须、便合）诠释"体"，这是朱熹的创新。朱熹相信，"合当底"与"所以然"，以及"实然"之事事物物一样，都具有"实存性"，也都必然会发之于用。当然，在朱熹的思想中，"体"之"所以然"与"所当然"并非分离，通常情况下，他总是将两者混合使用，如"人只是合当做底便是体，人做处便是用，譬如此扇子，有骨，有柄，用纸糊，此则体也；人摇之，则用也。如尺与秤相似，上有分寸星铢，则体也；将去秤量物事，则用也"④。扇子、尺子、称之所以为扇子、尺子、称乃是"所以然"。朱熹立足于这些器具之制作，立场被转换为器具之制作者，亦将之归为"合当做底"，即将其归为人应当遵循的"所当然"。由此，"所以然"与"所当然"便构成"体"的基本内涵。"体"的"理化"也因此获得了实质性内容。不过，"见在底"意义上的"体"相应地弱化了存在性特征。朱熹"形体"之"体"与

---

① 《朱子语类》，第 101 页。
② 《朱子语类》，第 102 页。
③ 《朱子语类》，第 2449 页。
④ 《朱子语类》，第 102 页。

"体用"之"体"的区分更能反映出这个趋势。更重要的是,"合当"属于人之事,得"体"者皆为人,万物无所谓"得体"与否的问题。也就是说,"合当"意义上的"体"只能用来描述人事,而不能用来描述"物"。对万物来说,不存在"合当"与否的问题。作为"所当然"的"体"被用于摹写"人",但不能用来描述"物","体"的描述功能被挤压而受限。

在朱熹看来,"形体"之"体"非"体用"之"体",后者为"形而上",前者为"形而下",所谓"形而上者,无形无影是此理;形而下者,有情有状是此器"[①]。形而上者无形体,形而下者有形体。于道而言,道为"见在底"实有,故可说道有体,此即"道体"。此体之本然无形无影而不可见,故可说为"无体之体"。"无体之体"生化万物,从其所处之万事万物可以见"无体之体"之道。这些事物往往被称为道之体质,或道之骨子。在解释程子"其体则谓之易"时,朱熹道:"体,是体质之'体',犹言骨子也。"[②] 进而言:"体,非'体、用'之谓。言体,则亦是形而下者;其理则形而上者也。"[③]道之本然之体不可见,但由其所出之事物为其骨子,观此骨子则可见道体之本然。体质之体为"形而下者",此体之理为"形而上者"。将"体"析为形而上者与形而下者两部分,以理言形而上,这就在价值上抑制了"体"而突显了"理"。

"道体"之"体"乃"无体之体"。"无体之体"在具体物事上体现出来,具体物事"与道为体",即为"无体之体"之"体质"。朱熹将"体"区分为两层表明,一方面"体",包括"本体"皆虚化为"本然之体",其意义随"理"而确定;另一方面,"体"因虚化而成为"多"。比如说,心之本体、性之本体、气之本体、形器之本体、

①《朱子语类》,第 2421 页。
②《朱子语类》,第 2422 页。
③《朱子语类》,第 2422 页。

卦之本体、未发之本体，仁之本体、义之本体、礼之本体、智之本体等。本体虽为殊多，但它们实质"只是理"，就此说，"理"为"一"。

如我们所知，王弼"以无为体"，其所谓"体"即是实然之所以然。朱熹将"体"理化，常使用"本体"一词，表达"理"的"本然状况"。比如，"明德者，人之所得乎天，而虚灵不昧，以具众理而应万事者也。但为气禀所拘，人欲所蔽，则有时而昏；然其本体之明，则有未尝息者。故学者当因其所发而遂明之，以复其初也"①。"本体之明"即"明德"，即"人之所得乎天，而虚灵不昧，以具众理而应万事者"。"本体"指明德之本然状况，其实质是"理"。本体之明为气禀所拘，人欲所蔽，则有时而昏，此为后天之实然。"复其初"即回复到本然之明德。

"理"无不善，人有本体之明，具体表现为心之本体无不善。"心是动底物事，自然有善恶。且如恻隐是善也，见孺子入井而无恻隐之心，便是恶矣。离着善，便是恶。然心之本体未尝不善，又却不可说恶全不是心。"② 心之本体本无不善，其流为不善者，情之迁于物而然也。不善之现实之心亦为心，不过，非心之本体。

性之本体亦为理，所谓"性者，人所受之天理。天道者，天理自然之本体，其实一理也"③。性之本然之体乃天理，而天道则是天理之本体，性与天道实质为一。作为本然之理，性与天道皆洁净空阔。但实然之事事物物及人都堕在形气之中，不复为性与天道之本体。朱熹以人为例阐发道："大抵人有此形气，则是此理始具于形气之中，而谓之性。才是说性，便已涉乎有生而兼乎气质，不得为性之本体也。然性之本体，亦未尝杂。要人就此上面见得其本体元未

---

① 《四书章句集注》，第 3 页。
② 《朱子语类》，第 86 页。
③ 《四书章句集注》，第 79 页。

尝离，亦未尝杂耳。'凡人说性，只是说继之者善也'者，言性不可形容，而善言性者，不过即其发见之端而言之，而性之理固可默识矣……未有形气，浑然天理，未有降付，故只谓之理；已有形气，是理降而在人，具于形气之中，方谓之性。已涉乎气矣，便不能超然专说得理也。"①"本体"指未杂气质、形气之浑然天理。形气杂，而天理具于形气之中。形气可见，理寓居其中无形无象，故不可见。"本体"即是纯粹的"理"，其内容乃所以然与所当然的统一。这样，"体"完全理化，也完全虚化。

体的彻底理化，标志着秦汉以来占主导地位的"体"范式逐渐边缘化，相应，"理"被广泛用来描述天地万物、人，以及仁义礼智信等精神对象，更被用以描述形上层面的"心""性""道"等对象，由此，"理"被确立为主导思想范式。"形"以"分""定"为基本特征，"体"较之"形"，以内在性、质料性为基本特征，但分限、确定性被弱化。"理"一方面具有内在性，另一方面也更具有区分、确定性特征。可以看出，"理"范式取代"体"范式，兼取"形"与"体"的特征，可以看作"形"与"体"的统一。

（四）天理与理会

作为"理"之"理"的"天理"被理解为万事万物的动力、目的、本质，穷人、物之理成为人的内在使命。"天理"以"所当然之则"为主导性内容，价值、目的构成了"理"的实质，"理会"便相应构成了通达"天理"的方法论。

"理会"并非宋儒首创。先秦时期，作为方法的"理"便被广泛使用，如"理物""理国"，其表达的是对对象之内在条理、内在秩序之追求。《系辞》讲"会通"，也强调人对事物直接通达。魏晋时

① 《朱子语类》，第 2430 页。

期，对"所以然之理"的探讨便使用了"理会"一词："时人以谓山涛不学孙吴，而闇与之理会；王夷甫亦叹云：'公闇与道合。'"（刘义庆：《世说新语·识鉴》）"理会"与"道合"同义，即自身通达事物（所以然之理）。较之"理物""理国"追求对象秩序而无视自身之秩序，"理会"既包含着对对象秩序之追求（对象有条理），也包含着对自身秩序之要求（自身有理、如理而在）。当宋儒设定物物有理，人人有性，性理相合，"穷理"就相应要求人以人之理（性）来澄明物之理，简言之，两理之会——理会——构成了"穷理"之实质。

　　理会涉及自身之理与所会之理。这就要求理会者自身首先有"理"作为理会的前提。按照宋儒的说法，人心本"具理"①。但对于具体个人来说，心中之理虽"具"而不必"有"，也就是说，虽然具有众理，但这些"理"仅仅自发地具于心，而人未必能够自觉其"有"。自觉其"有"，存养于身，见之于行，此"理"才算真正为己所有，才能为己所用。能使心中之理由自发而自觉的是"格物"。"格"即"至"，即经历物而激发起人之相应的态度，并将物纳入个人的生活世界。从内容看，"格物"包含对事物"所以然"之洞察，更重要的是对"所当然"之体认。格物之结果是人获得对物行动的动力、目的与根据，此便是在一己之上具体呈现的"道理"。这样的"道理"既为一己所持有，也同样体现于人的实践之所及的生活世界："见之于身，便见身上有许多道理；行之于家，便是一家之中有许多道理；施之于国，便是一国之中有许多道理；施之于天下，便是天下有许多道理。"②"道理"非离人而自在，在于人同时在于人的精神及实践之所及对象。精神之自觉而呈现出道理对人而言又可称为"致知"。"致知"与"格物"乃是同一个过程的两个方面，所谓"才明彼，即晓此"，其表达的是将道理体之于身，内外贯通而共同

---

① 如朱子说"人之心便具许多道理"（《朱子语类》，第255页）。
② 《朱子语类》，第255页。

呈现。

以自身之理来格物致知，具体表现则是以"敬"作为待物之态
度："格物从敬入最好。只敬，便能格物。敬是个莹彻底物事。"① 以
"敬"格物，物为"敬"所对，就显示为"所当然"者而不仅仅是
"所以然"者，更不是纯粹被动的自在之物。物以"所以然"与"所
当然"呈现在格物者世界，与格物者交接、融摄，唤醒格物者自身
之理之呈现，与格物者自身所具之理交会，所以格物亦即理会。

不仅格物是理会，读书亦是一种"理会"。朱熹曾反复申明
此义：

> 读书，须要切己体验。不可只作文字看，又不可助长。学
> 者当以圣贤之言反求诸身，一一体察。须是晓然无疑，积日既
> 久，当自有见。但恐用意不精，或贪多务广，或得少为足，则
> 无由明耳。读书，不可只专就纸上求理义，须反来就自家身上
> 推究。秦汉以后无人说到此，亦只是一向去书册上求，不就自
> 家身上理会。……将已晓得底体在身上，却是自家易晓易做
> 底事。②
>
> 学问，就自家身己上切要处理会方是，那读书底已是第二
> 义。自家身上道理都具，不曾外面添得来。然圣人教人，须要
> 读这书时，盖为自家虽有这道理，须是经历过，方得。③

读书与格物一样，寻求的是以纸上之理与自身所具之理融会，
并以自身生命具体呈现出这些道理。内外之理之交会，纸上道理由

---

① 《朱子语类》，第 269 页。"敬"同样是贯穿于致知、克己之基本态度："致知、敬、
　克己，此三事，以一家譬之：敬是守门户之人，克己则是拒盗，致知却是去推察自
　家与外来底事。"（《朱子语类》，第 151 页。）
② 《朱子语类》，第 181 页。
③ 《朱子语类》，第 161 页。

此呈现出对于人的"意味"，这即是宋儒所津津乐道的"受用"："今只是要理会道理。若理会得一分，便有一分受用；理会得二分，便有二分受用。"①"受用"即享受理对人之妙用，即以此可知"所当然"，明了自身行为之目标，获得行动的动力与目的。

所穷之理与自身之理交会，而真正能进入自身亦需要自身修持工夫，张载说："义理无形体，要说则且说得去，其行持则索人工夫。"②"索人工夫"即需要人吸收、消化、涵养，使"理"成为自身之生命境界。"理会"由"切己"工夫入，逐步"体认省察"，道理为我所受用，成为我真实的生命。宋儒追求克己、涵养工夫，都指向对理会者的约束与规范，而成为天理之化身无疑是其最高目标。在此意义上，"存天理，灭人欲"理所当然地成为宋儒的精神目标。

理会既为内外之理之交会，这就蕴含着对不可理喻者之拒绝。所谓"不可理喻者"即人不知其所以然者，也就是人不能"以理推"者。"鬼神死生之理，定不如释家所云，世俗所见。然又有其事昭昭，不可以理推者，此等处且莫要理会。"③ 无法以理推即无法被理接纳、安排，自身之理无法容纳者，亦不会与自身之理交融而进入自身生命而为自己所享用。以能否"以理推"来确定理会的界限表现出理学对确定性的坚持与审慎。不过，当"所当然"被确定为"理"之主干，价值性的"是"与"不是"便成为理会之基本追求④，对确定性的追求便注定成为一项难以企及之事业。

当然，理学家以"理会"作为通达天理之路径，其真诚毋庸置疑。玄学家"体道"追求"体与理会"，"体"仅明事物之所以然之

---

① 《朱子语类》，第157页。
② 《张载集》，第322页。
③ 《朱子语类》，第35页。
④ 朱熹一再点明此点，如"学问只理会个是与不是，不要添许多无益说话"（《朱子语类》，第93页）。"只是理会个是与不是，便了。"又曰："是，便是理。"（《朱子语类》，第228页。）

理，而并不涉及自身之"所当然"，故其"理"无涉于人。宋儒"理会"所追求的是"理（性）与理会"，即将"所以然"与"所当然"之理修之于身，生命得到约束与规范而更加崇高。同时以普遍、无私的（"公"）生命敞开天理，天理亦"纯而不已"。宋儒称"天理二字却是自家体贴出来"，其说不仅精辟，而且精纯。如果说对应于"形"范式之"感通"主要指向由"形"之"分"而确立的"类"界限之消除，对应于"体"范式的"体会"则直入其里，重在"一体"之内两个体之融会，而对应于"理"范式的"理会"以性理与物理相融合而彼此契入、共同敞开为特征。"理"索人工夫而不断约束、规范、净化理会者，使其变化气质而由驳杂趋纯粹，由此确立了中国哲学存在论、方法论与工夫论相统一的独特思想品格。

五 味觉思想诸态

从思想史看，味觉思想逐渐自觉。从中医药①、数学，到画论、书论、文学理论②、理学等，即今日所谓自然科学、文学艺术、哲学等学科中，味觉思想都得到贯彻。尽管不乏心画目画之争、南禅北禅之争、汉学宋学之争、理学心学之争，但"目画"胜"心画"，"研味"胜"目鉴"，"体"压倒"形"，以"滋味"论诗文，以玩味通道理，最终味觉思想在各个领域分别确立其主导地位。

---

① 关于中医药中的味觉思想，有学者已经专门论述，如"从'滋味说'到'五味说'，从'真实滋味'到'理论滋味'，从口尝得味到理论推断得味，中医药理论一直围绕着'味'展开与发展。从借'五行'表'五味'到以'法象''理'来反推性味，'味'理论在本体与方法层面始终处于中医药理论的核心也构成了中医药之为中医药的核心特征"。参见薛辉：《中医药"味"理论源流》，载于《思想与文化》第十四辑，华东师范大学出版社，2014年。

② 文学理论包含文论、诗论、词论等，对于中国古代文学理论中"味"理论的考察，已经有大量著作，其中不乏将"情味"作为中国文学、美学核心线索著作（如王文生：《中国美学史：情味论的历史发展》，上海文艺出版社，2008年）。尽管这些著作重"情"的成分多于重"味"，但其所表明的正是味觉思想对中国古代文学理论之主导。因此，这里不再对文学理论中的味觉思想做独立考察。

（一）体的数学

中国古典数学作为诸艺之一种，它既是中国思想大系统之组成部分，同时也是中国思想大系统的具体体现。与中国思想在秦汉时期从"形"范式而转至"体"范式的历史演进过程一致，以《九章算术》为代表的中国古典数学规避了"纯形"，而自觉以有大小有形质、充满阴阳、刚柔之性的"体"为出发点与根据。"体"之中蕴含相互错综感应的势力，内具展开的动力与目的，从而构建出一套形、数、象、道相互贯通的"有体的"数学系统。以"体"为根基既衍生出中国古典数学之完整体系，也昭示出未来数学开展之新的可能。规避"纯形"，也就规避了视觉思想道路；以"体"为根基，则是自觉向味觉思想道路之趋近，同时也可视作味觉思想在数学中的具体体现。

1. 端与体

在《几何原本》中，"点"既是逻辑起点，也是其思想体系之支点。受此启发，近现代学者一直努力寻求中国数学的"点"，期待以此深入理解中国数学。据此，学者们以《墨辩》中"端"来诠释、接应几何学的"点"，以"尺"来诠释、接应几何学中的"线"，并习惯性地将《墨辩》与《几何原本》类比。如我们所知，柏拉图哲学构成了《几何原本》的理论基础，《几何原本》的基本观念，包括对基本概念的界定都依据柏拉图哲学观念展开。比如，欧几里得几何开始于点、线的假设，"点"是无大小、无质量的纯粹点，是脱离时空的纯粹点；线由点构成，是有长度无宽度的纯粹线。"点不可以再分割成部分。线是无宽度的长度。"[1]"没有部分""没有宽度"者

---

① 欧几里得：《几何原本》，燕晓东编译，人民日报出版社，2005年，第26页。

皆是柏拉图的 IDEA（陈康先生译为"相"，较之"理念"更准确），它们仅存在于"相的世界"，而不存在于现实世界。简单说，即有"形"而无"质"。纯粹的"点"构成、规定其他，比如"线""面"，而自身不被构成与规定，并由此演绎出整个几何系统。正如理解柏拉图哲学才能理解《几何原本》，理解《墨辩》及相关数学著作中的哲学观念才能理解中国数学。因此，将"端"等数学观念置入先秦思想系统，以此方可澄明中国数学的逻辑起点与思想支点。

《说文解字》解"端"："物初生之题也。"其原义是植物初出土的芽尖，整个植株由它长成。《墨辩》中的"端"并未囿于此意，而是将其扩展到了一般事物，不过，其"抽象性"远未达到 IDEA 程度。IDEA 意义上的"点"乃是纯粹的"形式"（"相"），其根基则是以"形式"为"本质"之哲学传统。将"端"比附《几何原本》的"点"① 的学者也或多或少注意到了形名家之"以形为性"思想，即将"形"作为事物之"性"（本质）传统②。比如"牛则物之定形"（《尹文子·大道上》），"马所以名形也"（公孙龙：《白马论》）。"形"作为实在事物之本质规定具有独立性。但形名家短暂的兴起却被《庄子》《系辞》超越，由此由"形"走向"形而上"。随之而起的是更具有质料性的"体"范畴之兴起，即以"体"作为理解与规定事物的基本范畴。《墨辩》所展示的正是此理论方向，所谓"端，体之无序而最前者也"（《墨辩·经上》）。"端"由"体"获得规定，这意味着，"端"是"体"之具体形态。"体"赋予"端"以具体规定。理解"体"才能理解"端"。

对于《墨辩》中的"端"，学者据《几何原本》传统而释之为

---

① 将"端"理解为"点"始于前清之陈澧，参见陈澧：《东塾读书记》，《四部备要》子部，上海中华书局据原刻本校刊，卷十二第 13—14 页。
② 在形名家，"形"与物完全对应，"形"外无物，"形"即为物之自身。也可以说，"形"是物之本质。

"几何学"之"点"，疑者则称之为"物理学"之"质点"①。学界对于"体"②、"无序"③亦看法不一。或谓"序"乃"厚"之形讹，此句被训为："端，体之无厚而最前者也。""无厚"就是没有大小、广狭、厚薄。照此训解，"端"几同于《几何原本》中对"点"的规定。不过，以《几何原本》为代表的西方几何系统来训解中国数学存在诸多问题。《经说上》曰："端，是无同也。"如果以"厚"解"序"，"无厚"即无大小、无形质，则端皆"同"，而非"无同"。因此，我们并不认同"改字"通义，保持原状无疑更合理。"端"前无接，故称"无序"。值得注意的是，以"体"规定"端"，"端"是"体"之"端"，或者说只是"体"的构成部分，而非独立于"体"的抽象之"点"。所谓"无同"恰恰因为"端"有"体"，即有形质——如有大小、广狭，故没有相同的"端"④。抽象的点皆相同，"无同的""端"则各不相同，此乃两个文化方向所展示出来的异质特征。

以"体"理解与规定端无疑是《墨辩》的基本思路，"端"的内涵由"体"规定而使其远离纯"形"。"体"的本义是人的骨架，引申义为构成一物基本架构。相较于外在的"形"，"体"内在且以"质料性"为其基本特征。以"体"规定"端"确保了"端"以"质料"而非"形式"作为其基本特征。从"体"内涵看，它既表达部

---

① 主张"端"是几何学上的点的有钱宝琮、方孝博等，主张是物体中的质点的有梁启超、栾调甫等。参见梅荣照：《〈墨经〉中关于"端"的概念》，《哲学研究》1984年第9期。
② 主张"端"是几何学上的点的，认为"体"是指立体；主张"端"是物体中的质点的，认为"体"是指物体。参见梅荣照：《〈墨经〉中关于"端"的概念》，《哲学研究》1984年第9期。
③ 如清代王引之把"序"改为"厚"，从之者甚众。参见，孙诒让：《墨子间诂》，上海书店出版社，1992年，第191页。
④ 高亨为论证"端"为抽象的、相同的点，在"无"和"同"字之间添一"不"字。参见高亨：《墨经校诠》，科学出版社，1958年，第66—67页。添字以从己意，完全无视"端"之本义。

分，比如"体，分于兼也"（《经上》），也表达整体，如《经说上》所讨论的"体"。事实上，部分与整体相互转化乃是不断流动、转化的现实事物之基本特征，这与柏拉图所想象的 IDEA 世界中一切都被先天规定而确定不移形成了鲜明的对比。《经说上》所展示出"体"的特征乃是"必然展开的、不可分割的整体"："故。小故，有之不必然，无之必不然。体也，若有端。大故，有之必然，无之必无然，若见之成见也。体，若二之一，尺之端也。"（《经说上》）"体"是尺之端，即尺之起点。但与纯粹起点不同的是，"体"还是事物展开之前提条件："有之不必然，无之必不然"指的是"体"作为"必要条件"，如同具有开始、起点（"端"）而不必有展开的完整整体，但没有开始、起点则肯定没有展开的完整整体；"有之必然，无之必无然"指的是"体"作为"充分条件"，如同"成见"之于"见"，每一次"见"之展开都以"成见"作为前提。无"成见"则无"见"，有"成见"就会展开为"见"。亦如"一"乃"二"的前提，有"一"自然可产生"二"，无"一"则无"二"。作为"小故"之"体"表达的是其静态的特征：起点；而作为"大故"之"体"则表达的是其动态特征，即在动态过程中必然展开。作为"小故"与"大故"的统一体，"体"不仅表达起点，而且蕴含着必然展开的过程[①]。同时，将"体"理解为"故"（原因、根据），较之形名家仅仅以"形"为"类"（首先表达同一性与差异性），无疑更深入了一步。作为"原因"，"体"既是"动力因"（由此必然展开为过程），也是"目的因"（可预见过程之结果）。"体"是"完整的"，是"动力因"与"目的因"之统一体："物，一体也，说在俱一，惟是。"（《经下》）"体"是完整的"一"，如同完整的物体一样。

　　所谓"体，若有端……体，若二之一，尺之端也"，"体"与

[①] 有学者以"种子""原因"解"体"与"端"，无疑有见于此。参见沈顺福：《后期墨家形而上学研究》，载于《管子学刊》2009 年第 1 期。

"端"相互规定。也就是说，对"体"理解与规定同样是对"端"理解与规定，则"端"同样"动力因"与"目的因"之统一体。在此意义上，"端"显示为一个充满生机的"整体"，其整体性表现为"不可分割"：

> 非半弗斫，则不动，说在端。(《经下》)
>
> 非斫半，进前取也。前，则中无为半，犹端也。前后取，则端中也。斫必半，毋与非半，不可斫也。(《经说下》)

"端"有"非半"特性，可"斫"则"半"，"半"则失去生机，无法展开为过程，即"不动"也，故"非半"者"不可斫"。内具"动力因"与"目的因"而作为整体的端更像是对"种子"的表述，自身为"质料"，而饱含进一步生长的动力与目的。

有趣的是，以"体"来理解与规定"端"同样见于《孟子》。《孟子·公孙丑上》："人之有四端也，犹其有四体也。"人生而有"四体"，人长则"体"长：人之"体"始终按照四体内在本性由弱小到强壮展开、成就，手长成手，足长成足。"端"指人的"恻隐之心""羞恶之心""辞让之心""是非之心"。在孟子看来，这四种心人皆有之，无此心则"非人也"——失去做人的资格。为何称其为"端"呢？因为这四心乃是仁义礼智四德之起点、萌芽、种子，其扩而充之必然成为现实的四德；无此四端人就失去成就四德之内在依据。所以，"端"不仅有具体的价值目的，自身也富含生长的动力与方向，有善端就有善果。"端"中内含"果"，要求成为"果"，也必然能成为"果"[1]。

---

[1] 孟子区分了"不为"与"不能"，"为长者折枝"属于"为"或"不为"之域，"携太山以超北海"属于"能"或"不能"之域。由四端到四德"求则得之"，其中有其道德之必然性。

尽管《孟子》与《墨辩》在不同层次、不同语境下理解与规定"端"与"体"，但所理解与规定之"端""体"皆内含"质料因""动力因"与"目的因"，这不仅与《几何原本》对"点"的规定迥异，也与柏拉图、亚里士多德代表的以纯粹形式为动力因、目的因、本质因的西方哲学传统异质。以充满质料的"体"而不是纯粹的"形"作为其形上根基，此"几何学"乃"体"的几何学而非"形"的几何学。

2. 象、数与自然之道

"点"（"端"）构成了"形"，由充满动力与目的的有体有质之点所构成的"形"同样具有动力与目的等内在质性。但是，《墨辩》思想系统在后世应者寥寥，几为算家所遗忘。因此，欲确定中国数学的基本特征，还必须回到数学经典本身，比如《九章算术》《周髀算经》等。正如《几何原本》奠基于柏拉图的 IDEA，被誉为中国数学奠基之作的《九章算术》同样有其形上根基。今本《九章算术》对其形上根基并未做明确交代，不过，与其相近的著作《周髀算经》等对其形上根基都有或明或暗的表述，《九章算术》的注家亦时而透露出其形上基础。对这些著作的考察有助于我们深入了解《九章算术》之形上根基。

在诸《算经》之中，《周髀》对其精神脉络做了相对明确的交代。尽管《周髀》可能并非"周"之"六艺"[①]，但其以"周"命名，清晰显示出对"周"精神系统之自觉认同。《周髀》在叙述"数"之本源时自觉将"数"与《易》这一义理系统联系起来，即将"数"与伏羲创卦立历活动联系起来："古者包牺立周天历度……""包牺"即画八卦之"伏羲"。将"数"的根源置于"包牺立周天历度"这一

---

① "六艺"是指："一曰五礼，二曰六乐，三曰五射，四曰五驭，五曰六书，六曰九数。"（《周礼·保氏》）"六艺"乃是周教授"国子"之基本内容。

历史进程有其合理性，更重要的是将《算经》置于"八卦"思想传统之中，从而点明了作为高度精神化活动的"算"并非孤立的精神事件，而是深深扎根于整个文明系统之中，与其他精神活动同根同源的思想活动。具体地说，"八卦"思想系统主导、规定着"数""形"的特征与特质。"八卦"思想系统主导、规定着天、地的具体内涵，同时也主导、规定了方、圆、矩等"形"及"数"的具体内涵。"数之法，出于圆方，圆出于方，方出于矩，矩出于九九八十一。"（《周髀算经》卷上之一）"数"出于"形"（圆、方、矩），"形"出于"数"，两者相互贯通①。"故折矩，以为句广三，股修四，径隅五。……环矩以为圆，合矩以为方。"（《周髀算经》卷上之一）"勾""股""径""方""圆"皆为"矩"所"折"，即"矩"与它们皆可相互转化，并非说"矩"是这些不同"形"的根基。"夫矩之于数，其裁制万物，惟所为耳。"（《周髀算经》卷上之一）"矩"具有确定性（"矩出于九九八十一"），故可作为诸"形"的标尺、万物之量度（"裁制万物"）。这些"形"根基于富含生化之机的"天地"，即所谓"方属地，圆属天，天圆地方"（《周髀算经》卷上之一）。"方属地"之说将"方"之根基置放于"地"中，"地"主导、规定着"方"，因此，"方"并非纯粹抽象的"方自身"，而是从"地"获得相关特征。"圆属天"将"圆"之根基置放于"天"中，"天"主导、规定着"圆"，因此，"圆"并非纯粹抽象的"圆自身"，而是从"天"获得相关特征。天、地规定着圆、方，从而使圆、方具有十分具体的特征，如"圆"之于"笠"，即所谓"方数为典，以方出圆，笠以写天。天青黑，地黄赤，天数之为笠也"（《周髀算经》卷上之一）。《周髀》对"笠天"的具体特征并没有具体交代，但回到"包牺立周天

---

① "自伏羲画八卦由数起，至黄帝、尧、舜而大备。"（《汉书·律历志》）这里好像是说"数"在"形"（卦）先，实际上，在整个中国思想脉络中，"象""数"为一，无分先后。这个中国数学因此也没有出现像毕达哥拉斯学派那样主张"数"为"形"先思想。

历度"之思想系统则可以发现其乾端坤倪。

在《周易》思想系统[1]中，纯阳者乾，纯阴者坤。阳刚阴柔，感应摩荡，共同构成了天地万物，包括一切有形无形之端、倪、象、数。"在天成象，在地成形。……见乃谓之象；形乃谓之器。"（《系辞上》）"立天之道，曰阴与阳；立地之道，曰柔与刚；立人之道，曰仁与义。兼三才而两之，故易六画而成卦。分阴分阳，迭用柔刚，故易六位而成章。"（《说卦传》）在天之象，内含阴阳，翕辟而成变；在地之万物，皆有形质，有形质而有可相摩相荡，遂有柔刚之性。"象""形""器"等内在包含着相互感应摩荡的阴阳、刚柔之质，内具阴阳、刚柔之质的事物间相互错综而有变有化。

由乾坤阴阳而成就之天地万象与"数"内在为一。象中有数，"极其数，遂定天下之象"（《系辞上》）；数乃天地万象之数，离天地万象更无数[2]。"天一地二……天数五，地数五，五位相得而各有合。"（《系辞上》） "数"乃"天地之数"，天地有阴阳刚柔决定了"数"与"象"一样亦有阴阳刚柔。比如"方""圆""数"皆有阴阳："蓍之德，圆而神；卦之德，方以知。"（《系辞上》）崔觐曰："蓍之数，七七四十九，象阳圆。其为用也，变通不定，因之以知来物，是蓍之德圆而神也。卦之数，八八六十四，象阴方。其为用也，爻位有分，因之以藏往知事，是卦之德方以知也。"[3] "圆""四十九"为"阳"；"方""六十四"为"阴"。此与"天圆地方"观念一致，"方""圆"作为"象"而非纯粹的"形"[4]，其实质由阴爻（--）与

---

① 秦汉以来，人们（包括算家）一直相信，伏羲画八卦，文王演六十四卦，周公作爻辞而成完整的《周易》，孔子撰《十翼》，则使其获得了完整的理论阐释。
② 王夫之将此精辟地归结为"象数相倚"："象数相倚，象生数，数亦生象。"（王夫之《尚书引义》卷四）
③ 引自《周易集解》，第861页。
④ 在汉语思想中，"形"与"象"的差异在于：就外延看，"形"指有形，"象"既可指有形，也包含无形。从实质层面看，形是既成而不能变化者，象是能变化者。形偏于"形状"义而不及内在之生机、生命、精神，或者说，形之内无"对"，（转下页）

阳爻（一）构成，阴阳之感应激荡成就了"方""圆"之具体性①。"圆"之所以"神"在于此（阳健而变通不定），"方"之所以"知"亦在于此（阴顺而爻位有分）。

"方""圆"等"象"，"一""二"等"数"的内涵由阴阳、刚柔之错综而规定，正是基于《易》这个形而上学根基，刘徽才理解并重新确立了《九章算术》体系。刘徽在《九章算术注序》道："昔在包牺氏始画八卦，以通神明之德，以类万物之情，作九九之术，以合六爻之变。暨于黄帝神而化之，引而伸之，于是建历纪，协律吕，用稽道原，然后两仪四象精微之气可得而效焉。……按周公制礼而有九数，九数之流，则《九章》是矣。……徽幼习《九章》，长再详览。观阴阳之割裂，总算术之根源，探赜之暇，遂悟其意。"刘徽所悟的是伏羲八卦、黄帝两仪四象、周公九数与《九章》之间的精神脉络之一贯性。其具体表现就是"九九之术"合于"六爻之变"，阴阳之割裂乃算术之根源，等等。

从哲学上说，《九章算术》始于"方田"，终于"勾股"，始终将"象""数"理解为天地之间，具有阴阳等质性者。这个思想在李冶《测圆海镜》序中也有体现："彼其冥冥之中，故有昭昭者存。夫昭昭者，其自然之数也；非自然之数，其自然之理也。数一出于自然，吾欲以力强穷之，使隶首复生，亦未如之何也已。苟能推自然之理，以明自然之数，则虽远而乾端坤倪，幽而神情鬼状，未有不合者

（接上页）象皆有"对"，即内含相反相成之"对"，故而"象"既指外形，也指内在之质、生机、生命、精神。形与视觉对应，象则对"感"呈现。如果说，古希腊以来的西方数学以"形""数"（两者在近代以前各自独立发展，至笛卡尔创立解析几何，从而实现了两者之统一）的相互贯通为其特征，那么，中国数学则以"象""数"相互贯通为其基本特征。显然，"象""数"之间并未像前者一样，起先各自独立发展，而后实现贯通，而是在早期就混同在一起。

① "具体"即有体有质，即皆属于这个世界，而不属于这个世界之上的 IDEA 世界。

矣。"从魏晋始，"自然"便具有"天"的内涵[①]。"数一出于自然"，
将"数一"奠基于"自然"之上，事实上是将"数"的根基置放于
天地之间[②]，而非天地之外的 IDEA 世界。

秦九韶在《数书九章》序中则将"数"与"道"融贯起来，他
说："爰自河图、洛书，阊发秘奥，八卦、九畴，错综精微；极而至
于大衍、皇极之用。而人事之变无不该，鬼神之情莫能隐矣。圣人
神之，言而遗其粗；常人昧之，由而莫之觉。要其归，则数与道非
二本也。"这里的"道"乃八卦、九畴之道，即《系辞》所谓"一阴
一阳之谓道"之道[③]。"非二本"当然不是说"道"以"数"为本，
或"道"与"数"之外另有一个"本"。在中国思想史中，"道"既
为"形而上"者，亦是"本体"。"数与道非二本"，事实上是说，
"数"以"道"为本，从而兼具阴阳之性。数与数之间的关系就不仅
仅是单纯量与量之间的关系，而是阴阳之间之交会。算家以《周易》

---

① 如郭象曰："天者，自然之谓也。……天也者，自然者也。"（《庄子·大宗师注》）
　　"天"即"自然"，"自然"即"天"。
② 中国思想中类似表述颇多，如"数亦是天地间自然底物事。……有是理，便有是
　　气；有是气，便有是数"（《朱子语类》，第 1608 页）。汉语所谓"气数""命数"则
　　是自然物事之"数"的具体表述。
③ 在对"数"之本源思想追溯中，《周易》无疑是主要答案，比如明程大位《算法统
　　宗》中道："数何肇? 其肇自《图》《书》乎! 伏羲得之以画卦，大禹得之以序畴，
　　列圣得之以开物成务。凡天官、地员、律历、兵赋以及纤悉秒忽，莫不有数，则莫
　　不本于《易》《范》。故今推明直指算法，辄揭《河图》《洛书》于首，见数有原本
　　云。"（引自程大位著，梅荣照、李兆华校释：《算法统宗校释》，安徽教育出版社，
　　1990 年，第 49 页。）但《道德经》对后世思考"数"也有巨大影响。《道德经》与
　　《周易》之间有差异，但后代算家常沟通两者，比如以"自然"为"数"之所出，
　　同时以"道"为"数"之本。这样的例子很多，如："数，一而已。一者，万物之
　　所从始。故易一太极也。一而二，二而四，四而八，生生不穷者，岂非自然而然之
　　数耶?《河图》《洛书》泄其秘，黄帝《九章》著之书，其章有九，而其术则二百四
　　十有六。始方田，终勾股，包括三才，旁通万有。"（莫若为朱世杰《四元玉鉴》所
　　作"序"。引自朱世杰著，李兆华校证：《四元玉鉴校证》，科学出版社，2007 年，
　　第 55 页。）在这里，莫若将《道德经》"道生一，一生二，二生三，三生万物"观
　　念与《易》"太极生两仪，两仪生四象"观念融合起来，既为"数"确立了"本"，
　　也为"数"与"数"之间提供了相互作用之法则。

的"元"为基本概念来描述数与数之间关系，正是这一观念之具体表现。按照祖颐给朱世杰《四元宝鉴》所作的"后序"的描述，继天元术之后，李德载《两仪群英集臻》有天、地二元，刘大鉴《乾坤括囊》有天、地、人三元等，最后又由朱世杰创立了四元术。"四元"即天元、地元、人元、物元。"四元"拓展《周易》"乾元""坤元"至于"人元""物元"，但其运行法则则与乾元坤元之感应错综相一致。

"点"（端）有质（质料）有量（大小），在这个世界有位置，同时充当"体"的动力与目的；这个思想系统中的"方""圆""数"根基于"自然""道"而拥有阴阳、刚柔之性。确切说，这样的点、形、数为"有体的点、形、数"。有体的点、线、数之间相互组合、运作的法则由它们自身内在的性质决定，它们不是纯粹的、超时空的 IDEA，因此，与 IDEA 所遵循的纯粹的逻辑演绎法则并不契合。莫若在为朱世杰《四元玉鉴》所作"序"中描述四元术："其法以元气居中，立天元一于下，地元一于左，人元一于右，物元一于上，阴阳升降，进退左右，互通变化，错综无穷。"阳升阴降，互通变化这一乾坤交会原理即是"四元"相互作用之法[①]。天元、地元、人元、物元之间相互施与、相互作用，诸"元"相消，由繁至简，以得确解。在更广意义上，这也可以看作有体的形与数之运转法则之具体表述。

据此，我们可以来重新判断一直被认为是中国数学之代表的《九章算术》[②]体系。《九章算术》分为九章，即方田、粟米、衰分、少广、商功、均输、盈不足、方程、勾股。相较于《几何原本》从

---

① 李约瑟注意到了以符号为媒介的西方数学与以筹算为基本工具的中国古代数学之间的差异，并称以筹算为基本工具的演算为"位置的代数学"（李约瑟：《中国科学技术史》，第二卷《数学》，科学出版社，1978 年，第 252 页），但其对"有位置的"筹算之间的运转法则似乎并不能正视，尽管"位置的代数学"之运算结果令其诧异。

② 关于《九章算术》的形成年代，学界一般认为总结了先秦以来的数学思想，成书则最迟在东汉。这恰恰是中国思想范式由超越"形"，而转至"体"的时代。可以说，"体的数学"乃"体"范式在数学领域的具体贯彻，是其具体形态。

这个世界之外的 IDEA 出发来构建几何系统,《九章算术》则从具体问题出发而形成了自己的思想体系——当然不是立足于公理演绎体系,具体说就是,《九章算术》从这个世界——"自然"出发构建了自己的思想体系。因为立足"这个世界"——自然,所以,这个思想系统中的"点"(端)有质(质料)有量(长宽、大小),在这个世界有位置,同时充当"体"的动力与目的;这个思想系统中的"方""圆""数"根基于"自然""道"而拥有阴阳、刚柔之性。有大小有形质、充满阴阳、刚柔之性的"体"既衍生出中国古典数学之完整体系,也昭示出未来数学开展之新的可能①。

(二)心画与目画

"画论"是对绘画活动的自觉反思。作为自觉的精神活动,对绘画的反思一直是时代精神的具体展开与具体体现。随着味觉思想在汉末的确立,魏晋隋唐画论中味觉思想也逐渐自觉,并始终居于主流。水墨世界展示的图像与西方绘画中的几何图形的追求旨趣迥异。中国古代绘画,特别是山水画,追求气韵,欣赏气韵,同时也品味

---

① 20 世纪中国学人提出"自然几何"概念,正是发现了以"纯形"作为出发点与根据之数学体系之外的可能性。"自然几何"这个概念最早见于汤璪真先生(《几何与数理逻辑——汤璪真文集》,北京师范大学 2007 年,第 6 页)。对于自然之"点",汤璪真先生理解为"有形有大"。他说:"今之习数学者,常言点无形状无大小,然对学生讲解之际,则又每于黑板上画有大小有形状之点以表之,追至学生诘问之时,即答以所画之点尚需缩至无限小,终至于无大小无形状而后已。著者疑焉,盖既言缩至无限小终至于无大小无形状,则是点已有两种:一为无限小之点,一为无大小无形状之点。当未缩之前,所画之点,明明有大小有形状可言,是尚有一种点为有大小有形状之点。有三种之点,即有三种之学问,截然为三学问,在未能证明其一致之前,固未可混为一谈也。"(汤璪真:《自然几何》,原发表于《数理杂志》1925 年,4(3):1—10,现收入《几何与数理逻辑——汤璪真文集》,第 6 页。)汤先生敏锐的嗅觉嗅出了三种不同的点预示着三种不同的学问,其思考由此指向中国学问之独立,惜乎其未能入中国形而上学堂奥而难以窥见自然数学之根基,未能以此重建中国数学系统!

气韵。作为一种思想方式，中西绘画的自我理解与各自的存在论大体一致：相应于形式即本质的存在论，西方绘画之创作自觉根源于以距离性为基本特征的视觉原理；相应于以气（味）为性的形上趋向，中国绘画以"象"胜"形"，以"墨"胜"色"，遂寓"目"于"心"，"心"主宰"目"而消弭距离，视觉味觉（感）化而以"进入""合"为基本特征，并成为贯穿于绘画创作、赏鉴的基本原理。

"目画"与"心画"之说源于邓以蛰先生，他在《南北宗论纲》（手稿）中说："南宗者心画也，北宗者目画也。心画以意为主，目画以形为主。"① 南北宗之分野在学界颇受质疑②，以"心画""目画"来界定南北宗是否恰当也颇成问题，但以"心""目"论画自有其理论意义，尤其是在视觉主导绘画，乃至主导整个文化取向之际。

作为视觉艺术的绘画的最终形态由形与色这些视觉质料构成。不过，视觉艺术是不是只遵循"视觉原理"？"中国绘画"以视觉原理为其第一原理吗？众所周知，眼与心原理根柢于形式即本质的思想传统，故得画形即得"相"，而获得终极的目标。可是，在不具备形式即本质的中国绘画传统中，视觉原理还能成为绘画活动的主导机制吗？如果不，中国绘画遵循什么原理？

进一步追问的话，以下的问题当为急务：心是按照眼的原理活动的，还是眼按照心的机制活动？"心画"说以"心"为本，可是，心按照何种模式活动？心的原理如何展开？心的原理规定下画家的眼是如何看世界的？

1. 从"画，形也"到"画，象也"

如前文所述，汉的精神到魏晋精神的进展，事实上是沿着"体"

---

① 邓以蛰：《邓以蛰全集》，安徽教育出版社，1998年，第344页。
② 比如著名绘画史家、画论家俞剑华认为，南北宗之说源于莫是龙、董其昌的编排，见俞剑华：《中国绘画史》下册，上海书店出版社，1984年，第132页。

到"本体"的精神脉络的演进。汉人的精神，如艺术精神，一言以蔽之，即"生动有体"。"生动"一方面是说，从开疆拓土到日常生活，人、物大都处于"动态"；另一方面，汉人始终关注生动者。比如，汉代的砖雕、石雕，它们大体多是以动物作为关注的对象。"有体"是说，汉人所关注的并非是事物外在的形式，而是以"体"为先。汉代的砖雕、石雕大都扎根于砖、石之体，笨重朴拙。其"形"立足于砖石质料之"体"，同时也深陷于"体"之中。比如，茂陵博物馆里的石马、石牛、石蛙、石猪等，石体巨大、厚重，但就整体看，这些雕塑无不栩栩如生、生趣盎然。许多汉墓出土的砖雕上偶尔也出现一些植物，但它们往往彼此连成一体，构成了充满生意的场域。从汉代思想史上看，"生动"可谓汉人开疆拓土、知天宰物精神的直接写照。

到了魏晋之后，我们看到的艺术形象就发生了重大的变化。那种动态感十足的、有体的整体形象逐渐让位于对静态个体的关注与欣赏①。"一体"的观念让位于"个体"，个体逐渐显露其面目，此谓个体的自觉。对个体的欣赏所带来的转变就是，原本淹没于整体的个体，其面目逐渐清晰，并且构成了独立自足的精神域。个体的价值尽管可以通过外在性的"个"的方式展现，但内在之"体"——神态、神韵却一直被魏晋人所倚重。"气韵"由是成为魏晋的精神风尚。所以，用"生动"概括汉是非常合适的，"气韵"更适合概括魏晋的精神。魏晋说"气韵生动"，实际上已经把"生动"纳入"气韵"的精神统领之下。"气韵"不是外在形体的描绘，而更侧重内在精神的散发。从"生动"到"气韵"，（一体的）整体让位于个体②，"动"逐渐变成"静"，"多"让位于"一"，这个脉络与从"体"到

---

① 魏晋审美对象由动物转向植物，山水松石等由背景逐渐主题化。

② 对个体的欣赏，其理论前提是对个体价值自足性的肯认。如我们所知，郭象的"自造""自生""自得""自化""自尔"说将自身视作根据、原因与动力。天地间的草木禽兽等每一个个体都圆满自足，都可以单独成为欣赏的对象。

"本体"的历史演变脉络是一致的。

尽管绘画实践已经从"生动"到"气韵",由"体"进至"本体",但将此作为思想的对象的反思活动则相对滞后。中国最早的词典《尔雅》对"画"有一个经典规定:"画,形也。"由于《尔雅》"经"的地位,它对《画》的这个规定也为士人所熟知。按照邓以蛰的观点,以形释画是形与体分离之后"形"[1]的自觉的表现与产物。如中国绘画史所展示,形体分离之后,形的分离马上产生"形神"关系、"形意"关系问题。其原因在于,在中国思想世界中,"形"不具有独立的意义,确切地说,"形"不是"本质""本体",独立的"形"不具有独立自足的意义。"形"与"体"未分化时,"形"以"体"为本体、本质,而形与体分化之后,形就失去了本体、本质。对形的关注、思考遂产生了"形而上"之思想要求,即产生由上而下灌注"形"以意义(本质)的思想道路。在哲学中,大家熟知"形而上者谓之道"这个模式;在绘画中,这个思想道路表现为寻求在"形"之上存在的高于"形"并灌注"形"以意义、主宰"形"的本体,如伦理。但很快,"气韵""生动""神"这些"形""之中"(而不是"之上")的"本体"被触及(而不是被确立)[2]。(按照邓以蛰先生的看法,先是生动,再进于神。[3])

---

[1] "形唯观其变化之方式乃可,故兹以商周为形体一致时期,秦汉为形体分化时期,汉至唐初为净形时期,唐宋元明为形意交化时期。"(《邓以蛰全集》,第 198—199 页。)邓以蛰认为,形的方式的发展之根源是"艺术自求解放"(《邓以蛰全集》,第 200 页)。诚然,"净形"只是说形无体的拘束,而不是指"形"自身具有独立自足的意义,所以,"净形"非西方哲学中"纯粹的形",更不是柏拉图"纯粹的相"。所以,邓以蛰说:"汉至唐艺术之本体是由'体'而入于'理'。"(《邓以蛰全集》,第 201 页。)

[2] 如顾恺之"以形写神"、谢赫"气韵生动"等等奠定了中国绘画的基调,但在实践、理论方面都还有待拓展、确立。

[3] 邓以蛰说:"艺术之发展,于兹已进于生动,再进于神矣。神之用在能得物之全,沙汰物之肤泛,凝化物之个别,使范围周洽,物自连贯。今以生动之故,物之而为活物焉;以神之故,物之内无个别参差,但形结气通而成一全体,含生动与神庶几达于意境矣。"(《邓以蛰全集》,第 202 页。)

　　唐张彦远在《历代名画记》中引用"画，形也"这个解释，并一再旁征博引①来论证这个观念："夫画者，成教化，助人伦，穷神变，测幽微，与六籍同功，四时并运……无以传其意，故有书；无以见其形，故有画。天地圣人之意也。"② 画以见形被理解为天地与圣人的安排。画之"形"包含造化之秘、灵怪之形，也包含人事善恶美丑之形象："记传所以叙其事，不能载其容；赋颂有以咏其美，不能备其象；图画之制，所以兼之也。"③ 这里也将画与"象"联系，但重点在于突出绘画之视觉性，其所表现的仍是形的自觉。

　　但众所周知，在中国文化系统中，"形"自身并不是本质，自身本质的缺乏使纯粹的形难以继续充当画的本质规定，所以，形总被引向"形"之"上"。如顾恺之主张："以形写神。"④ 宗炳则曰："圣人含道映物，贤者澄怀味象……圣人以神法道而贤者通，山水以形媚道而仁者乐……以形写形⑤，以色貌色也。……夫以应目会心为理者，类之成巧，则目亦同应，心亦俱会，应会感神，神超理得。"⑥ 对于绘画来说，"形"当然很重要，但"形"自身显然没有成为目的。

　　对绘画来说，"形上"的思想无疑蕴涵着使绘画面临被引向画外而失去自身的趋向。庆幸的是，中国绘画史上的"象"⑦ 观念扭转了

---

① 如张彦远还引用颜光禄："图载之意有三，一曰图理，卦象是也；二曰图识，字学是也；三曰图形，绘画是也。"（张彦远：《历代名画记》，江苏美术出版社，2007年，第1页。）引用陆机："宣物莫大于言，存形莫善于画。"（《历代名画记》，第2页。）

② 《历代名画记》，第1页。

③ 《历代名画记》，第2页。

④ 引自张彦远：《历代名画记》，第135页。

⑤ 如后文"心""目"之争所示，就"以形写形"言，可理解为以我形写物形，或以物形写物形。后者被称为"写生""写实"，前者则是"写意""抒情"。

⑥ 宗炳：《画山水序》，引自《历代名画记》，第161—162页。

⑦ 我们今天所见的"象"之含义异常丰富，比如中国人常说"宇宙万象""万象更新"，商周时"象"就被理解为神圣性的存在，乃至神圣性的标志。《易·系辞》曰："在天成象，在地成形。"《道德经》第四十一章曰："大象无形。""象"（转下页）

这个趋势，而使画回归了自身。我们注意到，宋郭熙在《林泉高致》中引《尔雅》"画，象也"，并补充道："言象之所以为画尔。"①《尔雅》对"画"的说法只有一处："画，形也。"显然，郭熙引用有误。不过，从观念史来说，将《尔雅》"画，形也"改为"画，象也"并非无所本，南朝宋王微《叙画》曰："图画非止艺行，成当与易象同体。"② 郭熙以"象"释画可以看作画与易象同体观念的生长。"以形释画"体现的是形体分离后"形"的自觉，而"以象释画"则体现以神（意）为体、形意交化（象）的特征。撇开《尔雅》原义不说，我们不难发现汉唐人以形释画与宋人以象释画之间观念的差异。以形论画需要引出"形而上"作为"形"之"体"，而形而上又往往被理解为"无形"（如道、神），反过来会消解"形"。以象论画则不存在这样的问题，象与道内在相契合。类似的说法尚有很多，唐朱景玄《唐朝名画录》序："画者圣也，盖以穷天地之不至，显日月之不照。挥纤毫之笔，则万类由心；展方寸之能，而千里在掌。至于移神定质，轻墨落素，有象因之以立，无形因之而生。"③ 画者所立之象既包含有形，也包含无形，更包含天地之外（穷天地之不至）、日月之外（明且幽）。所谓画与易象同体正此谓也。正因为画象有《易》的指向，"心与目"之辩在本体论上获得相对确定的定位。王微曰："目有所极，故所见不周。于是乎以一管之笔，拟太虚之

（接上页）属于"天"，属于"道"，属于这些崇高者。万物与人乃这些崇高者所创生，故也如"象"一样具有了神圣性，具有"象"一般的力量、生命力，成为生生不已的宇宙"万象"。由秉承大象之生机言，"物"有其"象"，"象"成其"物"，简言之，"物"即"象"，"象"即"物"。万物有其象，乃可说宇宙万象，乃可说万象更新。"象"不仅有"形"义，它还包含着与"形"相对的"质""神"。"象"不仅是空间性的（形式），而且是时间性的秩序、绵延（四象）。故"象"不仅可"观"，还可"想"，可"意"，可"表"，可"味"。

① 郭熙：《林泉高致》，引自《美术丛书》，江苏古籍出版社，1997 年，第 1066 页。
② 引自《历代名画记》，第 163 页。
③《美术丛书》，第 1007 页。

体。"① 目有所极而心无极，以手所出之心及心画才可以穷天地之不至，显日月之不照。

画为象，故画家优先需要关注的是"万象""气象"，需要追求并创生"象"。那么，象是如何产生的呢？看之即创造之，西方画家以看创造出"形"，那么，中国画家是如何创生出"象"的呢？

2. 墨与色之辩

形与色乃绘画之基本元素，相应于形与象之辩，中国绘画同样展开了以墨还是以五色来作画，来表达画"象"，来表达"自然"与"心灵"的墨与色之辩。

先秦即有"五色"之说，《左传·昭公二十五年》有："生其六气，用其五行，气为五味，发为五色，章为五声。""五色"指青、黄、赤、白、黑五个色素。考察绘画文献不难发现，先秦至魏晋一直有以五色图写物象的说法，《周礼·考工记》有："画缋（同绘）之事，杂五色……设色分工，谓之画。"宗炳《画山水序》提出"以形写形，以色貌色"，王延寿则曰："图画天地，品类群生。杂物奇怪，山神海灵。写载其状，托乏丹青。千变万化，事各缪形。随色象类，曲得其情。"② "随色象类"之可能，乃在于五色作为万物自身的基本规定，以五色摹写万物亦是理所当然。但由于"色"并非万物本质规定性，故至唐时，对五色的看法发生了颠覆性变化。

> 夫画道之中，水墨最为上，肇自然之性，成造化之功。③
> 夫阴阳陶蒸，万象错布，玄化亡言，神工独运。草木敷荣，

---

① 引自《历代名画记》，第163页。
② 引自俞剑华：《中国古代画论类编》，人民美术出版社，1998年，第10页。
③ 王维：《山水诀》，引自《历代名画记》，第252页。

不待丹碌之采；云雪飘扬，不待铅粉而白；山不待空青而翠，
凤不待五色而绰。是故运墨而五色具，谓之得意。意在五色，
则物象乖矣。①

"五色"是外物自身规定性，专注于"五色"即将外物当作对象
而摹写之、映照之，那么，这个画就属于物之形色的写照、写真而
"失意"，"失意"则与"物象"违。"得意"而得"物象"，"物象"
非纯粹物体之"象"，而牵涉人之"意"、人之"心"。"目遇之而成
色"，"五色"与"眼"相应；墨具"五色"，而与"心"② 相应。
"墨"与"象""心"之间如何确立内在关联？

王维把水墨理解为肇始且成就自然造化之性功者，肇始自然之
性很重要，这表明"墨"有深厚的根据，但更重要的是，水墨能够
成就造化之功。对于"自然之性""造化之功"，韩拙有个经典的说
法："笔以立其形质，墨以分其阴阳。"③ 自《系辞》始就确立了"一
阴一阳之谓道"的观念。以"墨"对应"阴阳"，也就将"墨"与
"道"直接联系起来。韩拙的说法在后世得到不少呼应，如：

笔与墨会，是为氤氲。氤氲不分，是为混沌。④
墨受于天，浓淡枯润随之；笔操于人，勾皴烘染随之。⑤
自天地一阖一辟而万物之成形成象，无不由气之摩荡自然
而成。画之作也亦然。古人之作画也以笔之动而为阳，以墨之

---

① 《历代名画记》，第48页。
② 墨与五色之争并不是南北宗之争，实际上北宗也用墨，只不过墨法不同罢了。沈宗
骞说："南宗多用破墨，北宗多用泼墨，其为光彩淹润则一也。"（引自潘运告编著：
《清代画论》，湖南美术出版社，2003年，第19页。）南北宗差异只具有相对的意
义。
③ 韩拙：《山水纯全集》第四卷，引自《美术丛书》，第2944页。
④ 石涛：《石涛画语录》，江苏美术出版社，2007年，第5页。
⑤ 《石涛画语录》，第2页。

静而为阴，以笔取气为阳，以墨生彩为阴。……以笔墨之自然
合乎天地之自然。①

这些说法没有像韩拙一样直接扬"墨"抑"笔"，但将"墨"与
"天""静""阴"对应，也给予"墨"以崇高的地位。相应，将
"笔"与"人""动""阳"对应，更为健全地处理了"笔"与"墨"
的关系。在这个观念中，笔墨之会是天人之会、阴阳之会，是创生
之氤氲。墨以浓淡枯润彰显"阴阳陶蒸，万象错布"之自然，随一
画之立而解分氤氲。以墨分阴阳，或以墨表"阴"，这些表述尽管有
差异，但无疑都将墨与自然之性联系起来。

严格说来，"墨"不是"色"，而是"浓淡枯润"（石涛），或
"黑白干湿浓淡"（清·唐岱②）等"非色"之性。将五色还原为
"墨"，或以墨写色，以墨消解色，与其说是"绚烂之极，归于平
淡"，不如说是向"为腹不为目"之"众妙之门"的复归。画象首要
特征亦如万象一样是"阴阳"交合。阴阳交合之"玄"、之"黑"乃
是贯穿于自然始终的根本特征③，水墨"肇自然之性"，即此谓也。
水墨之象"成"则可以"成造化之功"也。万象之阴阳显现为"幽"
与"明"、"显"与"隐"、"聚"与"散"之一体。"显，其聚也；

① 唐岱：《绘事发微》，引自《中国古代画论类编》，第864页。
② 唐岱称之"六彩"："墨色之中分为六彩。何谓六彩？黑白干湿浓淡是也。六者缺
一，山之气韵不全矣。"（《绘事发微》，引自《中国古代画论类编》，第852页。）华
琳疑"五墨说"，亦谓之"彩"："前人曰五墨，吾尝疑之。夫干墨固据一彩不烦言
而解；若黑也，浓也，淡也，必何如而别乎湿？湿也，又必何如而后别乎黑与浓
与淡？今何不据前人之画摘出一笔曰：此湿也，于黑与浓与淡有分者也……盖湿本
非专墨，缘黑与浓与淡皆湿，湿即借黑与浓与淡而名之耳。即谓画成有湿润之气，
所谓苍翠欲滴、墨沈淋漓者，亦只谓之彩而不得谓之墨，学者其无滞于五墨之说焉
可耳。"（《南宗抉秘》，引自《清代画论》，第329页。）"墨"非"彩"，而"彩"非
"色"。
③ 中国绘画由道家精神主导已是不宣之秘密，画家之"墨"与道家"玄"观念之间的
勾连，论家多有论述，此处不赘。

隐，其散也。显且隐，幽明所以存乎象；聚且散，推荡所以妙乎神。"① "盈天地之间者，法象而已；文理之察，非离不相睹也。方其形也，有以知幽之故；方其不形也，有以知明之故。"② "幽明""显隐"存乎象，"五色"仅对应于"明""显"而不及"幽""隐"。对于"阴阳陶蒸，万象错布"之自然，"五色"尽管绚丽，但却不及自然之性、造化之功。"墨"却不同，墨自身即是一阴阳交合之自然，它呈现出来的首先不是"色"，而是其形上特征："阴阳"一体。"墨"之阴阳氤氲而生发出"五色"，专注五色则无由生出更具有气韵的"画象"。"天下之物不外形色而已，既以笔取形，自当以墨取色，故画之色非丹铅青绛之谓，乃在浓淡明晦之间。能得其道，则情态于此见，远近于此分，精神于此发越，景物于此鲜妍。所谓气韵生动者，实赖用墨得法……苟能参透墨色一贯之理，则著手便成光彩。"③ 王原祁说得好："惟不重取色，专重取气，于阴阳向背处，逐渐醒出。则色由气发，不浮不滞，自然成文。"④ 以墨取色与专主取气意欲略同，取色则难及"情态""精神""气韵"，而以墨取色、取气则可得阴阳明晦及光彩。王原祁并非不用"色"，但他对墨与色之主次关系还是拿捏笃定，设色即"用墨意所以补笔墨之不足，显笔墨之妙处"⑤。类似的表述颇多：

> 山有四时之色。风、雨、晦、明，变更不一，非着色无以像其貌……水墨虽妙，只写得山水精神，本质难于辨别。四时山色随时变现呈露，着色正为此也……着色之法贵乎淡，非为敷彩暄目，亦取气也……以色助墨光，以墨显色彩，要之墨中

---

① 《张载集》，第 54 页。
② 《张载集》，第 8 页。
③ 沈宗骞：《芥舟学画编》，引自《清代画论》，第 20 页。
④ 引自潘运告编著：《清人论画》，湖南美术出版社，2004 年，第 82 页。
⑤ 《清人论画》，第 82 页。

有色，色中有墨。①

> 画以墨为主，以色为辅。色之不可夺墨，犹宾之不可溷主也。②

承认水墨可得山水精神本质，这是前提。"色"非精神本质，而是外在之貌。"气"之阴阳向背显出色来，"气"即"色气"也，即由气发出"五色"来，此乃自然之文采。以水墨对应精神，五色对应形质，这实在是非常奇妙的观念。

如前文所述，画不仅是有关"形"的技艺，且是道的直接显现，所谓象道为一也。就形说，有形无形统一之象近道；就"色"说，墨最近道之本色——玄，故最能表现玄远之道。与以墨作画对应，对墨画的赏鉴亦非赖于"目"，而主要是"心"。"可行""可望"不如"可游""可居"③ 之说正体现在对水墨赏鉴中"心"（"游""居"）对"目"（"望"）的优胜。

3. 得之目，寓诸心

朱景玄《唐朝名画录》载："明皇天宝中忽思蜀道嘉陵江水，遂假吴生驿驷，令往写貌，及回日，帝问其状，奏曰：'臣无粉本，并记在心。'后宣令于大同殿图之，嘉陵江三百余里山水，一日而毕。时有李思训山水擅名，帝亦宣于大同殿图，累月方毕，明皇云：'李思训数月之功，吴道子一日之迹，皆极其妙。'"④ 中国绘画史上这段

---

① 《绘事发微》，引自《中国古代画论类编》，第 854—855 页。
② 盛大士语，引自《清代画论》，第 254 页。
③ "可行""可望""可游""可居"说出自郭熙："山水有可行者，有可望者，有可游者，有可居者。画凡至此，皆入妙品。但可行可望，不如可游可居之为得。……君子之渴慕林泉者，正谓此佳处故也。故画者当以此意造，而览者又当以此意穷之。"（郭熙：《林泉高致》，引自《美术丛书》，第 1066 页。）
④ 《历代名画记》，第 224 页。

关于吴道子与李思训图写嘉陵水的公案一直为后人所称道①。同样面对三百里嘉陵江，吴道子是"记在心"，绘画时一夕而就。李思训作画大体以粉本为底，描摹形迹，忠实于视觉之所得（所见即所得），故画嘉陵江需累月方毕。张彦远对吴道子作画发挥道："守其神，专其一，合造化之功，假吴生之笔，向所谓意存笔先，画尽意在也。……夫用界笔直尺，界笔，是死画也。守其神，专其一，是真画也。死画满壁，曷如污墁？真画一划，见其生气。"②

论者多谓其丘壑成于胸中。邓以蛰说："丘壑有形迹者也，寓丘壑于心是化有迹为神情，后之所谓胸襟、意境者是也。"③ 所谓"化有迹为神情"即将山水摄入己身，成为自心之一部分。所谓"应目会心"，所谓"得之目，寓诸心"④，所谓"积好在心，久则化之，凝念不释，殆与物忘，则磊落奇特蟠于胸中"⑤。山水寓诸心，则山水不在外。山水经过"心"的吸取、消化，不再是本然的山水，而是"心"的山水，是画家自家的山水。心的山水属于"心"，属于性情之山水，或者说，它是有性格、有品格的山水。作画由此被理解为心的表达、心的创作、心的事业⑥。

---

① 《太平广记》对此也有记载，但李思训没有活到天宝年间，这显然是一种象征性而非真实性说法。
② 引自《历代名画记》，第 46 页。
③ 《邓以蛰全集》，第 207 页。
④ 沈周：《石田论画山水》，引自《中国古代画论类编》，第 711 页。
⑤ 董逌：《广川画跋》，引自潘运告编著：《宋人画评》，湖南美术出版社，1999 年，第286 页。
⑥ 邓以蛰先生对心画及其表达有着精辟论述："物出于眼，则状拟之，描摹之；物出于心，抑将描摹之，状拟之耶？曰：否。手所动者有体而形出焉。眼所见者为形而生动与神出焉，心所会者唯生动与神，生动与神合而生意境。……形者眼所限，生动与神则为心所限耳。心之所限，庶为无限。是生动与神亦可无限也。"（《邓以蛰全集》，第 202 页。）"随癯发之间，笔墨自然流露者，本非天然物象之描摹，但为心中灵机所策动而出，正所谓心画也。心本无迹可见者也。若胸襟、意境、诗意、古意、逸格、人格云云无往而非无形迹可见之物也。无形迹可见而能表而出之，谓之为气韵、神理、神韵可也。"（《邓以蛰全集》，第 210 页。）

心有小大，有公私。作画之心并非囿于一己之私的闻见之心，而是同于天地日月的大人之心。基于此，朱景玄将"画者"提升到"神""圣"高度，"画者圣也，盖以穷天地之不至，显日月之不照。挥纤毫之笔，则万类由心；展方寸之能，而千里在掌。至于移神定质，轻墨落素，有象因之以立，无形因之而生。……妙将入神，灵则通圣"①。"圣"以"通"为基本特质。真正的画者可以穷天地之不至，显日月之不照。可以在心通千万里，可以创生万象，入神通圣。心中创生万象，还能够以笔墨传达心中之万象，这才是画者通内外的前提。此夫丹青之妙，未可尽言，然画者于此多有体贴。

> 夫画者笔也，斯乃心运也。其索之于未状之前，得之于仪则之后。默契造化，与道同机，握管而潜万物，挥毫而扫千里。故笔以立其形质，墨以分其阴阳。山水悉从笔墨而出。②

在这里，韩拙强调"笔"的表达作用，强调"笔为心运"。"心"可以"索之于未状之前，得之于仪则之后。默契造化，与道同机"。但"心"之所得需要"笔""墨"出之。"心运"为"源"、为"本"，"握管""挥毫"为"流"、为"用"。源流一、体用合，画才真正成为画。对于"画"与"心"的关系，历代画者都有论及：

> 故画竹必先得成竹于胸中，执笔熟视，乃见其所欲画者，急起从之，振笔直遂，以追其所见，如兔起鹘落，少纵即逝矣。③
>
> 子云以字为心画，非穷理者，其语不能至是。画之为说，

---

① 朱景玄：《唐朝名画录》序，引自《美术丛书》，第1007页。
② 韩拙：《山水纯全集》第四卷，引自《美术丛书》，第2944页。
③ 苏轼：《文与可画筼筜谷偃竹记》，引自《三苏全书》第14册，语文出版社，2001年，第495页。

亦心画也。上古莫非一世之英，乃悉为此，岂市井庸工所能晓？①

夫画者，从于心者也。②

画家不是描摹山水，而是将心胸之中的山水借笔墨表达出来，在这个意义上，画山水就是创生山水。这样的山水乃是"发于生意，得之自然，待其见于胸中者"③。郑板桥则进一步阐述胸中阴阳二气生物："未画以前，胸中无一竹；既画以后，胸中不留一竹。方其画时，如阴阳二气挺然怒生，抽而为笋为篁，散而为枝，展而为叶，实莫知其然而然。"④ 画中之物由心中阴阳二气创生出来，画从属于心，是将心所创生之物表达出来。苏轼所谓执笔熟视者，非熟视自然之竹，其所见乃胸中之竹也。

画为心画，心中阴阳之气为心所规定，表现为"胸中逸气""胸中灵和之气"等心气、神气。如：

余之竹聊以写胸中逸气耳，岂复较其似与非？⑤
以目入心，以手出心，专写胸中灵和之气。⑥

眼睛所看之物不是胸中之物，郑燮说得明白："江馆清秋，晨起看竹，烟光日影露气，皆浮动于疏枝密叶之间，胸中勃勃遂有画意。其实胸中之竹，并不是眼中之竹也。因而磨墨展纸，落笔倏作变相。手中之竹又不是胸中之竹也。总之，意在笔先者，定则也；趣在法

---

① 米有仁：《题新昌戏笔图》，引自周积寅：《中国历代画论》，江苏美术出版社，2007年，第 79 页。
② 《石涛画语录》，第 1 页。
③ 董逌：《广川画跋》，引自《宋人画评》，第 285 页。
④ 郑板桥：《郑板桥集》，岳麓书社，2002 年，第 350 页。
⑤ 倪瓒语，引自潘运告编著：《元代书画论》，湖南美术出版社，2002 年，第 430 页。
⑥ 戴熙：《习苦斋画絮》，引自《中国历代画论》，第 82 页。

外者，化机也。独画云乎哉？"① 眼睛是摄物之具（而不是两端任意通达的桥梁），"看"化"自然之竹"为"眼中之竹"，"心"接受"眼中之竹"为"胸中之竹"，"手"则将"胸中之竹"化为"画中之竹"。"画中之竹"直接源于"胸中之竹"而不是"眼中之竹"，是对"胸中之竹"的表达。

作为心的原理的贯彻，画的品格由作画者规定，因此，画者的精神境界往往成为绘画取得成功的前提。从庄子起，"解衣般礴"就被理解为"真画者"（《庄子·田子方》）。郭若虚则将人品与气韵生动联系起来："窃观自古奇迹，多是轩冕才贤，岩穴上士，依仁游艺，探赜钩深，高雅之情，一寄于画。人品既高矣，气韵不得不高；气韵既高矣，生动不得不至，所谓神之又神而能精焉。"② 人品决定气韵，气韵决定生动。简言之，画的价值由人的品格决定。人品高低的标尺是道德性的"仁"，也包含艺术性的"高雅"。两者共同点就是远离、超越个人私利，以及俗物俗情。脱去尘浊，无荦荦世念之羁绊，胸怀自然能够容纳山水情志，能够为山水传情传神，所谓"人为物蔽，则与尘交。人为物使，则心受劳。劳心于刻画而自毁，蔽尘于笔墨而自拘"③。

> 笔墨虽出于手，实根于心。鄙吝满怀，安得超逸之致？矜情未释，何来冲穆之神？故一日清心地以消俗虑，尤当会其微妙之至，以静参其消息，岂浅尝薄植者所得预？若无书卷以佐之，既粗且浅。失隽士之幽深，复腐而庸，鲜高人之逸韵。④
>
> 凡笔墨本是写人之胸襟，胸襟既开阔，则立意自不凡。⑤

---

① 《郑板桥集》，第 340 页。
② 郭若虚：《图画见闻录》，江苏美术出版社，2007 年，第 23 页。
③ 《石涛画语录》，第 11 页。
④ 沈宗骞：《芥舟学画编》，引自《清代画论》，第 101 页。
⑤ 引自《清代画论》，第 98 页。

对画者而言，不仅需要以"林泉之心"摄取物象，更重要的是，中国画需要以超凡的胸襟容纳万象，吞吐万象；需要以无限之创生之心赋予物象以气韵生动，创化心象。原本无形迹的心象不为有限之目所限制，特别是不再为"形"所限制而以"神""意""气韵""胸襟"为"体"。

4. 先观气象

从信息之获取量来说，视觉无疑是最主要的供给者。绘画亦然，对形色所构成的"象"的把握首先需要"观"，但"观"不是以距离性为特征、以形式为指归的"纯粹的看"。

王维在《山水论》中首先对"观"的秩序有个清楚的交代："观者先看气象，后辨清浊，定宾主之朝揖，列群峰之威仪。"[①] 观者先看山水之"气象"，何谓"气象"？"气象"何以能看出来？弄清楚"气象"并不是一件容易的事，不过，古人对此有不少说法可供参考。宋画评家董逌说："观天地生物，特一气运化尔。"[②] 稍早的道学家张载说："凡可状，皆有也；凡有，皆象也；凡象，皆气也。"[③]"象"是"气"，"气"可以"蒸郁凝聚"而成"象"，但气不必"蒸郁凝聚"，即使在未成"形"、未对眼睛呈现（"接于目"）的状态仍可称作"象"。问题就出在这里，"见乃谓之象，形乃谓之器"（《系辞上》）。"见"（现）与"形"不同，"形"对着视觉开放，"象"在目不得接的情况下对何种官觉开放呢？按照中国传统思想的说法，"象"是对着"感"开放的。比如，张载说："圣人则不专以闻见为心，故能不专以闻见为用。无所不感者虚也，感即合也，咸也。……天地生万物，所受虽不同，皆无须臾之不感……感者性之神，性者感之

---

① 引自《历代名画记》，第 253 页。
② 董逌：《广川画跋》，引自《宋人画评》，第 278 页。
③ 《张载集》，第 63 页。

体。"① 气或聚或散而有蒸郁凝聚之象或健顺、动止、浩然、湛然之象，不必"接于目"而可以"感"之。感的官觉是"性"，即整个的人而不仅仅是耳目等具体的器官②。感的特征是"合"，即如味觉般的相互的进入而不是拉开距离。当然，耳目作为人之"性"同样参与着人之"感"，只不过，不是距离性的"看"与"听"，而是以"合"为特征、感化了的看与听。我们这样就可以理解所谓"气象"虽然不必对着视觉呈现（有形、明），但人仍然可以"观"得到（无形而有象、幽）。更重要的是，对着"气"，我们还调动着视觉之外更多的官觉参与"感"，比如味觉、嗅觉、触觉等等。

就画家来说，万物之气象具体表现在万物有情，有生意，有气韵：

> 或曰："草木无情，其有意耶？"不知天地间，物物有一种生意，造化之妙，勃如荡如，不可形容也。③
>
> 凡画山水，最要得山水性情。得其性情，山便得环抱起伏之势，如跳如坐，如俯仰如挂脚，自然山性即我性，山情即我情，而落笔不生软矣。水便得涛浪潆洄之势，如绮如云，如奔如怒，如鬼面，自然水性即我性，水情即我情，而落笔不板呆矣。或问山水何性情之有？不知山性即止而情态则面面生动，水性虽流而情状则浪浪具形……岂独山水，虽一草一木亦莫不有性情。若含蕊舒叶，若披枝行干，虽一花而或含笑，或大放或背面，或将谢或未谢，俱有生化之意。画写意者，正在此著精神，亦在未举笔之先，预有天巧耳。不然，则画家六则首云

---

① 《张载集》，第 63 页。
② "性"是指"整个的人"，身体发肤皆可感也。来知德则说："一身皆感焉……四体百骸，从拇而上，自舌而下，无往而非感焉。"（来知德：《周易集注》，九州出版社，2004 年，第 74 页。）
③ 祝允明：《枝山题画花果》，引自俞剑华：《中国古代画论类编》，第 1078 页。

气韵生动，何所得气韵耶？①

　　画山水贵于气韵，气韵者非云烟雾霭也，是天地间之真气。凡物无气不生，山气从石内发出，以晴明时望山，其苍茫润泽之气腾腾欲动，故画山水以气韵为先也。②

　　山水有形，有色，有质，有气韵，有阴阳，但山水之为山水者不在形色，而在气韵。气韵是天地间之真气，是万物之性情，而非云烟雾霭，接近这些要素诚非距离性的观看所能及。

　　我们先揣摩中国文献对画家"观"的神态的详细记述：

　　曾云巢无疑工画草虫，年迈愈精。余尝问其有所传乎？无疑笑曰："是岂有法可传哉？某自少时，取草虫笼而观之，穷昼夜不厌。又恐其神之不完也，复就草地之间观之。于是始得其天，方其落笔之际，不知我之为草虫耶，草虫之为我也。此与造化生物之机缄盖无以异，岂有可传之法哉！"③

　　类似的文献不胜枚举，如：

　　看得熟，自然传神。④

　　画不但法古，当法自然。凡遇高山流水，茂林修竹，无非图画。又山行时见奇树，须四面取之。树有左看不入画，而右看入画者，前后亦然。看得多，自然笔下有神。⑤

---

① 唐志契：《绘事微言》，引自潘运告编著：《中国历代画论选》下册，湖南美术出版社，2007年，第123页。
② 唐岱：《绘事发微》，引自《清人论画》，第336页。
③ 罗大经：《鹤林玉露》，中华书局，2005年，第343页。
④ 董其昌：《画旨》，西泠印社出版社，2008年，第29页。
⑤ 唐志契：《绘事微言》，引自《中国历代画论选》下册，第120—121页。

今以万物为师，以生机为运，见一花一萼，谛视而熟察之，以得其所以然，则韵致丰采，自然生动，而造物在我矣。①

视觉的重要性显而易见。未画之前，胸中无一物，物从外到胸中需要"看"。"看"的距离性源于物的"陌生性"，对于我来说，物首先从远处经过视觉不断走来。我谛视而熟察，物的陌生性逐渐消减，物我之间的距离性不断缩减。"取草虫笼而观之"，其昼夜不厌之所"观"不离形色。值得玩味的是，昼夜不厌地看还"恐其神之不完"，而"就草地之间观之"则可得其"神"、得其"天"。

我们感兴趣的是中国画家之"观"（"视"）的结构。草虫为我，我为草虫，我不再"看"草虫，草虫也不再"看"我。草虫与我不再是谁"看"谁的关系。草虫与我已经融入我与草虫组成的统一体中，草虫与我已在我与草虫所组成的统一体中得到了位置。由"观"而"不观"，草虫已不再对我拥有任何距离。我们知道，（西方的）"视觉原理"本身以看者与被看者之间的"距离"为基本特征，如梅洛-庞蒂说："绘画唤醒并极力提供一种狂热，这种狂热就是视觉本身，因为看就是保持距离，因为绘画把这种怪异的拥有延伸到存在的所有方面：为了进入到绘画中，它们必须以某种方式让自己成为可见的。"② 西方绘画之狂热也还是"保持距离"，而不是物我一体之"物化"。草虫已被咀嚼而变形为我的有机体。这个统一体乃在"胸中"，草虫已成为胸中之草虫。

罗大经所举李伯时画马例同样围绕由"观"而入"胸"展开：

伯时每过之，必终日纵观，至不眠与客语。大概画马者，必先有全马在胸中，若能积精储神，赏其神骏，久久则胸中有

---

① 邹一桂：《小山画谱》，引自《美术丛书》，第 513 页。
② 梅洛-庞蒂：《眼与心》，商务印书馆，2007 年，第 42 页。

全马矣，信意落笔，自然超妙，所谓用意不分乃凝于神者也。①

李伯时"观"马旨在将全马置入胸中，"观"不是距离性的了解，而是消除距离、实现物我交融的"摄入"。李伯时"观"马至"不暇与客语"，乃是自我目光之消弭，这在苏轼《书晁补之所藏与可画竹》诗中有清晰明确的写证："与可画竹时，见竹不见人。岂独不见人，嗒然遗其身。其身与竹化，无穷出清新。庄周世无有，谁知此疑神。"②"不见人"不是因为我处于"着迷"状态中与竹互相"对视"，不是因为"竹"在"看"我而使我脱不开身。"不见人"乃由于"遗其身"，即这个看者之身及作为被看者之身的隐退。"遗其身"是由于"其身与竹化"，即身隐退到了"竹"那里，竹不是在"看"，而是在吐露着天性神气。

我们现在可以大致明白，所谓"观气象""观气韵"是以"我性""我情"与充满真气、性情的万物相交往，迎之、接之、应之、受之。以自己与世界万物相感，物我交融而成象于胸中。"观"不再是距离性的"纯粹直观"，而已经"心化"了。但"心"为何呈现出这种结构？或者说，"心"的这种运行方式如何获得？我们知道，西方思想世界中"心"（理智、理性）以"眼"的活动方式（如距离性）为原型而建构③，那么，中国思想世界中的"心"以何种"官觉"为"师"④？在中国思想世界中，物我交融之"合"乃"感"的

---

① 《鹤林玉露》，第 343 页。
② 苏轼：《书晁补之所藏与可画竹》，引自《三苏全书》第 8 册，第 385 页。
③ 西方思想家对视觉与心灵之相互通达进行考察的大有人在，如法国现象学家汉斯·乔纳斯所言："视觉所及之处，心灵必能到达。"（引自卡罗琳·考斯梅尔：《味觉》，第 31 页。）
④ 明代王履在《华山图序》中有个说法常为人称道："吾师心，心师目，目师华山。"（引自《明代画论》，第 7 页。）"心师目"反对的是创作仅仅将心停留在"纸绢相承"层面，他强调的是"外师造化（华山）"，即亲自去"看"，去迎接、感受，而不是像西方绘画理论所强调的以视觉原理为根据。

特征，而"感"正是"咸"味的基本特征，也即"味觉"的基本特征。

物我交融之癫狂状态：分不清胸中之物与世界中的物，两物因物我交融实一体也。画家之"观"遵循的不是纯粹的以距离性为首要特征的视觉原理，而是"味觉原理"：交往中寻求各自在由彼此组成的统一体中的位置，而不是单纯反映对象。此即味觉原理之典型表现。所以，观气韵、气象乃"同气相求"①。

这种将"身与竹化"作为最终旨趣而消弭看者之身、与所看化而为一的"观"，我称为"味觉化的看"，或"感化的看"。感化了的看对于绘画当然重要。这样的"看"把自在的万物带到画家的世界，它是自然状态的物体进入绘画的第一步。显然，眼中之物还不是画中之物。在弄清楚眼中之物与画中之物之前，我们有必要弄清楚感化的看所带来的是什么。

"现象"对着"感"开放，所谓"谛视而熟察"，所谓"看"都是这种感化了的"看"（视、察）。故有"味象"之说："圣人含道映物，贤者澄怀味象……圣人以神法道而贤者通，山水以形媚道而仁者乐。"②"味象"之味乃体味、玩味，"味"的前提是"澄怀"。"澄怀"不是抛弃一切个人存在，而是功利态度的悬置以及"林泉之心"的培养。"看山水亦有体。以林泉之心临之则价高，以骄侈之目临之则价低。"③"林泉之心"是"看"山水之"体"，以"林泉之心"临之，山

---

① 自谢赫《古画品录》提出"六法"以来，"气韵生动"就被放在"六法"之首。"气韵生动"不仅被理解为对象的性质，它还是画者及画本身的特质，俞剑华之论极其精彩："气韵生动有三方面：一、画家本身的气韵生动；二、对象本身的气韵生动；三、画面上的气韵生动。首先画家本身必须具有蓬勃的生气……这是气韵生动最主要最基本的一环。"（俞剑华：《中国画论选读》，江苏美术出版社，2007年，第167页）正因其贯穿画家、对象及画三者，故气韵生动既是赏鉴的第一原则，同时也是贯穿于作画过程的首要原则，从而成为中国传统绘画的首要原则。
② 宗炳：《画山水序》，引自《历代名画记》，第161—162页。
③ 《林泉高致·山水训》，引自《美术丛书》，第1066页。

水就不仅是形色构成的空间体，而是具有情性气韵的可人之物了。

5. "相"与"目画"

如果说中国画论中以心画、目画区分南北宗仅具有相对的意义，那么，以心画、目画来区分中西画则具有实质的意义。

审视西方哲学理论、绘画理论都会发现，或爱或恶，或批评或颂扬，或精神或身体，视觉在西方文化中一直占据着诸觉的核心。梅洛-庞蒂是属于颂扬视觉阵营的思想家。"我只要看着某一事物，就足以能够与之会合，足以通达它，即便我对这一切在神经器官当中如何进行是一无所知的。"① 问题是"以视通达"是何种通达，能通达事物之本质吗？古希腊哲学已经完备地回答了这个问题。

柏拉图的相论②认为，"相"是最真实的实在，它是纯粹的、永恒的普遍形式。形式即本质的观念在亚里士多德四因说中得到继承与加强，在他那里，形式因始终被理解为目的因与动力因，即被理解为能动的、本质性的因素。形式等同于本质的观念在欧洲思想中根深蒂固。康德将形式等同于先验与本质正体现了这个传统，并以其在近代哲学中的权威地位而加强了这种传统。黑格尔亦将绝对理念理解为概念的纯形式③。相应于形式即本质观念，在方法论上，视觉理所当然地被突显出来。"形式"与视觉相对应，人们把握事物靠的是两种看：肉眼的看与理智的看。肉体的看所把握的是事物的形状，但对于这些形状之所本即"相"来说，视觉经验又是不可信任的。"相"的世界对于视觉经验来说是"不可见世界"，需要借助

① 《眼与心》，第 35 页。
② "相"的翻译取自陈康先生。参见陈康：《巴曼尼得斯篇》，商务印书馆，1982 年，第 41 页。eidos 出于动词，它的意义是"看"。由它所产生出的名词即指所看的。所看的是形状……但这只是外形，由此复转指内部的性质。中文里的字可译这外表形状的是"形"或"相"。但"形"太偏于几何形状，"相"即无此弊病；又"形"的意义太板，不易流动，"相"又无这毛病。
③ 黑格尔：《小逻辑》第 237 节，商务印书馆，1980 年。

"理智的看"才行①。普通视觉的观看就是"透过肉体的看",灵魂用心眼的观看是摆脱肉体诱惑的"自由观看"②。心眼观看事物用的是概念,概念是抽象而不是具体的,因此它不会变化,心眼所把握的真相或本质或"相"是一种"永恒的普遍形式"。当然,把握这些理性的"形式"只能借助"心眼"(理智的眼睛)。

在形式即本质观念主导下,绘画的终极任务——美的追寻——与"相",也与最接近"相"的几何形式,以及与几何相通的代数及数学化的"科学"紧密相连。柏拉图说:"我说的形式美,指的不是多数人所了解的关于动物或绘画的美,而是直线和圆以及尺、规和矩来用直线和圆所形成的平面形和立体形……这些形状的美不像别的事物是相对的,而是按照它们的本质就永远是绝对美的。"③ 几何上的点线面最纯粹、最美,绘画尽管达到不了纯粹、绝对美的高度,但如果能模仿这些纯粹的几何图形,绘画亦可以趋近美。

西方绘画与算术、几何学有亲缘关系,西方思想家对此亦有高度自觉。比如:"希腊人用他们的作品显示了在艺术和科学以及绘画和雕塑等等方面的高度技巧,而绘画和雕塑的起源,据一般认为,应当归功于他们的伟大的哲学学说。毕达哥拉斯、苏格拉底和亚里士多德,显然已经向那时的画家和雕塑家指出了研究大自然的正确道路(后来画家和雕塑家在分别走上他们各自职业本身所要求的小路时看来也坚持了这条道路)。"④ 代数与几何的统一在古代以毕达哥拉斯的想法为代表,他认为一是最神圣的数字,一生二、二生诸数,数生点,点生线、线生面、面生体,体生万物;在近代,笛卡尔创立的解析几何打通了代数与几何,现代则是数理逻辑、广义相对论

---

① 如柏拉图说:"要探求任何事物的真相,我们得甩掉肉体,全靠灵魂用心眼儿去观看。"柏拉图:《斐多》,辽宁人民出版社,2000年,第17页。

② 《斐多》,第47页。

③ 柏拉图:《文艺对话集》,人民文学出版社,1980年,第298页。

④ 荷加斯:《美的分析》,广西师范大学出版社,2002年,第15—16页。

一道将数、理、形打通。科学与哲学在古代表现为一体，在现代表现为两者的结盟，盟约仍由哲学制定。数学化是其具体表现：数学可以将一切带到"自然"之上或之后，而欧几里得几何学构成了数学的样板。活动于公元前三世纪的色诺克拉底说："他（潘菲洛斯）是第一个在各学科里进行彻底钻研的画家，特别致力于算术与几何学，他认为没有这些成就，绘画不可能臻于完善。"[①] 荷加斯则说："公元前363年就已享有盛名的帕姆非尔曾说：谁不懂数学，谁就不能在绘画上达到完美的境界。……如果没有这种科学知识，希腊人就会仍然像他们的祖先那样无知了。"[②] 与哲学直接相通的数学为绘画提供了基本原理，也提供了绘画的基本方法。

欧洲绘画史上一再出现对几何体的兴趣，很多画家忙着画几何体，更有甚者，西方涌现出很多以几何精神为口号与指导精神的几何画派，如几何抽象画派（创始人为杜斯柏格和蒙德里安）主张用纯粹几何形的抽象来表现纯粹的精神，在抽象化和单纯化的口号下，提倡数学精神。不以描绘具象为目标，通过点、线、面、色彩、形体、构图来传达各种情绪，激发想象，有以马列维奇为代表的德国几何抽象派、以库波卡为代表的捷克几何抽象画派，在俄国则有纯几何形抽象绘画艺术运动（至上主义）……科学与绘画的亲缘性也一再为欧洲的画家们提起[③]，"绘画科学"（达·芬奇）、"沉默的科

---

① L·文杜里：《西方艺术批评史》，海南人民出版社，1987年，第28页。

② 《美的分析》，第17—19页。

③ 当然，绘画虽然与科学同源，但自柏拉图以来，绘画卑微的地位使其始终被规定为科学、哲学的从属者，接近纯粹的"相"一直是绘画的使命，但绘画之自性并没有因此而彻底泯灭。基于此，我们或许可以理解"绘画的数学"这样奇怪的提法。"数学的数学和绘画的数学，是完全各异的领域——一根竖立线和一横线结合着，产生一种近于戏剧性的音响。一个三角形的尖角和一个圆圈接触产生的效果，不亚于米开朗基罗画上的上帝的手指接触着亚当的手指。……圆圈和三角不是几何学，而多过于此，它们也是绘画手段。"（赫斯：《欧洲现代画派画论》，广西师范大学出版社，2002年，第199—201页。）康定斯基强调"数学的数学"与"绘画的数学"的差异无疑是以绘画自身规定性的守护为指归的。

学"（里尔克）^①　种种提法基于此都不难理解。

形式与视觉相应，美感亦由视觉给予。柏拉图说："凡是美的人、颜色、图画和雕刻都经过视觉产生快感，而美的声音、各种音乐诗文和故事也产生类似的快感。"^② "真正的快感来自所谓美的颜色、美的形式，它们之中很有一大部分来自气味和声音。"^③ 在这个形式即本质传统中，绘画被理解为视觉原理的贯彻："画家，不论他是谁，只要他在作画，都在实践一种神奇的视觉理论。"^④ 视觉原理也在谈"进入"，但这种"进入"是以视觉为依据的"进入"："画家确实必须同意，要么万物进入到他那里，要么……精神通过眼睛走出来，以便穿梭在万物之中。"^⑤ "进入"乃是"穿梭在万物之中"，而不是进入事

---

① 达·芬奇说："绘画是自然界一切可见事物的唯一的模仿者……绘画的确是一门科学，并且是自然的合法的女儿，因为它是从自然产生的。为了确切起见，我们应当称它为自然的孙儿。"（《达·芬奇论绘画》，人民美术出版社，1979 年，第 17—18 页。）不仅如此，达·芬奇还列举了绘画科学的两条原理："绘画科学的第一原理：绘画科学从点开始，其次是线，再次是面，最后是由面规定着的形体。物体的描画，就此而止。事实上绘画不能越出面之外，而正是依靠面以表现可见物的形状。绘画的第二条原理：绘画第二条原理涉及物体的阴影，物体靠此阴影表现。"（《达·芬奇论绘画》，第 15 页。）绘画如古典几何一样，从点、线、面开始，而且是以"表现事实"为胜："在表现事实上，画胜诗……事实归肉眼管辖……绘画无言，它如实地表现自己，它的结果是实在的。……绘画确实地把物像陈列在眼前，使眼睛把物像当作真实的物体接受下来。"（《达·芬奇论绘画》，第 20 页。）

康斯太布尔则曰："绘画是科学，从事绘画就是探索自然的规律。既然如此，为什么风景画就不能被认为是自然哲学的一个分支呢？对此而言，绘画不就是实验吗？"（《美术译丛》1986 年第 1 期，第 9 页。）

"沉默的科学"引自《眼与心》："里尔克谈到罗丹时说，这一沉默的科学来自于眼睛，又投向眼睛。"（梅洛-庞蒂：《眼与心》，第 84 页。）

按照梅洛-庞蒂的说法，"绘画科学"属于"古典科学"，即"保持着对世界的不透明性的情感"的科学（《眼与心》，第 30 页），而不是现代科学。尽管如此，我们通过达·芬奇的规定也可以发现西方绘画与科学之间的实质关联，这种关联的中间项是视觉、欧氏几何、事实等。

② 柏拉图：《文艺对话集》，人民文学出版社，1980 年，第 199 页。

③《文艺对话集》，第 298 页。

④《眼与心》，第 43 页。

⑤《眼与心》，第 43 页。

物之中，这在西方绘画之核心理论之一的"透视"中有着最完整的体现①。可以相对照的是，味觉原理追求的是物与我的"相互进入"，精神是通过"味""感"相互进入，就"我"说，即是以"味""感"生成、接受、迎接万物，是在"胸中"生成万物——这往往被处于狂热中的画家称为"物化"②。

不错，绘画仰赖于"看"。梅洛-庞蒂说："通过其身体浸没在可见者当中，自身也是可见者的看者并不把它所见的东西占为己有：他仅仅通过注视而接近它，他面向世界开放。"③"注视"乃是我与物交往、沟通的唯一通道，画家简约为"眼睛"，尽管在梅洛-庞蒂这里首先是"肉眼"而不是"理智的眼睛"。绘画被理解为视觉原理的贯彻，"看"不仅是眼睛的功能，而且也是视觉化了的身体的功能。梅洛-庞蒂说"我的身体同时是能看的和可见的。身体注视一切事物，它也能够注视它自己，并因此在它所看到的东西中认出它的能看能力的'另一面'"④。相较"一身皆感焉"的中国思想传统，由视觉文化传统导出"一身皆看焉"的结论再自然不过了。当然，视觉在着迷状态中又会被给予万物，万物因此有了"眼睛"，也会"看"我。"画家生活在着迷中……在画家与可见者之间，角色不可避免地相互颠倒。这就是为什么许多画家都说过万物在注视着他们。"⑤ 看与被

————————

① "透视"一词源于拉丁文"perspclre"，意即"看透"。透视学即在平面画幅上根据一定原理，用线条来显示物体的空间位置、轮廓和投影的科学。传统透视的基本特点是拥有一个固定的"视点"，"视点"（眼睛的位置）与被画物之间假想有一面玻璃，在玻璃上呈现的各个点的位置就是所要画的三维物体在二维平面上的点的位置。假想的玻璃既是"视点"的保证，也是客观写真的保证，因此也是物我距离的保证。

② 类比于"透视"，研究者多以"散点透视""游目""以大观小"来描述中国绘画的特质。但中国绘画之能"看透"乃在于自由出入，在于进入万物之后的"仰观俯察"，乃至于从内向外、自物向人的涌现、散发。在这个前提下，对中国绘画中的"透视"才会有真切的理解。

③ 《眼与心》，第 36 页。

④ 《眼与心》，第 36—37 页。

⑤ 《眼与心》，第 46 页。

看之间的相互颠倒是因为画家都在实践着"视觉理论",即他们都是以眼睛作为迎接、对待万物的载体。

我们似乎可以理解为什么西方的画家们喜欢画自己,特别是画在作画的自己①——精神通过眼睛走出,以视觉诞生、生成可见者的人,而自己或注视着万物,或万物在注视着自己。真正进入万物者,是物化的人,我以物形,物以我形,不再关心这个在看、在作画的自己,而是让自己从世界中涌现——以一草一木之象涌现。中国有"文如其人""画如其人"之说,就画来说,不仅画的风格,更重要的是所画与画者之间的无间不二性。"外师造化,中得心源",一草一木,一鸟一虫,皆是造化与我相逢而化的作品。如八大山人写意花鸟画,芭蕉、枯荷、古松、无名之鸟等形象怪诞,表情奇特,冷酷逼人。这些花鸟因八大山人而会聚,不过,显然不是视觉在召集,更不是物我视觉之交会,而毋宁说是味觉之交汇。花鸟得八大山人之"味"而成为八大山人之像,花鸟之像在这个意义上就是八大山人的自画像。

(三) 书之形与形而上

书以线条为形质,凭借线条而在,通常被理解为视觉艺术。不过,书道之自觉却展示为一个在精神上不断超越视觉、拒绝视觉的理论自觉。书非小道,它既是中国思想大系统之组成部分,同时也是中国思想大系统的具体体现。与中国思想从"形"到"形而上",继而到"体"范式转换相一致,对"书"的理解与规定自魏晋始一直被导向"形而上"。"形"被自觉超越,而被归往生命体,作为线

---

① Jean Fouquet 于 1450 年前后创作的自画像或为西方传统中现存的最早的自画像,其后自画像一直与达·芬奇、鲁本斯、凡·高、丢勒、雷诺兹、伦勃朗、罗特鲁夫、毕加索等伟大画家联系在一起。

条艺术之中国书法由此超越视觉性，而归于味觉思想。如我们所知，书以点画为基本元素，但点画不是有长无宽、有形无质的纯粹形式，而是具有阴阳、神采、生命等性质的、有意味的点画。当点画被理解为卦画，点画中有阴阳、有生机，"书"之自然形质被超越；当"书"被理解为"意之所在"，形质被生成为包含意味的"意象"，"书"之形式性特征被进一步冲淡；而以神采与骨肉齐备的生命体理解与规定"书"，"书"之"形"遂被导向"形而上"。与此相应，对"书"的欣赏转化为对"形而上"生命意味的欣赏。欣赏"书"实为欣赏道、欣赏自然、欣赏生命。对书的欣赏拒绝视觉之静观，唯赖味觉之研味。对"书"的理论自觉在一定意义上就是一个超越视觉性，创造、品味生命意味，回归味觉性之理论自觉。

1. 书之为道

"书"以点画为基本构成元素，对"书"之本质的领悟相应奠基于对点画的理解与规定之上。自先秦始，点画（如"端"）一直被理解为内具动力与目的的有体有质之点画①，而不同于古希腊以 IDEA 理解点，将点规定为有长无宽、有形无质、纯粹抽象之存在。后世书家自觉秉承了这一思想方向，将"书"之点画深深植根于形上之道，将之理解为内含着自足的动力与价值之存在。首先值得注意的是许慎对"书"与八卦之间内在关联的论述，他说："古者包羲氏之王天下也，仰则观象于天，俯则观法于地，视鸟兽之文与地之宜，近取诸身，于是始作《易》八卦，以垂宪象。及神农氏结绳为治而统其事，庶业其繁，饰伪萌生。黄帝之史仓颉，见鸟兽蹄迒之迹，

---

① "端"由"体"获得规定，如"端，体之无序而最前者也。"（《墨辩·经上》）这意味着，"端"是"体"之具体形态。"体"既是"动力因"（由此必然展开为过程），也是"目的因"（可预见过程之结果），是"动力因"与"目的因"之统一体。由此，"端"既内含动力，也内含目的。具体可看本书第五部分"体的数学"的相关论述。

知分理之可相别异也，初造书契。……仓颉之初作书，盖依类象形，故谓之文。其后形声相益，即谓之字。"（许慎：《说文解字序》）把"字"的渊源放在文明肇兴之历史进程来理解，无疑有其合理性。把《易》八卦视作"书"之根，从而确立了"书"之神圣性。不过，此时的"书"因承载着巨大的实用功能——即作为表达实在世界之工具，而更多地突显出工具性特征，"书"自身之内在价值并没有得到正视。然而，这一洞见已经开启了后世书家书道之思。南北朝书家在论述书之统流时，便追随这一洞见将书追溯到伏羲创制卦象。

爻画既肇，文字载兴。[1]

庖牺氏作而八卦列其画，轩辕氏兴而灵龟彰其彩。古史仓颉览二象之爻，观鸟兽之迹，别创文字，以代结绳，用书契以纪事。[2]

书家一方面将文字与卦画区分开来（所谓"别创文字"），又随时确立两者之内在关联（"既肇、载兴"，"览二象之文"）。但并非所有书家都如此谨慎，庾元威将卦与书直接统一："以八卦书为一，以太极为两法。"[3] 八卦即"书"，"书"即八卦。"书"深深契入《易》道之中，"书"道即《易》道，"书法"即《易》——"太极"之"法"。

建立书与卦之关联意欲何为？表面上看，确立书与卦之间内在关联似乎是借卦象以挺立书。实际上，以卦解书关系到对书之本质的深层领悟与规定。文字之点画与爻画一样，并非单纯的点画，而

---

[1] 虞龢：《论书表》，引自潘运告编著：《汉魏六朝书画论》，湖南美术出版社，1997年，第134页。

[2] 江式：《论书表》，引自《汉魏六朝书画论》，第176页。

[3] 庾元威：《论书》，引自张彦远《法书要录》卷二，载崔尔平编著：《历代书法论文选续编》，上海书画出版社，1993年，第24页。

是具有阴阳、刚柔之性德者。这在后继书家那里逐渐确立为默会之知①。

卦爻载天地造化之机，"书"同卦画即意味着"书"拥有与卦画一般魔力。这个观念在仓颉造字神话中被烘染出来，如《淮南子·本经训》："昔者仓颉作书，而天雨粟、鬼夜哭。""书"之"作"何以会产生"天雨粟、鬼夜哭"之效能？张彦远在《历代名画记》给出的解释是："造化不能藏其密，故天雨粟；灵怪不能遁其形，故鬼夜哭。"②"书"中蕴藏着天地造化之秘密，是因为"书"可以象形、指事，以此揭造化之密，露鬼怪之形。尽管书之为书乃基于"字"摆脱了象形、指事、形声等实用功能，而使"字"本身之点、横、撇、捺等形式因素成为关注、欣赏对象，但对"书"的认知却没有改变。

另一条领悟"书"的道路是将"书"的根基奠立于"自然"之上，比如："夫书肇于自然，自然既立，阴阳生矣；阴阳既生，形势出矣。"③"书"根基于自然，"书"中有"阴阳"，"书"之"阴阳"产生"书"之"形势"。换言之，"书"之"形势"中既有"阴阳"，也有"自然"。以"自然"为"书"奠基与以《易》为"书"奠基一样，确立了"书"之自足的内在价值。张怀瓘豪气十足地宣称"书""道本自然，谁其限约"④，正是对"书"内在价值之肯认。在此意义上，我们可以理解王羲之以"阴阳"论"书"之意义："书之气，必达乎道，同混元之理。七宝齐贵，万古能名。阳气明则华壁立，阴

① 后世书家表述大同小异，无疑都是以各自经验表达对书卦同源这一论断之认同。如："古者画卦立象，造字设教。"（虞世南：《书旨述》，引自潘运告编著：《初唐书论》，湖南美术出版社，1997年，第56页。）认同书卦同源，既是书道精神自觉之表现，同时也在精神深处为书的创作提供了动力因与目的因，在此意义上，此一观念无疑生成了书道。

② 《历代名画记》，第1页。

③ 蔡邕：《九势》，引自潘运告编著：《汉魏六朝书画论》，第45页。

④ 潘运告编著：《张怀瓘书论》，湖南美术出版社，1997年，第250页。

气太则风神生。"① "书"中有阴阳，"书"非"技"乃"道"，且非"小道"，而是"大道"："书画非小道，世人形似耳。出笔混沌生，入拙聪明死。"② 笔墨之动，氤氲创生。当然，其所创生的并不是天地间草木虫鱼，而是同样生机盎然，人可以行、可以居、可以游的意义世界。"书"之创生德侔《易》、自然，因此具有至高无上的价值。

2. 书之形与形而上

点画通卦画，点画中有阴阳、有生机。这些形式拥有独立自足的内涵，拥有独立自足的价值，因此尽管"只是"单纯的形式，但却充实、饱满。"书"的自觉正立足于其形上根基的确立。

不过，点画并非现成，点画中阴阳、生机亦非现成，它需要人来催生——对人而言，催生即创造。创造出"书"之点画，即以笔法呈现出阴阳，以"意"赋予点画以生机。王羲之对此有深度自觉："凡书贵乎沉静，令意在笔先，字居心后，未作之始，结思成矣。"③ "意"是人之"意"。"意"在笔先，以"意"主笔，"思"成而后作，在此意义上，"书"皆是"意之所在"。单纯就一件作品看，点画是形式，"意"是实质，形式与实质共同构成了真正意义上的、完整的"书"。事实上，点画作为"书"之形式，根基于其内在之阴阳、生机。换言之，其内在阴阳、生机等实质构成了点画之根本，故表面上作为形式的点画确切说只是实质之呈现。当"书"被理解为"意之所在"，此弱化了的形式湮没于不断强化的实质（阴阳、意），实质成为决定"书"之为"书"者，即"书"之本质。"意"不仅决定"书"之为"书"，同时被理解为"书"中阴阳、生机之创造者。

---

① 王羲之：《记白云先生书诀》，引自乔志强：《中国古代书法理论解读》，上海人民美术出版社，2012年，第13页。
② 石涛：《题春江图》，引自俞剑华编著：《中国古代画论类编》，第163页。
③ 王羲之：《书论》，引自潘运告编著：《汉魏六朝书画论》，第112页。

　　"意"为"书"之本质，欣赏"书"就成了对"意"的领会。"顷得书，意转深，点画之间皆有意，自有言所不尽。得其妙者，事事皆然。"① 虽然"形"（点画）构成了"书"的唯一的依仗、媒介，但点画之间的"意"才是书之真正的本质。创作之目的是以"意"生点画，"意"在"形之中"，也在"形之上"。"意"同样构成了欣赏之目的，换言之，人们欣赏"书"不是为了欣赏"形"，而是为了欣赏形之上、形之外、形之中的"意"。

　　点画在对"书"的领悟中被弱化，"意"构成了"书"之动力与目的。基于此，创作中、欣赏中克服"形"，摆脱"形"的支配，便成为创作、欣赏书的基本功夫。亦基于此，"书体"从隶、行、楷到草之演变，也表现为"形"不断被模糊化，形式之确定性不断走向不确定。"形"被模糊化，人的注意力引导至于"使形者"——"意"，书体演变的过程就是一个去视觉化的过程。"真以点画为形质，使转为情性；草以点画为情性，使转为形质。"② 相较而言，"点画"表现的是确定性、稳定性，"使转"表现的是流动性、不确定性。"真"以点画为"形质"表明稳定、确定乃"真"之基本架构；以"使转"为情性则表明，"真"乃以流动性、不确定性为其基本品格。以"使转"为形质之"草"则进一步摆脱了确定性、稳定性而以非形式性作为其基本架构。"以点画为情性"则表明，形式性的点画在草体中已经成为情性的直接表现。

　　点画为意之所在，点画由是成为"意向性形式"——由人的意向构造的形式。如卫夫人形容："—（横）如千里阵云，隐隐然其实有形。……｜（竖）万岁枯藤。"③ "—"在意向中被构造成"千里阵云"，"｜"在意向中被想象为"万岁枯藤"。"—""｜"等点画被人

① 王羲之：《自论书》，引自《汉魏六朝书画论》，第105页。
② 孙过庭：《书谱》，引自萧元编著：《初唐书论》，第117页。
③ 卫铄：《笔阵图》，引自《汉魏六朝书画论》，第95页。

之"意"充实，而呈现为饱满的"意象①"。《笔阵图》所理解与规定的点、撇、横、竖全然不是纯粹抽象的点、撇、横、竖，而是被理解为一个个丰满的意象。由纯粹的"形"到饱含意向的"象"，由此进一步弱化了点画之形式性。这是"书"之去视觉化的又一个表现。

　　如我们所知，"意"指人之心意及心意之思与想。"思"属于理智之谋划，"想"属于想象力之构造。"意在笔先"强调的是理智之谋划布局与想象力之构造在作书时之作用："夫纸者阵也，笔者刀矟也，墨者鍪甲也，水砚者城池也，心意者将军也，本领者副将也，结构者谋略也，扬笔者吉凶也，出入者号令也，屈折者杀戮也。夫欲书者，先干研墨，凝神静思，预想字形大小、偃仰、平直、振动，令筋脉相连，意在笔前，然后作字。"②　"凝神静思""预想"即是"意"之展开。理智之谋划主"分"——辨析、审查，想象力之构造主"合"——部分之整合，如"令筋脉相连"。在这个阶段，"意"与"书"之间还只是相对关系：正如以战争作喻一样，"书"还是一个需要"意"去征服的对象。"书"之成，则意味着"书"之"意化"——"意"对"书"的渗透、主导。"意"与"书"非二，"意"即"书"，"书"即"意"。"书"乃"意"之"书"，换言之，无"意"不成"书"。故王羲之曰："凡书贵乎沉静，令意在笔先，字居心后，未作之始，结思成矣。……若直笔急牵裹，此暂视似书，久味无力。"③　"直笔急牵裹"即笔脱"意"而直往，即"无意而笔"。

---

① 在中国思想中，"象"为质料与形式统一之体。在道家思想中，"象"乃道所创生之充满生机之物（《道德经》第二十一章："道之为物，惟恍惟惚。惚兮恍兮，其中有象；恍兮惚兮，其中有物。"）；在《易》的系统中，"象"则为"天"所创生的充满阴阳变化之机者（《系辞上》："天垂象。"），同时圣人法象、立象以"尽意"。故"象"中有道、有阴阳、有人之"意"。书家往往立足于道、《易》，其所使用的"象"亦取其中之"意"，如"体象有度"（蔡邕：《隶势》），"观其法象，俯仰有仪"（崔瑗：《草书势》），"文者，物象之本"（许慎：《说文解字序》）。
② 王羲之：《题卫夫人笔阵图后》，引自《汉魏六朝书画论》，第107页。
③ 王羲之：《书论》，引自《汉魏六朝书画论》，第112—113页。

有"笔"无"意"仅"似书",而实非"书",故"久味无力"。

当王羲之将"书"理解为"点画之间皆有意"者,这里的"意"已经不限于章法之谋划与想象,而指向广义的人之"心意":人之创造力、人之本性。人之心意生成了"书"之"味"。所谓"味"就是"书"所呈现出来的,且能够源源不断作用于人者,故"书"之有味者可以"久味"而"有力"。"书"有味是因为"意"有味,故"意"不仅表现为"意义"(谋划与想象),还表现为"意味"。"书"是"意"之所在,点画皆是意之所在,故可说"点"是有意味的"点","线"是有意味的"线"。意味之存在依赖于点画,但作为"书",有意味的点画被含摄进有意味的书,从而点画之形式特征进被意味所消融与规定。因此,点画作为有意味者,其作为"形"之确定性进一步被模糊与转换。

3. 书之生命与神采

"书"为心画,意在笔先。以意作"书","书"成为意之所在,即意之创生物。"书"为意所创造,为意之所在,本身具有内在价值而不再是某种表达工具,这样,"书"就与工具性符号区分开来。同时,"书"是意之所在,不同的"意"创生出"书"之不同的意味。"意"有个性,书因此亦有个性。"意"为生命之意,"书"亦为生命之"书"。正基于此,以人的生命来领会"书"逐渐为书家所自觉。

以人的生命论书,"书"被理解为完整的生命体。人的生命有机体,"书"亦有机体:"善笔力者多骨,不善笔力者多肉,多骨微肉者谓之筋书,多肉微骨者谓之墨猪:多力丰筋者圣,无力无筋者病。"[1]"骨""力""肉""筋"是健全生命机体所必具,亦是"书"所必具。欣赏"骨""力""筋"为魏晋风尚,不过,"骨""力""肉""筋"皆是人的自然生命,较之精神,它们属于"形质"。在汉

---

[1] 卫铄:《笔阵图》,引自《汉魏六朝书画论》,第95页。

魏人观念中，人之形质乃内在情性之呈现，欣赏形质之中的格调、气韵、神采则是人物品鉴之首要目标。① 这个观念在书论中得到应和。王僧虔在论"书"中神采与形质时，首尊"神采"，他说："书之妙道，神彩为上，形质次之，兼之者方可绍于古人。以斯言之，岂易多得？"② 有神采无形质不可谓之"书"；另一方面，神采在内，外彰于形质，无神采则无有骨、有力、有筋、有肉之形质。两者兼得为理想之"书"。为达此理想之"书"，需要"心忘于笔，手忘于书，心手达情，书不妄想"③。所谓"心忘于笔，手忘于书"就是消除"心、笔、手、书"之间的隔阂，使"书"直接表达作者之心、之情，故形质不过为神采之外在表现，或者说，形质不过是神采之所在。不难看出，"神采为上"正是对"意在笔先"之进一步发挥。

对书之神采的推崇在后世得以强化。李世民在《指意》曰："夫字以神为精魄，神若不和，则字无态度也；以心为筋骨，心若不坚，则字无劲健也；以副毛为皮肤，副若不圆，则字无温润也。所资心副相参用，神气冲和为妙。"④ 值得注意的是，李世民不仅尊崇"书"之"神"，同时以"心"为"筋骨"，而将自然之筋骨"心化"，从而进一步弱化了"书"的自然形质之地位。

不断强化神采、弱化形质，其结果是形质彻底湮没于神采之中。张怀瓘点破了这个逻辑结论，他说："深识书者，惟观神彩，不见字形，若精意玄鉴，则物无遗照，何有不通？……文则数言乃成其意，书则一字已见其心。可谓简易之道。欲知其妙，初观莫测，久视弥珍，虽书已缄藏，而心追目极，情犹眷眷者，是为妙矣。然须考其发意所由，从心者为上，从眼者为下。先其草创立体，后其因循著

---

① 学者对此多有论书，如汤用彤曰："汉魏论人，最重神味。"（《魏晋玄学论稿》，第2页。）
② 王僧虔：《笔意赞》，引自《汉魏六朝书画论》，第171页。
③ 王僧虔：《笔意赞》，引自《汉魏六朝书画论》，第171页。
④ 李世民：《指意》，引自《初唐书论》，第92页。

名。虽功用多而有声，终天性少而无象。同乎糟粕，其味可知。不由灵台，必乏神气。其形悴者，其心不长。状貌显而易明，风神隐而难辨。有若贤才君子立行五言，言则可知，行不可见。自非冥心玄照，闭目深视，则识不尽矣。可以心契，非可言宣。"[①] "惟观神彩，不见字形"，此由"书"之本质决定。"不由灵台，必乏神气"，形质（状貌）生于神采（性情），无性情则无"书"，"性情少"则为"书"之"糟粕"。故于"书"唯有"心观"，不可"目见"。"闭目"乃可"深视"，"冥心玄照"才可心契"风神"。"神采"压倒"形质"、吞没"形质"，其危险显而易见：无"书"之形质岂可谓"书"？"心"既可现于"声"，也可现于"文""画""书"，"书"成为可有可无之"技"，"书"于此沦为不必要。

正基于形质沦丧而威胁"书"存在之必要性，宋人再次迎回了骨、血、肉。苏轼道："书法必有神、气、骨、血、肉，五者缺一，不为成书也。"[②] 神、气、骨、血、肉于"书"皆不可无，尽管"神""气"胜出处尊，但有神、有气、有骨、有血、有肉，五者齐备才构成完整之"书"。"书"之自然生命（气、骨、血、肉）与精神生命（神）皆是"书"之必要条件，由此，"书"才具有独立的品格与自足的价值。

有神采有形质之"书"就有了生命之灵动，正是立足于形神整全之生命，姜夔对"点画"做了拟人化解释："点者字之眉目，全藉顾盼精神，有向有背，随字异形；横直画者字之骨体，欲其竖正匀净，有起有止，所贵长短合宜，结束坚实；丿乀（撇捺）者字之手足，伸缩异度，变化多端，要如鱼翼鸟翅，有翩翩自得之状；挑剔者字之步履，欲其沉实。"[③] 不同于卫夫人、王羲之取意于物象，姜

① 张怀瓘：《文字论》，引自《张怀瓘书论》，第 228—229 页。
② 苏轼：《论书》，引自《中国古代书法理论解读》，第 140 页。
③ 姜夔：《续书谱》，引自潘运告编著：《宋代书论》，湖南美术出版社，1999 年，第 235 页。

夔以点-眉目，横-骨体，撇捺-手足，挑剔-步履来领悟"书"，以完整的同一生命体取代分散的物象，从而使点画获得确定的生命意象。完整的生命统一体（首先是完整的人）及其在世界展开（如"顾盼精神""有起有止""长短合宜"等"各随字之用处"）而非单纯的"神采"决定"书"之为"书"。有眉目可顾盼，有骨体可起止，有手足可伸缩变化，有步履可上可下可左可右，简言之，"书"即活泼泼的人。

4. 目鉴与研味

对"书"之本质的不同领悟规定着鉴赏"书"之不同方法。

当"书"被理解为"意之所在""点画之间皆有意"，鉴"书"就被理解为鉴"意"。萧衍《答陶隐居论书》曰："纯骨无媚，纯肉无力；少墨浮涩，多墨笨拙……婉婉暖暖，视之不足；棱棱凛凛，常有生气：适眼合心，便为甲科。"[1]"骨""力""生气"虽"适眼"，但以"眼"却不足以领会"书"。所谓"婉婉暖暖，视之不足"，即是对单纯视觉之拒绝。真正的"书"乃"神""感""时""欲"与"纸墨"合体[2]。故需要有生命有神采者以体体之[3]："骨力"需要"体"，"合心"者需要以心意应和之，故书家常叹"书非凡庸所知"。

唐代书家对"目见"之有限性做了更细致的解释。虞世南主张从书之创造开始约束视觉，他说："欲书之时，当收视反听，绝虑疑神，心正气和，则契于妙。"[4]"收视反听"即悬置其视觉与听觉，让

---

[1] 引自《汉魏六朝书画论》，第219页。

[2] "五合"说见孙过庭《书谱》："神怡务闲，一合也；感惠徇知，二合也；时和气润，三合也；纸墨相发，四合也；偶然欲书，五合也。……五合交臻，神融笔畅，畅无不适，蒙无所从。"（孙过庭：《书谱》，引自《初唐书论》，第125页。）

[3] "体"字古体为躰、躰、軆、軆、体。体物、体人之"体"以消除物我、人我距离，物我、人我一体为基本特征。"体"一方面表达人对对象之趋近、接近，另一方面，也要求人去承担、去展开对象之体。

[4] 虞世南：《笔髓论》，引自《初唐书论》，第83页。

心意从外物处撤回，不为外物所扰，以保证心正气和。"书"不可不托于形质，形质却非纯粹形式符号，而是经过书家之道心所构造之有灵之物，此所谓"字虽有质，迹本无为，禀阴阳而动静，体万物以成形，达性通变，其常不主"①。"字"禀有阴阳，阴阳氤氲而有动静，阴阳动静感应无方而成体成形，形体皆有性，其情则不一。以形质论，字有形而可目视，字具体而目拙，即所谓"字形者，如目之视也。为目有止限，由执字体既有质滞，为目所视远近不同，如水在方圆，岂由乎水？且笔妙喻水，方圆喻字，所视则同，远近则异，故明执字体也"②。凡目皆有止限，目之于形质尚不及，至于神采，更非目视所望。"书"之态度、情性、心意，必期心去领悟："书道玄妙，必资神遇，不可以力求也。机巧必须心悟，不可以目取也。"③ 神遇、心悟乃心神超越形质，直接触及阴阳、动静、神采、气韵，以鉴者之心神敞开"书"之妙道。

　　张怀瓘对心神敞开书之妙道作了精致的描述。在他看来，有生命与神采之"书"总是"藏之于密"，因此，于"书"虽"明目谛察而不见"。唯有以鉴者之心神深入于"书"，才能敞开其密微，此即"百灵俨其如前，万象森其在瞩，雷电兴灭，光影纠纷，考无说而究情，察无形而得相，随变恍惚，穷探杳冥，金山玉林，殷于其内，何奇不有，何怪不储"④。一切神采随心神而呈现，张怀瓘将此以心神深入书之中称作"研味"，他说："故大巧若拙，明道若昧，泛览则混于愚智，研味则骇于心神。"⑤"研味"即玩味、体味。不同于"明目谛察"之停留于"书"之外，注目"书"之"形式"，"研味"则以鉴赏者与"书"打破距离，彼此深入对方为特征。具体说，鉴

① 《初唐书论》，第 77 页。
② 《初唐书论》，第 77 页。
③ 《初唐书论》，第 77 页。
④ 《张怀瓘书论》，第 256 页。
⑤ 《张怀瓘书论》，第 256 页。

赏者不仅深入到"书"之"体"中，察知其内在筋骨血肉，以及筋骨血肉所展示出来的阴阳、动静、刚柔等密微，并且能够以此应和其中之神采气韵。

以"味"作为赏"书"之法并非张怀瓘一时之兴。事实上，中医药领域以"尝味"作为把握药性味之方，文论、诗论中以"品味"作为欣赏诗文之径，玄学中以体味作为通达大道之法，凡诸等等，在中国思想各领域，"味"一直被当作主流的方法论，书论以"味"为方法不过是这一主流之具体表现。魏晋以来，以"味"来论"书"者不绝，如："殷钧书如高丽使人，抗浪甚有意气，滋韵终乏精味。"[1] "百般滋味曰妙。……五味皆足曰称。"[2] 当然，"书"之"味"非食物之气味，而是包含一切作用于人、感动人的风神、妍润、枯劲、闲雅、性情等形质与神采趣味[3]。"书"有"味"，视而不足见，故需要"以味味之"，即需要人自觉以自己的性情趣味夹杂其中来领会"书"。在张怀瓘之前，孙过庭就以"味"作为欣赏、领会"书"之方法："余志学之年，留心翰墨，味钟、张之余烈，挹羲、献之前规，极虑专精，时逾二纪。"[4] 钟、张所余之"书""巧趣精细，殆同机神。肥瘦古今，岂易致意[5]。"巧趣""机神"非明目谛察可鉴，只能以自己心神深入其中，以自己之心意神采应和而呈现之。此即汤临初所谓"大凡古人书，初览似少意味，至于再至于三，精神益生，出没始见"[6]。高明之"书"可随赏鉴者之精神而生发出

---

① 梁袁昂：《古今书评》，引自《汉魏六朝书画论》，第 203 页。
② 窦蒙：《述书赋·语例字格》，潘运告编著：《中晚唐五代书论》，湖南美术出版社，1997 年，第 142、150 页。
③ 最为人所熟知的是蔡邕对"书"之态度要求："书者，散也。欲书先散怀抱，任情恣性，然后书之。若迫于事，虽中山兔豪，不能佳也。"（《笔论》，引自《汉魏六朝书画论》，第 43 页。）"书"乃"任情恣性"之产物，简单说就是"性情之物"。"书"中有态度，有性情，此即能打动人之"意味"。
④ 孙过庭：《书谱》，引自《初唐书论》，第 116 页。
⑤ 萧衍：《观钟繇书法十二意》，引自《汉魏六朝书画论》，第 213 页。
⑥ 《书指》，潘运告编著：《明代书论》，湖南美术出版社，2002 年，第 307 页。

来精神，其中之意味会随深入者而涌现。

历代书法风尚不一，其"味"各异，所谓"晋人书取韵，唐人书取法，宋人书取意"①。不管是"韵""法"，还是"意"，其对形质之贬抑，而以神采韵味为"书"之体，此为一贯之道。尤其是，当"书"被理解为完整的生命，有神、有气、有骨、有血、有肉，同时也是鲜活的、在这个世界不断展开自身之生命。"书"与世界上的人与物不断地交流、交往、交互作用，从而呈现出"书"的现实品质与性情。欣赏"书"实为欣赏意、欣赏道、欣赏性情、欣赏人、欣赏自然。因此，对书的欣赏无法借助于视觉之静观来实现，而需要与之结交，进入其生命深处，以感应其灵动的神采与气韵②。以我们的生命与"书"之生命相融合，用自己的生命意味融会"书"之意味，这是"书"的本质所规定的方法论。

---

① 董其昌：《容台别集》卷三《书品》，收入《四库禁毁书丛刊》"集部"第 32 册，北京出版社，2000 年，第 492 页。

② 有推崇"风韵"之论者强调以"精神解领"方式把握"风韵"，如："书法唯风韵难及。唐人书多粗糙，晋人书虽非名法之家，亦自奕奕有一种风流蕴藉之气。缘当时人物以清简相尚，虚旷为怀，修容发语，以韵相胜，落笔散藻，自然可观。可以精神解领，不可以言语求觅也。"（杨慎：《墨池琐录》，引自《明代书论》，第 62 页。）"言语求觅"与"精神解领"之差异实质还是"目取"与"研味"的差异。

六　味道：宋明儒的思想方法

　　"味道"（体味大道）提法在魏晋时就出现，但直至宋明儒，"味道"始在方法论层面达到自觉。味道的不同形态，如感应、格物、玩味、理会等，构成了人们接物应事、面对经典、领会天理、天道的基本方法，也成为儒者在世的基本态度。明儒王阳明坚决拒斥"贵目贱心"，认为"视"为"心之视，发窍于目"，而非单单用眼睛看，从而彻底抑制了视觉的泛滥。这既可看作是对先秦以来感官之争的呼应，也可看作是对味觉思想的自觉强化与确认。

（一）从解义到解味

　　汉儒解经重言象而欲寻其原貌，魏晋玄学重经典之意而弃言象。两者皆重经典客观之意，同归解义。宋儒解经即解味，欲通过经典之味而成就自身精神生命。从寻孔颜乐处始，宋儒自觉发扬滋大解味精神。不重客观之义，而重内在感受，重消化、重体验，从自身生长出富含生命气质的理学，由此确立起解味思想。解味之可能，乃在于扭转佛学空寂一味观念，以天地万物真实不虚，充满生机，且具有价值意味。新的世界观决定了新的思想方法，解味亦成为宋儒独具一格的思想方法。

　　语词、文本都是（意）义与（意）味之统一体。"义"乃客观的、普遍的、公共的义理结构，可呈现于某个共同体，为某个共同体普遍接受，可说是普遍有效，亦可说其有可信性。"味"是文本的整体所散发出来、能够直接打动人者。它不以客观确定的形式存在，或许无章可循，或许似有还无。它在言之中，也在言之外。它"如在"，而仅为某种精神绽开，感之而可遇之，谓之"生成"可也。没有某种精神支撑与聚集，视之不得见，听之不得闻。

　　"解"相对于"结"。"结"是精心地谋划、掩藏、设置，也就是我们所说的"立言"，或"立象（以尽意）"。按照儒家说法，真正的"言"或出于自己真实的德性（"有德之言"），或出于自己真实的理解（"造道之言"[①]）。所"立"之"言"其实就是自己生命的境界与气象。"象"非心所构想之"像"（心象），而是心所撷取之物象。"象"非有分有定有止之"形"，而是有动有静、有形有体，幽明有无之统一体。简言之，"言"或"象"是这个有味世界的呈现，也包含著作者对有味世界的期待与价值设想。一方面，呈现有味的世界乃是从有鲜活生命的个体出发；另一方面，对有味世界的期待与价值设想更是从真实的存在涌现。因此，"言"或"象"总是带着鲜活的个性，带着个体生命的气息、气质与气象。

　　"解"是解其"结"，即解开作者深情厚意所结成的文本，让其意义与意味一并涌现。深入文本，打开文本世界，让里里外外的意味一并透出，这是"解"的一般要求。"解"一方面要深入文本，探明谋划义理结构，此为"解义"；另一方面，接近、熟稔作者之生命

[①] "有德之言""造道之言"见程伊川："言有多端，有有德之言，有造道之言。有德之言说自己事，如圣人言圣人事也。造道之言则知足以知此，如贤人说圣人事也。横渠道尽高，言尽醇，自孟子后儒者，都无他见识。"（《二程集》，第 196 页。）

气息、气质与气象，敞开并领略其意味，此为"解味"①。"解义"为"先"，为基础，为准备；"解味"为"后"，为更高的阶段与归宿。"解味"要"解言""解象"，就是解"言""象"之"味"。解味者知味、得味，严格说，解味不仅属于"知"，由于自身参与到味的生成，得味者得到享受，生命被感动，进而被涵养。因此，解味更具有"行"的品格。

解义的目标或是文本的原义，或是文本的衍生义，此两者都是文本的客观之义。解味的目标是得文本之"味"，"味"并非纯粹客观的存在，而需要读者亲自到来才显现。学习者之解味不仅需要具有一定的品鉴能力，还需要以自己的精神生命复活经典以及圣贤的生命，并在自己的生命中使经典与圣贤的血脉得以演绎。简单说，解味的终极目标乃是新的精神生命之成就。得其义者谓知书，得其味者谓知人，谓知音。得其义者下，得其味者上。

1. 魏晋解义之自觉

秦火一烧，诸子著作皆残缺。汉武倡儒术独尊，寻找、收集、整理先儒著作成为首要任务。儒书经官府颁布、推行，成为价值准则与意识形态，担当起规范民众言行的重任，其实践功能得到不断地发挥。对于学者来说，"照着说"是对待经典唯一正确的态度；对于民众来说，"照着做"是唯一的选项。在此意义上，儒学自发地显示着"生命的学问"之特质。

东汉将孔子神话之后，群经成为只能接受而不能质疑或挑战的对象。"接受"成为对待经典的唯一选择，疏解词义、寻章摘句这些纯粹"接受"的方法成为解读主导的方法。执言、执象，且止于言、

---

① "解味"一词直得于曹雪芹，其在《红楼梦》第一回言："满纸荒唐言，一把辛酸泪。都云作者痴，谁解其中味？""辛酸泪"贯穿"满纸"，即使其义不可理喻（荒唐言），但知音会解出其中味——心酸、痴情。在中国思想世界中，"解味"与"味""玩味""体味"为同义词，文中所涉及诸词皆以"解味"论之。

象，这样才能确保经典的神圣性。另一方面，汉儒视经典为价值源泉，以经典来治身，以经典主导身心之展开。经典对读者单向的施与与读者对经典纯粹的"接受"，此两者乃汉儒解经的一体两面。

三国尚名法之治，儒家经典失去其神圣性。道家、形名家著作得到重视，但并没有升格为神圣经典。基于此，学者们对待经典的态度也相应发生了变化。膜拜、敬而受之并视之为价值之源与生命之基让位于理性的辨析、审查与探索，这种变化逐渐形成了一种新的精神方法：解义。

王弼对此有经典的论述："夫象者，出意者也。言者，明象者也。尽意莫若象，尽象莫若言。言生于象，故可寻言以观象；象生于意，故可寻象以观意。意以象尽，象以言著。故言者所以明象，得象而忘言；象者所以存意，得意而忘象。犹蹄者所以在兔，得兔而忘蹄；筌者所以在鱼，得鱼而忘筌也。然则，言者，象之蹄也；象者，意之筌也。是故，存言者，非得象者也；存象者，非得意者也。象生于意而存象焉，则所存者乃非其象也；言生于象而存言焉，则所存者乃非其言也。然则，忘象者，乃得意者也；忘言者，乃得象者也。得意在忘象，得象在忘言。故立象以尽意，而象可忘也；重画以尽情，而画可忘也。"①

"言生于象""象生于意"之"生"表达出了"意"与"象""言"之间的相生关系。当然，"生"并非"创生"或"生育"，而是指"故"或"根据"。作为"故"或"根据"的"生"正是王弼所自觉由"然"升至"所以然"的"体"。如我们所知，王弼严格区分作为"然"的"形"与作为"所以然"的"体"，将之视为两个不同的层面。他主张"不能舍无以为体"②，"无"即"道"，而"道之与形反"③。故王弼主

---

① 王弼：《周易略例·明象》，《周易注》，第414—415页。
② 《老子注》，第94页。
③ 《老子注》，第197页。

张"形虽大，不能累其体"①，而反对"见形而不及道者"②。因此，他自觉弃"形"而求"体"。在王弼观念中，"言""象"属于作品的"形"，理解了"形"并不意味着能理解其"体"。"意"乃"形而上"，或者说，"意"乃是使"形"成为"形"之"体"。"言""象"存"意"，但落于"言""象"而存言存象，则不知其所由生。得其所由生之"意"，则得其"所以然"，而不必在意"言""象"，此谓"得象忘言""得意忘象"。

《老子注》将"然"提升至"所以然"即是其解经的主要方法与成就。王弼的"得象忘言""得意忘象"，反对以"言""象"淹没"意"。在他看来，"言""象"为"有"，即可见的、公共的"形"，"意"为"无"。但通过"言""象"之"有"（"形"）可以通达"意"之"无"（"体"）。"所以然"（作为"体"的"意"）可从对象自身之"然"（作为"形"的"言""象"）中推导出来，而无须自身生命参与，故从"然"到"所以然"的思维推进仍然属于"解义"范畴。

解义属于理智之事，能妙解者可谓才高，但不可谓德善。王弼注《道德经》《周易》天才卓出，但恃才傲物而为世人所疾③。郭象注《庄子》④才赡致高，但为人行薄⑤。这都表明，解义并不必投入

---

① 《老子注》，第 11 页。
② 《老子注》，第 197 页。
③ "（弼）颇以所长笑人。故时为士君子所疾。……弼为人浅而不识物情。"（何劭：《王弼传》，陈寿：《三国志》，中华书局，1982 年，第 795—796 页。）
④ 郭象注《庄子》的思路用其自己话说即是"要其会归而遗其所寄"（郭象注，成玄英疏：《庄子注疏》，中华书局，2011 年，第 2 页）。这与王弼"得意忘象"方法大体一致。不同于王弼将"形"（"然"）与"体"（"所以然"）相割裂，郭象认为，每一个"形"（"然"）都内在地有一个"体"（"所以然"），故万物皆可"自化""自尔"。
⑤ 《晋书·郭象传》载："向秀于旧注外而为解义，妙演奇致，大畅玄风，惟《秋水》《至乐》二篇未竟而秀卒。秀子幼，其义零落，然颇有别本迁流。象为人行薄，以秀义不传于世，遂窃以为己注，乃自注《秋水》《至乐》二篇，又易《马蹄》一篇，其余众篇或点定文句而已。其后秀别本出，故今有向、郭二《庄》，其义一也。"（房玄龄等：《晋书》，中华书局，1974 年，第 1397 页。）

整个生命，或者说，解义并没有自觉将所解视为有生命者，进而与之交融混化，以变化、成就自身的完美人格。这与汉儒视儒学经典为价值之源与生命之基形成了鲜明的比照。

2. 宋儒解味之自觉

宋儒不再停留于"所以然"的追寻，在其解经过程中，已经将"所以然"与"所当然"结合起来。"所当然"是指"所以然"对人的规范作用，也就是我们现在所说的价值意味，故宋儒之"解经"主旨是"解味"。解义大体上是单向的，解味则是双向的互动。程颐直呼《中庸》"其味无穷，极索玩味"①。"其味无穷"是说，《中庸》不是僵死的教条，不是与己不相干的外在知识系统，而是对读者有价值有作用者。其有味，故能索读者玩味。《中庸》有味，《孟子》《论语》更有味，因此，人们更应当以玩味方式读之。程颢简捷了当地称："读书要玩味。"②以训诂方式读书，或单以脑袋记诵，书成为外在于己的对象，作者亦被当作无生命的古人。人以玩味方式读书，书中之味才能呈现出来。这点明，解味经典不是单向向人施与，读者不是纯然被动地接受。经典与读者之间彼此交融、互相授受：经典不离读者，亦需要读者接受、践行；读者受用经典，亦以生命演绎经典精神，使经典与作者一同复活。

义、味之分自汉末魏晋始。其时，味觉压倒视觉、听觉，确立了中国思想的基本基调③：绘画之"澄怀味象"、书法之"味书"、诗论之"滋味说"（钟嵘）、文论之"味文"、中医药以性味为物之类特征等等。味觉思想在各个领域勃兴的同时，佛学以"苦谛"为先也深深打动中国人的心灵。宋儒在世界观与方法论层面同时超越魏晋

---

① 《二程集》，第222页。
② 《二程集》，第140页。
③ 关于诸感官之争，及味觉最终占优的历史脉络，请参见本书第一部分相关内容。

与隋唐，一方面将"解义"推进至"解味"；另一方面，以"乐"扭转"苦"，从而自觉完成了中国精神的重建。

朱熹特地将二程读《论语》《孟子》方法辑出，放在《论语集注》前，自觉将"解味"作为解经的基本方法。我们就以朱熹所辑出的程子材料为主，来考察二程的解经方法。

> 某自十七八读《论语》，当时已晓文义。读之愈久，但觉意味深长。[1]

通晓文义，为解书第一步，不晓得文义，则势必远离书之意。但知文义不必晓其意，文义并不是儒者读书的终极目的。程颐这里明确地把"得意味"作为其读《论语》的目的。"意味"是指对象对人的精神价值，程颐对此解释道："读书者，当观圣人所以作经之意，与圣人所以用心，与圣人所以至圣人，而吾之所以未至者，所以未得者，句句而求之，昼诵而味之，中夜而思之，平其心，易其气，阙其疑，则圣人之意见矣。"[2] 在程颐看来，"意味"即"圣人所以作经之意，与圣人所以用心，与圣人所以至圣人，而吾之所以未至者，所以未得者"。意味乃圣人有而我无者，不仅如此，此圣人之所有对"我"又是可引导我入圣域者，故对我拥有无限的感召力（意味深长）。所以，意味不是对象自身以静态的结构、性质，而是对读者开放，读者与所读之间相遇而感应并涌现者。经典之意味，其自身内在具有一种召唤人的气象；但此召唤人的气象并非现成地摆在目前，它需要读者感而应之才能呈现出来。召唤—相遇—感应，对象授而我受，对象召而我就，我感而对象应，授受、召就、感应非一蹴而就。在程颐观念中，孔孟著作意味深长，我亦需要昼昼夜

----

① 《二程集》，第 261 页。
② 《二程集》，第 322 页。

夜味之，同时平心易气阙疑，才能得其意味。

味觉活动的特征是自己自觉敉平与对象的距离，彼此相即相融。程颐鼓励玩味《论语》，也不断强调读者自觉敉平自己与孔子弟子的距离，将自己当作孔门弟子，直接与圣人交接。他说："但将圣人言语玩味久，则自有所得。当深求于《论语》，将诸弟子问处便作自己问，将圣人答处便作今日耳闻，自然有得。孔、孟复生，不过以此教人耳。若能于《语》《孟》中深求玩味，将来涵养成甚生气质！"[1]"玩味"之"玩"乃收敛功利实效精神，以无功利、非实用的态度进入与展开。将诸弟子问题当作自己的问题，将圣人之答当作对着自身问题而施的教导，以此将自己置身《论语》内部，将圣人言语当作生命之营养，这样读书，自己才能真正有所得。其得不仅是指解理智之惑，而是能够涵养气质，成就更高的生命境界。"玩味"需要自身生命向圣贤敞开，也需要将圣人言语还原成直指生命之药方，此即"切己"。程子反复强调这一点："凡看《语》《孟》，且须熟读玩味，将圣人言语切己，不可只作一场话说。人只看得此二书切己，终身尽多也。"[2] 让圣人教导直接入身入心，让自家生命沐浴在其中，得其养料，而不断完善。

玩味的目的既要明义理，又要别是非，也就是要把理涵养于心。"格物亦须积累涵养。如始学《诗》者，其始未必善，到悠久须差精。人则只是旧人，其见则别。"[3] 玩味、涵养是个展开过程，得味多，理义养人则见识高，气质变化而境界高。人在形体上仍旧，生命却日新，在程子看来，这才是读圣贤书之妙用。所谓"读《论语》，旧时未读是这个人，及读了后又只是这个人，便是不曾读也"[4]。读一定要以之作用于自家生命，由此改变自身。视之为与己

---

① 《二程集》，第 279 页。
② 《二程集》，第 285 页。
③ 《二程集》，第 164 页。
④ 《二程集》，第 261 页。

不相干之事，此为儒者所深戒。

每个人涵养有别，体物有别，在程氏看来，此即造成"意味气象"之别。"所谓'日月至焉'，与久而不息者，所见规模虽略相似，其意味气象迥别，须心潜默识，玩索久之，庶几自得。学者不学圣人则已，欲学之，须熟玩味圣人之气象，不可只于名上理会。如此，只是讲论文字。"[①]"意味气象"乃是圣贤真正生命，呈现于文字、著作，学者的任务就是透过文字、著作，以自身生命契接圣贤生命，以自己的生命感应、迎接经典，经典向人敞开，进入学者的真实生命。这种双向感应，彼此相融相即，正是解味之实质。程氏以这种方式接续着儒学命脉，并以味之长短别儒释："圣人之言依本分，至大至妙事，语之若寻常，此所以味长。释氏之说，才见得些，便惊天动地，言语走作，却是味短。"[②]"味长"故受用长，"味短"即意味着滋养有限。

解味的前提是自身有品味能力、气质、气象，即自身是一个有品味的生命体，能够与圣贤、经典"对味"（如周敦颐"寻孔颜乐处"，程明道"自十五六时，闻汝南周茂叔论道，遂厌科举之业"[③]）。解味指向当下生命与生活，既为当下生命提供营养，也为当下生活提供价值目标。对宋儒来说，这个品味能力、气质、气象即如理而在。通过修行工夫，身心如理，始可"理会"物理，始可理会圣贤之意味（如"孔颜之乐"）。

修行是个过程，解味也是个过程。解味展开为"对味"，进而"玩味""得味"。"得味"则得营养，借此可变化气质，修成更高的品味。进而可获得更多的理味、道味。由此，圣贤通过知音而降临，经典通过人格气象而复活。圣贤与经典一道催生新的生命，此为解

---

① 《二程集》，第 158 页。
② 《二程集》，第 153—154 页。
③ 周敦颐：《周敦颐集》，中华书局，1990 年，第 80 页。

味之"济"。

朱熹继承程子读书法,对"解味"做了大量细致的发挥。比如,朱熹说:"论语难读。日只可看一二段,不可只道理会文义得了便了。须是子细玩味,以身体之,见前后晦明生熟不同,方是切实。"①解味的前提是经典与自身之间距离的消弭,"生"意味着彼此有隔,"熟"则表明彼此无隔。同样,书读得"快"则经典与自身之间来不及接触,或接触不深,这同样无法让自身与经典深度融合。熟读,慢慢玩味,道理自然出,由此经典之意味才能源源不断地涌现。得其意味是首要目标,实现这个目标需要一些必要的准备。对于读书来说,需要"看",需要"熟读"。书与人的距离打破,才能得其意味。

宋儒很喜欢用"理会"一词,比如朱熹说:"只有两件事:理会,践行。"② 就外延说,与践行相对的理会相当于广义的"知",即与他者交接、融摄,对他者的领悟与通达,将他者体之于身。在此意义上,理会即格物,也就是玩味。朱熹将此作为区别于汉儒的思想方法,详尽阐发并极力推行。他说:

> 读书,须要切己体验。不可只作文字看,又不可助长。学者当以圣贤之言反求诸身,一一体察。须是晓然无疑,积日既久,当自有见。但恐用意不精,或贪多务广,或得少为足,则无由明耳。读书,不可只专就纸上求理义,须反来就自家身上推究。秦汉以后无人说到此,亦只是一向去书册上求,不就自家身上理会。自家见未到,圣人先说在那里。自家只借他言语来就身上推究,始得。今人读书,多不就切己上体察,但于纸上看,文义上说得去便了。如此,济得甚事!……将已晓得底

---

① 《朱子语类》,第 433 页。
② 《朱子语类》,第 149 页。

体在身上，却是自家易晓易做底事。解经已是不得已，若只就注解上说，将来何济！①

在朱子看来，将经典仅仅看作文字，或将经典所载视为外在于自家生命的客观道理，这是秦汉人之歧途。经典记载着圣贤亲身经历之事件，其所阐发的道理亦是圣贤自身的道理。因此，从纸张上的文字回到实实在在的道理，从训诂注解回到在自家身上切要处理会，遂被确立为宋儒独特的思想方法。

自家身上具有道理，圣人所教的道理就内容说与自家身上的道理相一致，但形式上，一道理在外，一道理在内。学与问就是两道理之聚——"会"②，以己会圣人，以圣人会己，由会而通，以开启自己的真生命。所谓"真生命"是指出乎道理、合乎道理，与道理相通达的生命。"理会"由"切己"工夫入，逐步"体认省察"，道理为我所受用，最终成为"自家物事"③。所谓"自家物事"当然不是说，道理属于个人，而是说，道理成为自己真实的生命。

由粗至精，由小至大，只有通过切入性的味来实现。即玩味文字，玩味所说，玩味接物，这样即可理会其粗，也可理会其精。玩味首先需要领悟圣贤之意味，得其意味同时是一个吸收、消化意味的过程，消化就是将圣贤之意体之于身④。

---

① 《朱子语类》，第 181 页。

② 用朱熹自己的话说就是："会，谓理之所聚而不可遗处。"（朱熹：《周易本义》，中华书局，2009 年，第 231 页。）

③ "今只是要理会道理。若理会得一分，便有一分受用；理会得二分，便有二分受用。理会得一寸，便是一寸；一尺，便是一尺。渐渐理会去，便多。"（《朱子语类》，第 157 页。）理会即玩味，故有受用。

④ 具体说就是存理去欲："圣贤千言万语，只是教人明天理，灭人欲。天理明，自不消讲学。人性本明，如宝珠沉溷水中，明不可见；去了溷水，则宝珠依旧自明。自家若得知是人欲蔽了，便是明处。只是这上便紧紧著力主定，一面格物。今日格一物，明日格一物，正如游兵攻围拔守，人欲自消铄去。"（《朱子语类》，第 207 页。）格物是为了销铄人欲。

　　大凡为学，须是四方八面都理会教通晓，仍更理会向里来。譬如吃果子一般：先去其皮壳，然后食其肉，又更和那中间核子都咬破，始得。若不咬破，又恐里头别有多滋味在。若是不去其皮壳，固不可；若只去其皮壳了，不管里面核子，亦不可，恁地则无缘到得极至处。大学之道，所以在致知、格物。格物，谓于事物之理各极其至，穷到尽头。若是里面核子未破，便是未极其至也。如今人于外面天地造化之理都理会得，而中间核子未破，则所理会得者亦未必皆是，终有未极其至处。①

　　真正的"格"需做到表里精粗无不到，既要去其"皮壳"，也要咬破"核子"。"皮壳"不是与本质相对的"现象"，而是"表"，其自身有其滋味；"核子"不是物之唯一的"本质"，它是"里"②，是"精"。较之皮壳，核子"别有多滋味在"，乃是理之极至处。对"核子"，需要"咬破"。"咬破"就是"尽"，就是"切己"之"切"。不过，在朱子看来，"切"字还不够，"尽"才是为学之极至处。

　　　"致知，是推极吾之知识无不切至"，"切"字亦未精，只是一个"尽"字底道理。见得尽，方是真实。如言吃酒解醉，吃饭解饱，毒药解杀人。须是吃酒，方见得解醉人；吃饭，方见得解饱人。不曾吃底，见人说道是解醉解饱，他也道是解醉解饱，只是见得不亲切。③

---

① 《朱子语类》，第 415 页。
② 朱熹对"里"有细说："里便是就自家身上至亲至切、至隐至密、贴骨贴肉处。"（《朱子语类》，第 323 页。）"表者，人物之所共由；里者，吾心之所独得。表者，如父慈子孝，虽九夷八蛮，也出这道理不得。里者，乃是至隐至微，至亲至切，切要处。"（《朱子语类》，第 325 页。）
③ 《朱子语类》，第 391 页。

"吃"是摄物入己，是己之欲与物之性合，如此方见物之亲切。在朱熹，格物之格首先是"至"①，但"至"不仅仅是"接"，而且是"尽"②。"至""尽"还比较含混，其实就是"咬破""吃"，也就是"内外之理合"。当然，能玩味、得味者自身需要调整精神态度，这样才能保证解味正常展开。朱熹对此也多有交代，他说：

> 读书，放宽着心，道理自会出来。若忧愁迫切，道理终无缘得出来。③
>
> 《大学》须自格物入，格物从敬入最好。只敬，便能格物。敬是个莹彻底物事。④

解味者是个"放宽着心"的人，是以"敬"在世的人，是有理有性有情的人，而不是悬置理性情的纯粹直观者，这是解味者的一般特征。解味的展开，需要主动以宽心、诚敬态度迎接经典，并以此态度融入经典的世界之中。如此方可接受、吸收、消化其中之理味，进而涵养、成就自身精神生命，并最终完成圣贤精神生命之重建。

3. 解味何以可能

宋儒解味之所以可能，乃在于新的世界观之确立。具体说，对天地万物的重新理解与规定、与天地万物交往之新态度与新的方式之确立，这为解味提供了具体的思想条件与根据。因为解味不仅被

---

① "格物。格，犹至也，如'舜格于文祖'之'格'，是至于文祖处。"（《朱子语类》，第 283 页。）
② "格物者，格，尽也，须穷尽事物之理。若是穷得三两分，便未是格物。须是穷尽得到十分，方是格物。"（《朱子语类》，第 283 页。）
③ 《朱子语类》，第 164 页。
④ 《朱子语类》，第 269 页。

理解为通达经典的不二法门，同时也被理解为儒者对待世界万物的基本态度与方式，或者说，乃儒者的存在方式。

周敦颐扭转佛学空寂一味观念，开创了宋儒的精神方向。他认为世界万物真实不虚，且充满生机，具有价值意味。所以，人与物都值得尊重与留恋。宋儒强调理之所当然，其内涵正是万物的价值意味。在新的世界中，重要的不是客观之理（实然与所以然），而是其价值意味（所当然）。新的世界观决定了新的思想方法，他们所提倡的观（邵雍）、感（张载）、格物、玩味、理会，构成了宋儒独具一格的思想方法。从寻孔颜乐处始，不止于客观之意，而重内在感受，重消化、重体验，从自身生长出富含生命气质的理学。

在实践上，周敦颐自觉欣赏宇宙万象。比如程颢回忆他："窗前草不除去。问之，云'与自家意思一般'。"[1] 可以看出，周敦颐自觉规避佛教"缘起说"（包括业感缘起、赖耶缘起、如来藏缘起、法界缘起等）对宇宙万象的拆除、解构，而将万象（如莲[2]、窗前草等一花一草）视为富有活泼生机之存在。即是说，一花一草与"自家"一样都是独立的、完整的整体，它们独立自足，不可还原，也不必还原。这就在世界观与方法论上自觉扭转了佛学人"无我"，物"无自性"之空寂一味说。这就为宋儒确立了崭新的思想方法。"寻孔颜乐处"[3]，正是这一思想方法之具体应用。具体说，这个方法就是，在圣贤之言中求得意，以圣贤精神滋养自己精神，以自身生命演绎儒家精神。同时，以"乐"而非"苦"作为在世之基本态度也确立

---

[1] 见《周敦颐集》，第 82 页。

[2] 佛教亦推崇"莲"，义有二：出水（出离泥浊而清净）与开敷（能开真理）。周敦颐则取其"出淤泥而不染，濯清涟而不妖"的君子品格。莲"中通外直、不蔓不枝，香远益清"，此品格标识着，这个世界的一花一草本身就具有价值，其本身就是目的。因此，可以说，周敦颐对"莲"的欣赏直接针对佛学义，而且扭转了佛学义。其用心实深远可嘉！

[3] 明道先生尝曰："昔受学于周茂叔，每令寻颜子、仲尼乐处，所乐何事。"（《二程集》，第 16 页。）

了宋儒思想的精神方向与崭新的思想方法，包括以成就精神生命作为经典诠释的指向之道路，同时也用精神生命复活了作为精神生命载体的范畴。

邵雍在《观物内篇》中自觉立足于儒家立场重建"物"，而对"物"的内涵与外延都进行了界定。从外延说，"物"包含"天""地""人"，以及金木水火土、动植物等一切存在。天有阴阳、四时，一阴一阳交，有天之用。地有刚柔、四维，一刚一柔交，有地之用。天生于动，地生于静，一动一静交，天地之道尽之。寒暑昼夜交，天之变尽之；雨风露雷交，地之化尽之；性情形体交，动植之感尽之；走飞草木交，动植之应尽之。天地万物由此变化无穷，感应不已。人为物之至，圣人为人之至。天地万物不再被视作随众缘而起之虚幻，正因为其不断变化与感应，故天时地理人情都真实无妄。此变化无穷、感应不已的天地万物乃唯一的天地万物，此天地万物之外、之后不存在其他天地万物。我们能知、能言的就是这个天地万物，谈这个天地万物之外之天地万物者为妄人、妄言、妄知[1]。

邵雍自觉重建"天地万物"，也同时从方法层面入手，展开了对儒家思想方法的重塑。佛教有"肉眼""天眼""慧眼""法眼""佛眼"之说（《金刚经·一体同观分第十八》），将"观"视作涅槃二法门之一。邵雍基于重建的天地万物，针对佛家之"观"法，力主"观物"说。其所谓"观"不是以"五眼"观，也不是"一心三观"（空观、假观、中观）之"心观"，而是"理观"。他说："夫所以谓之观物者，非以目观之也。非观之以目而观之以心也，非观之以心而观之以理也。"[2] 邵雍这里区分了几种观物方式："以目观之""以心观之""以理观之"。"以目观之"即用眼睛捕捉物体的形状、色彩；"以心

观物"即以我这个特定的、有情有性的存在视角观看事物；"以理观之"即从物之理出发观看事物。"以目观"与"以心观"属于"以我观物"；"以理观"属于"以物观物"。不过，身物一体，因而，邵雍所说的"物"不是独立的实体，所谓"理"也不是物自身所特有的属性、结构或其运动规律，它与人之身相通，因而，它并没有独立自存的特质。在邵雍看来，我亦人，人亦我，我亦物，返回自身，即可知人、知物。因而，邵雍的"以物观物"并不是"客观"（悬置个人情意、信念等存在特征，以纯粹理性观物），甚至也不是"类观"（以人类的立场观物）。"观物"最终都落实到"观身"，"观物"即"反观"。

邵雍肯定只有一个"天地万物"，张载则在《西铭》中自觉构建了一个在中国的"西天世界"，所谓"乾称父，坤称母，予兹藐焉，乃混然中处"。这一整套的世界不再是一个才性的世界，而是一个充满温情的家庭。大君是嫡长子，大臣是他的家相。在这个世界中，所有的人，人与人之间，都能感同身受。可以说，张载的《西铭》所构建出来的是伦理化的世界，并以这样一个精神世界来代替魏晋以来传入的佛教化的西天世界。有了这个世界，我们不再向往西方的极乐世界。或者说，在我们的东土就可以实现这样一个理想的极乐世界。这个世界和《礼运》篇构建的"小康""大同"有承续的关系，其核心是理、理一分殊①。在这个世界中，我们与人打交道是真实的、实在的，与物打交道也是真实的、实在的，我们孝顺父母、过日常生活都可以获得终极的满足。这个世界中的物乃是我们每天都交往的朋友（物与）。

对于思想方法，张载同样复活了汉人自己的精神传统。他首先

---

① "理一分殊"同样是对魏晋玄学的回应。如我们所知，王弼以"一本"息"万殊（理）"，郭象以"万殊（理）"（独化之理）消"一本"，"一本"与"万殊"被不同方式割裂为二。宋儒以"理一分殊"方法将"理"贯彻"一"与"万"，真正实现了"理"之一统。

将"体""感"与"闻见"区别开来。"闻""见"之展开皆以人与对象之间保持距离为前提，即将"我"与"物"分割为"二"，其所把握的都是"非我"之事物确定的特征。以"我"与"非我"的划分为前提，"闻"把握"非我"之音声，"见"把握"非我"之形色。故"闻见"实质是对事物认知性把握。在张载观念中，"体""感"不能以"闻见之心"为"心"，也不能以"闻见"为"用"，即将"感"引向认知。"体""感"是展开首先应当"视天下无一物非我"①，即打开自心，视天地万物为"我"，由此"体""感"天下之物。所谓"体物""体身"之"体"，是指在物我一体前提下，人将物、身体之于身心。

在张载看来，"感"为"咸"，以"合"为基本特征，此正是解味之本质。他说："天包载万物于内，所感所性，乾坤、阴阳二端而已。……有无一，内外合，此人心之所自来也。若圣人则不专以闻见为心，故能不专以闻见为用。无所不感者虚也；感即合也，咸也。以万物本一，故一能合异；以其能合异，故谓之感；若非有异则无合。天性，乾坤、阴阳也，二端故有感，本一故能合。天地生万物，所受虽不同，皆无须臾之不感，所谓性即天道也。感者性之神；性者感之体。"② 张载以"感"作为世界万物基本存在方式，也将"感"作为理解世界万物的基本方式。天地万物皆无须臾之不感，人亦以"感"的方式在世，也以"感"的方式待物。"感"并非人单向的认知，而是人与另一个与己一而异的他人、物之间相互的给予。在这个"合异"过程中，不以有限的闻见之心为心，而以大公无私之"性"为"体"。把"性"确立为"感"之"体"，因为"性"不以"闻见"为用，不以闻见所限，因此能够保证自身之"感"顺畅展开。所"感"者为"对象"，每个"象"自身亦有相互感应激荡之

---

① 《张载集》，第24页。
② 《张载集》，第63页。

二端，"万象"由此生生不已。通过"感"，张载一方面将天地万物理解与规定为相互感应与激荡者，由此赋予了天地万物以无尽的生机；另一方面，"感"也被理解为人通达天地万物的必要的思想方式。万物自身有无尽的生机，并随时向人敞开，吸引人与之相就，对人而言即有价值意味。人以"体""感"等方式迎接、亲近万物，与之相即相融，此即咸万物、味万物。简言之，"感"即解万物之味。

二程师事茂叔，将其所开创的精神发扬光大。明道曰："吾学虽有所受，天理二字却是自家体贴出来。"①"天理"为二程思想核心，此正是他寻孔颜乐处之所得：天理乃是程氏之生命契接孔颜生命所创生出来的新的精神生命。当然，这不是说，天理乃程氏私家所有，程氏曰："天理云者，这一个道理，更有甚穷已？不为尧存，不为桀亡。人得之者，故大行不加，穷居不损。"②"万物皆只是一个天理，己何与焉？"③"不加不损"表明天理的客观性、恒常性，"只有一个天理"表明天理的绝对性。天理恒常与绝对并非意味着它是一个对人人都具有现实性、光辉的物事。天理之呈现恰恰需要人去体贴，"自家体贴"标示出了穷理之路径。所谓"体贴"不是客观的认知，不是从无到有之发明，而是修持之于身。

修持于身之可能，乃在于万物皆有理，有理之万物间彼此相互感应，所谓"天地之间，只有一个感与应而已，更有甚事"④。人亦有理，以己之诚敬感万物则己与物之理通，通物理即可得其理。

二程不仅像张载一样谈"感应"，而且将《大学》中的"格物"拎出，加以特别理解与强调。何谓"格物"？程氏以"至"解"格"，

---

① 《二程集》，第 424 页。
② 《二程集》，第 31 页。
③ 《二程集》，第 30 页。
④ 《二程集》，第 152 页。

认为："'致知在格物。'格，至也，穷理而至于物，则物理尽。"① 格
是至，即人至于物。不过，人之至并非带着好奇而至，亦非不带任
何成见而直观物理，而是带着"诚意"，带着"理"至于物。所以，
程氏格物说不是要做客观的认知。既然物理非一物本身所有，穷究
事事物物之理即为多余，只须一事一物上穷尽即可。万物皆是一理，
穷得一物一事之理，进而类推，即可格得物理。

物理与人理通，穷物之理也就是穷人之理，穷人之理也就是尽
人之性，因为物我之理本一："物我一理，才明彼即晓此，合内外之
道也。"② 物理在外，与人有隔；人理在内，与身同在。因此，格物
之理，不若格人自身之理，后者切己，对自身生命尤其重要。

"格物"乃是与"致知""诚意""正心"为一体的在世方式。用
今天的术语说，格物是认识论与伦理学的统一。也就是说，格物既
不是纯粹的认知，也非纯粹的伦常，它乃是伦理化的认知，或者说
是认知化的伦理。格物的这个思想特色是儒家思想的理论自觉，朱
熹深明此义，他说：

> 这个道理，自孔孟既没，便无人理会得。只有韩文公曾说
> 来，又只说到正心、诚意，而遗了格物、致知。及至程子，始
> 推广其说，工夫精密，无复遗憾。③

为了阐发其格物思想，朱熹特地补上了《大学》之《格物传》：
"所谓致知在格物者，言欲致吾之知，在即物而穷其理也。盖人心之
灵莫不有知，而天下之物莫不有理，惟于理有未穷，故其知有不尽
也。是以大学始教，必使学者即凡天下之物，莫不因其已知之理而

---

① 《二程集》，第 21 页。
② 《二程集》，第 193 页。
③ 《朱子语类》，第 421 页。

益穷之，以求至乎其极。至于用力之久，而一旦豁然贯通焉，则众物之表里精粗无不到，而吾心之全体大用无不明矣。此谓物格，此谓知之至也。"[1]

在朱熹看来，格物致知正心诚意修身齐家治国平天下才是完整的儒家，孔孟之后，这个传统中断。到了程子，这个传统才重焕生机。尽管朱熹把"博学，审问，慎思，明辨"，皆纳入格物之属[2]。但较之《大学》之其他条目，对格物的关注无疑是其思想之彪炳处。格物的最大特征是对外物的关注，因此强调格物的意义在于，将注重人伦日用的儒家之视界拓展至家国天下之外。朱熹补格物传，表明宋儒对认知方法、认知态度之高度自觉。格物保持着对世界的开放姿态，通过格物而致知使人保持着对世界万物的通达关系。他说：

> 外物亦是物。格物当从伊川之说，不可易。洒埽应对中，要见得精义入神处，如何分内外！[3]

在这里，朱熹将物的最朴实的意义突显出来，拒绝将外物销融入内，保留住外物，也就保留住了通达万物的路径。不过，通达万物却不是以万物为目的，更不能以万物作为精神归宿。

> 格物者，如言性，则当推其如何谓之性；如言心，则当推其如何谓之心，只此便是格物。穷理格物，如读经看史，应接事物，理会个是处，皆是格物。只是常教此心存，莫教他闲没勾当处。公且道如今不去学问时，此心顿放那处？格物，须是

① 《四书章句集注》，第6—7页。
② 《朱子语类》，第421页。
③ 《朱子语类》，第407页。

从切己处理会去。待自家者已定叠，然后渐渐推去，这便是能格物。"格物"二字最好。物，谓事物也。须穷极事物之理到尽处，便有一个是，一个非，是底便行，非底便不行。凡自家身心上，皆须体验得一个是非。若讲论文字，应接事物，各各体验，渐渐推广，地步自然宽阔。[1]

从对象说，格物之物指"眼前凡所应接者"，不仅包括所应接之物，还包括所应接的事。从内容说，格物之格不仅指察识事物之名，如性、心，更重要的指，推致"如何谓之"，即推致事物之所以然（如朱熹所常言"天之所以高，地之所以厚，鬼神之所以幽显等"），即事物之理。由此看，格物有其认知面向。

圣人只说"格物"二字，便是要人就事物上理会。且自一念之微，以至事事物物，若静若动，凡居处饮食言语，无不是事，无不各有个天理人欲。[2]

不过，格物之认知非纯粹求知，物理之中有"是"有"非"。"是非"指事物对人的意味，也指人的相应态度，包括"所当然"（"应该"与"不应该"）。人对事物的态度是了便是"天理"，不是便是"人欲"。"人欲"即是从一己之私欲出发，使事物屈从于自己的私欲，而不是依照其理展开。"以诚格物"即是天理，也就是以诚待物，以其理待之，使事物各得其当。

他内外未尝不合。自家知得物之理如此，则因其理之自然而应之，便见合内外之理。目前事事物物，皆有至理。如一草

---

① 《朱子语类》，第284页。
② 《朱子语类》，第287页。

一木，一禽一兽，皆有理。草木春生秋杀，好生恶死。"仲夏斩阳木，仲冬斩阴木"，皆是顺阴阳道理。……非其时不伐一木，不杀一兽……此便是合内外之理。①

所格为"春生秋杀，好生恶死""阴阳道理""万物均气同体"等对象，相应地，人因理而应之，顺理而为。所格虽在外，人之顺应间已将之笼罩含摄，即由人之内而合其外，此即"合内外之理"。以"合内外"为基本特征，"格物"之"格"与"感通"之"感"显然同义。基于此，朱熹一再使用"感格"一词："然人死虽终归于散，然亦未便散尽，故祭祀有感格之理。先祖世次远者，气之有无不可知。然奉祭祀者既是他子孙，必竟只是一气，所以有感通之理。"②"感格"指的是祭祀中祭祀者对待先祖的方式。感格即感通，祭祀者以诚敬感格③，即以诚敬与先祖相互感应。

对于人来说，内外合的最大困难是"如何合"问题。识阴阳而与其时固好，但在实际生活中，利用而非欣赏、观看决定了人必须掌握对于万物的实践性操作性知识。

一身之中是仁义礼智，恻隐羞恶，辞逊是非，与夫耳目手足视听言动，皆所当理会。至若万物之荣悴与夫动植小大，这底是可以如何使，那底是可以如何用，车之可以行陆，舟之可以行水，皆所当理会。④

掌握了"如何使""如何用"，才能够真正做到"合内外"。"如何使""如何用"其实就是万物对于人的意味，关注万物"如何使"

① 《朱子语类》，第296页。
② 《朱子语类》，第37页。
③ "能尽其诚敬，便有感格，亦缘是理常只在这里也。"（《朱子语类》，第46页。）
④ 《朱子语类》，第394—395页。

"如何用"即是关注万物对于人的意味而不是物自身独立自存的客观属性。

以万物为精神归宿即宋儒所说的"外驰"，朱熹对"外驰"之病颇有警觉，为此，他甚至严格规定了"内外"的比例：

> 内事外事，皆是自己合当理会底，但须是六七分去里面理会，三四分去外面理会方可。若是工夫中半时，已自不可。况在外工夫多，在内工夫少耶！此尤不可也。①

对外的工夫不能过半，过半则为"非"。这种观念看似僵化，但较之对外物的漠视，已经难能可贵②。当然，我们应当注意的是，对外物的理会，所谓格物，所追求及所得者并非是关于外物自身的属性、结构等客观性质，而是对人有意味者。所得是对人有意味者，故物理与人心之理非二理，而是一理，朱熹说：

> 格物、致知，彼我相对而言耳。格物所以致知。于这一物上穷得一分之理，即我之知亦知得一分；于物之理穷二分，即我之知亦知得二分；于物之理穷得愈多，则我之知愈广。其实只是一理，"才明彼，即晓此"。③

物之理即我之理，我之理即我的当行之则。尽得物理，又可得当行之则。因此，格物追寻的不是关于外在世界的客观知识，不是

----

① 《朱子语类》，第 406 页。
② 历史地看，王弼通过言意之辨，扭转了汉儒钻进旧纸堆的精神趋向，而注目"意"——意义。但王弼区分了"然"与"所以然"，将万物视为"然"，而贬抑了万物之实际存在。宋儒重建有价值意味的万物，朱熹的格物说正是此思潮的重要推进者。
③ 《朱子语类》，第 399 页。

"外驰",而是"己事",故可说是修养方法。但又不仅仅是修养方法,同时也是对外在世界的一种态度与知见,即将外在事物与自身看作息息相关者。

> 而今只且就事物上格去。如读书,便就文字上格;听人说话,便就说话上格;接物,便就接物上格。精粗大小,都要格它。久后会通,粗底便是精,小底便是大,这便是理之一本处。而今只管要从发见处理会。且如见赤子入井,便有怵惕、恻隐之心,这个便是发了,更如何理会?若须待它自然发了,方理会它,一年都能理会得多少!圣贤不是教人去黑淬淬里守着。而今且大着心胸,大开着门,端身正坐以观事物之来,便格它。①

格物既是一种修养方法,也是一种认知方法。格物者以敬为精神准备,而不是悬置格物者,所格者不是无主体之知,而是有主体,有我之知。对于儒者来说,以诚敬在世,以诚敬格物乃是其基本追求与内在要求。读书是格物,接物是格物,做事是格物,穷理也是格物。敞开心胸,有物来便格,一切皆是格物。我们当然也可以说,接物、处事、穷理、格物皆是玩味、解味。换言之,格物亦是解味万物的方式。

宋儒从反对、超越佛学"空寂一味"始,重建生机盎然的万物(周敦颐、邵雍),进而将物理解与规定为与人亲善者(如张载之"物与"),内含价值意味者(程朱之"物理"皆包含"所当然")。与此相应,以诚、敬方式感、格、味、理会成为与万物交接的基本方式,也构成了人在世的基本方式。不妨说,解味乃人的基本存在方

---

① 《朱子语类》,第286页。

式，以解味方式对待经典不过是其存在方式的具体展开①。

4. 格物与解味

"格物"如何理解？20世纪以来，随着对西方知识体系的接受，格物对于国人越来越陌生，对其理解也越来越困难。尝试理解格物者不乏其人，却由于各自立场的差异，对格物的理解呈现言人人殊之态。冯友兰将格物解为"修养方法"，贺麟将格物解为"直觉"，牟宗三将格物解为泛认知主义方法，张立文将格物解为体知，等等。显而易见，现代哲学对格物的解释正逐渐接近格物的实质。

首先意识到格物问题的是冯友兰。他认为朱子的"格物"不是求知识之科学："朱子所说格物，实为修养方法，其目的在于明吾心之全体大用。即陆王一派之道学家批评朱子此说，亦视之为一修养方法而批评之。若以此为朱子之科学精神，以为此乃专为求知识者，则诬朱子矣。"②

将格物区别于近代以来的科学知识体系，这是非常准确的判断，类似的表达不绝如缕，如劳思光说：

> "格物"仍非求取经验知识之意，且"格物"之目的并非求对经验世界作客观了解，与经验科学之为求知而求知实不相同。是以，无论赞成或反对朱氏之学说，凡认为朱氏之"格物"为近于科学研究者，皆属大谬。③

---

① 陆九渊说："君子之道，淡而不厌……有滋味便是欲。"（陆九渊：《陆九渊集》，中华书局，1980年，第460页。）以解味方式展开自身，内含着对解味的约束、规范，比如私人性味觉被控制，通过涵养、变化气质，以敬在世。以敬取物，对物之意味的择取，并以之成就自身，这构成了儒家式味觉思想的基本特征。

② 冯友兰：《中国哲学史》下册，华东师范大学出版社，2000年，第269页。

③ 劳思光：《新编中国哲学史》第三册上，第234页。

格物不同于科学知识经验，将之归结为"修养方法"，我们承认其有高妙之处。但衡之以当代知识架构，"修养"乃是与"知识"分属不同领域与途径者。与知识相对，所给人的是格物远知识的暗示，而这并非格物的实义。

以科学方法解释格物不合适，以修养方法释之亦不合适。于是，贺麟用了另一个充满张力的概念——直觉解释朱熹的"格物"，问题很难说已经解决。他说："依我的说法，朱子的格物，既非探求自然知识的科学方法（如实验方法、数学方法等），亦非与主静主敬同其作用的修养方法，而乃寻求哲学或性理学知识的直觉方法，虽非科学方法，但并不违反科学违反理智，且有时科学家亦偶尔一用直觉方法，而用直觉方法的哲学家，偶尔亦可发现自然的科学知识。朱子之所以能根据他的格物穷理的直觉方法以建立他的理学系统，并附带于考据之学有贡献，且获得一些零碎的天文、地理、律历方法的知识——对与不对，姑不具论——即是这个原因。又直觉方法虽与涵养用敬有别，不是纯修养的方法，但因与直觉既是用理智的同情以体察事物理会事物的格物方法，故不是与情志、人格或修养毫不相干。直觉的格物法可以使人得到一种精神的真理，足以感动人的情志的真理，换言之，直觉法是可以使人得到宋儒所谓'德性之知'或今人所谓'价值的知识'或'规范的知识'的方法。而且只有直觉方法可达到'众物之表里精粗无不到'，而'吾心之全体大用无不明'的最高境界。盖只有直觉方法方能深入其里，探究其精，而纵观其全体大用。而科学方法则只求认识表面的、粗的、部分的方面并没有认识形而上的、里面的、精的、全体大用之职志也。"①

以直觉解格物的积极意义在于，它指示了在科学方法（如实验方法、数学方法等）之外，还有其他认知方法，甚至是更高级的获取知识的方法。同样，以直觉解格物的问题在于，直觉仍然是一个

---

① 贺麟：《近代唯心论简释》，上海人民出版社，2009年，第84页。

含混的概念。因为，我们通过直觉这个词所了解的信息实在有限，且往往与神秘混杂。以直觉解格物，较之将格物比拟于科学认知，更接近格物之实质。不过，以直觉说格物往往将其导向理性的反面，甚而混淆了格物之本质。格物本身乃是理性之运作，只不过，此理性乃是可深入其里，探究其精的味觉思想成就之理性，而非视觉思想成就之理性。阴阳消息、刚柔摩荡、升降沉浮、幽明之故、氤氲生机，此是格物之架构，也是格物之内容，其核心是性与天道相互授受、相互成就。

牟宗三立足于"道德的形上学"，分判宋明儒为三系，将朱熹斥为宋儒之"别子"，并认定朱熹之格物为"泛认知主义"。他说："把仁体、性体俱视为存在之然之所以然而由格物之就'存在之然'以推证而平置之，此已是泛认知主义矣，然此犹是格物之实义，犹是就'存在之然'说，而今复进而说'推究如何谓之性'亦是格物，混虚实而为一，此则真成泛滥之泛认知主义矣。"[1]"泛认知主义"所批评的是，格物所提供的"只是理"，也就是说，"理"与"心"为二，或者说，理乃是外在于心者，因此并不能成就自律道德。从对牟宗三所谓心体的开显说，格物或许并不能胜其任。但就现实的道德修养说，格物对所以然与所当然的共同追寻亦将对道德有所成。在此意义上，以"泛认知主义"批评朱熹的格物并不中肯。

张立文将朱熹的格物放在"从物到理的认知过程"之中考察，并以"体知"来概括格物[2]。诚然，"体知"较之"直觉"更突出了格物之"认知"的维度，而且更贴近中国哲学。但格物所包含的丰富的存在论意蕴，比如，作为在世方式与自我成就的方式，这在"体知"中并没有得到相应的承载。由此看，体知与直觉一样失之笼统。较之直觉、体知这些范畴，解味无疑能够真正承载格物所蕴含

---

① 牟宗三：《心体与性体》下册，上海古籍出版社，1999年，第350页。
② 参见张立文：《朱熹思想研究》第九章，中国社会科学出版社，2001年。

的丰富意蕴①。

（二）心与目之辩

王阳明尊心贱目，反对放纵目光向外逐物。主张真正的视乃心视而不应当单单以目视，心视发窍于目才有目视。目被心所主导、统摄，心感应天地万物，目亦以"感应"方式与天地万物交接。物我一体而无内外，理乃不可见者，道必体而后见。透过王阳明对心、目关系的思考，我们既可以更好地把握其思维方式，也可以更深入地理解其心学之内涵。王阳明自觉以心抑制目，一方面，可以看作对先秦以来自觉压制视觉思想的呼应，使中国思想彻底远离视觉思想；另一方面，也深化了汉代以来确立的味觉思想，并影响着明代后期的文化思潮，尤其深刻地影响着与视觉关系颇为密切的绘画理论之"心画"走向。

从比较哲学看，不同的文化对"目"与"心（思想）"关系的理解各异。或以心（思想）随目，或以目随心（思想）。以心（思想）随目，即将视觉理解、规定为心（思想）活动之基本样式。比如，以视觉对象——形、色——规定为对象的本质，并将此作为心（思想）追求的对象；以视觉活动的基本特征（如主体与客体拉开距离）作为心（思想）活动的基本要求（距离性、客观性），等等。以目随心（思想），即自觉化解目活动的基本特征，比如化解其向外追逐物、与物自觉保持距离、追寻对象的客观属性等等。以心（思想）

---

① 王阳明主"心外无物"，格物即格心，故其训"格"为"正"。"天下之物本无可格者。其格物之功，只在身心上做。"（《王阳明全集》，第120页。）心不可看，但仍可"味"。颜元云："'格'即手格猛兽之格，手格杀之之格。"（颜元：《颜元集》，中华书局，1987年，第159页。）以"手格猛兽"训"格"，强调的是整个人的投入，而不是人的悬置。在此意义上，对格物的训解并未逸出味觉思想。

随目与以目随心（思想）对应的是两条截然不同的思想方式。

作为心学的代表人物，王阳明在其著述中大量涉及对"心""目"关系的论述。在这些论述中，有些直接表达"心""目"关系，有些将"目"与其他感官放在一起而和"心"对立。显然，批判"贵目贱心"而自觉走上"贵心贱目"之路向，此乃阳明心学的一个基本趋向。因此，从"目"与"心"（思想）关系入手，对于理解王阳明的思想，对于理解中国思想传统，都具有重要的意义。

1. 心目贵贱

先秦儒者通过区分"见而知之"与"闻而知之"，抑制"见而知之"而挺立"闻而知之"；汉儒通过"耳舌之辩"而以味觉（即作为"心之窍"的"舌"）进一步抑制视觉，统摄听觉[1]。宋儒区分"德性之知"与"见闻之知"，抑制、超越"见闻之知"，将视觉、听觉同时超越，而归向以"心"（心本身而非心之窍）之"所体"为基本内涵的"德性之知"[2]。王阳明所展开"心目之辩"，较之横渠，更自觉地高扬"心"而抑制"目"，无疑是儒家这一传统的自觉继承与推进。

《传习录》载：有一学者病目，戚戚甚忧。先生曰："尔乃贵目贱心。"[3] 这里的"目"指作为躯体一部分的器官，并没有直接涉及"目"的活动，如如何看，及所看者何等。但"贵目"所包含的对躯体的看重其实与向外逐物的价值取向相一致，它与"贵心"形成了对

---

① 关于"闻而知之"与"见而知之"之争的具体内涵，请参见本书第一部分。
② 比如张载曰："大其心则能体天下之物，物有未体，则心为有外。世人之心，止于闻见之狭。圣人尽性，不以见闻梏其心，其视天下无一物非我，孟子谓尽心则知性知天以此。天大无外，故有外之心不足以合天心。见闻之知，乃物交而知，非德性所知；德性所知，不萌于见闻。"（《张载集》，第 24 页。）"闻见之知"（或"见闻"）狭而"德性之知"（或"德性所知"）无外。"不萌于见闻"表述的是，两者乃不同类的"知"。
③ 《王阳明全集》，第 36 页。

立的价值取向。"贵目",还是"贵心",这是王阳明思想的一个重要论题。

就《传习录》整个文本看,与"心"相对的"目"当然不仅仅指器官本身,同时也指视觉活动,以及基于视觉活动而衍生的一种思想方式。具体说就是,视觉的展开以物我距离的拉开为前提,基于视觉活动而展开的思想活动亦以自觉保持物我之间的距离为特征。王阳明反对的不是张目去看世界这种纯粹官能活动,而是反对以视觉为基础、以物我自觉拉开距离的思想活动。事实上,在其思想发展历程中,这种以物我二分为基本特征,在外物上求理的思想方式一度为王阳明所欣赏,并付诸实践。阳明自述:"众人只说'格物'要依晦翁,何曾把他的说去用!我著实曾用来。初年与钱友同论做圣贤,要格天下之物,如今安得这等大的力量? 因指亭前竹子,令去格看。钱子早夜去穷格竹子的道理,竭其心思,至于三日,便致劳神成疾。当初说他这是精力不足,某因自去穷格。早夜不得其理,到七日,亦以劳思致疾。遂相与叹圣贤是做不得的,无他大力量去格物了。"[1] 值得注意的是,王阳明欲践履朱子的"格物"观念,但在实践中却理解为"格看"。

将"格物"理解为"格看",这显然误解了朱子。朱熹以敬格物,求"内外之理合"。朱熹确实拒绝将外物销融入内,试图保留住外物的独立性,以此保留住通达万物的路径。不过,格物之实质与玩味、理会一样,它不是以客观的态度对待外物,也不是追求关于对象的客观知识,其目标是使物成为自家物事。因此,朱熹原则上拒绝拉开距离去做纯粹的看。当然,朱子没有提供一套"看"的指南,却提供一套"格物"指南。其以"格物"为先而展开的为学与成德工夫被误解并不让人奇怪。

阳明坐亭中,始终保持与竹子的距离,竹子是竹子,阳明是阳

---

[1]《王阳明全集》,第 120 页。

明，唯以眼光联结彼此。如我们所知，阳明之前的中国思想中视觉曾经一度突显，但随即为听觉所抑制，并最终与听觉一道为味觉所统摄①。因此，阳明之前的中国思想中没有形成积极的"看"② 的精神传统，并无"纯粹的看"之追求，亦无以"看"为主导的经验规训与思想规训。此时阳明之所求，为"理"，其中既包含"所以然"，也包含所当然。前者乃狭义的"真"的基本内容，后者乃狭义的"善"的基本内容。阳明撇开自家之身心，单单去"看"，既求不得真，也求不得善。阳明坐亭中七日格竹而不格心，终至于劳神成疾。

　　阳明践履"格物"说失败，经历"龙场悟道"而终于明白自己"格看"问题之所在。他说："及在夷中三年，颇见得此意思，乃知天下之物本无可格者。其格物之功，只在身心上做。"③ 以为物在心"外"，撇开自身单单求物，逐物随物，不知归止，非罔即怠。外物格不得，只能格自家身心。

　　阳明顿悟后，其格物不再只以眼光去看物之究竟，而将重心放到了"在身心上做"。认识自家身心不能拉开距离去看，了解自家身心之善恶更不能如此。"格物"不是与自家生命无关的认知活动，而首先被理解为"诚意"的工夫。"意"之"诚"是"格物"必要的精神准备。以"诚意"去格物，物在"诚意"中展开。此物非身心之外、客观独立自存自在者，而是与"诚意"相关涉者。如此，王阳明言物不再就物论物，而是就心论物，所谓"心外无物"是也。王阳明岩中花树之典故即是"心外无物"最好的诠释。

　　　　先生游南镇，一友指岩中花树问曰："天下无心外之物，如

---

① 具体过程请参见本书第一部分。
② 在阳明，"看"是"直视"："眼有喜时的眼，有怒时的眼，直视就是看的眼，微视就是觑的眼。"（《王阳明全集》，第115页。）
③ 《王阳明全集》，第120页。

此花树，在深山中自开自落，于我心亦何相关？"先生曰："你未看此花时，此花与汝心同归于寂。你来看此花时，则此花颜色一时明白起来，便知此花不在你的心外。"①

王阳明这里特别用"看"来解释"心外无物"道理。"未看"是物我未遇之状态。此时花与人保持距离，花离开人，人离开花，花是花，人是人。如此，花"寂"，汝心亦"寂"。"寂"的意思是具体意义未曾显现。具体说即是，花无所谓真、不真，无所谓善、不善，无所谓美、不美。汝心中也不会有真、不真，善、不善，美、不美呈现。王阳明所说"看花"之"看"显然非拉开距离地向外"看"，而是身心上做了工夫（诚意等）之后，花与人彼此交融、相互关涉地"看"。至于"看"到底如何展开，我们在王阳明在另一处说法中可寻出端倪。他说："人之本体常常是寂然不动的，常常是感而遂通的。"②"寂然不动"对应"你未看此花时，此花与汝心同归于寂。""感而遂通"则对应"你来看此花时，则此花颜色一时明白起来"。可以确定的是，此时的"所看"不在心外，"看"不是拉开距离、客观地"看"。花（物）不在心"外"，也不仅仅在心"内"。花不离人，人不离花，两者通过"看"而"感"，原未曾显现者便在彼此相感中显现出来。"看"只是表达花与人之间相遇而相互感应状况，"明白"则表达花与人之间相遇而彼此通达状况。由"看"而"感"则心花齐放，心与花之真、善、美等具体意义遂呈现出来（明白）。

2. 心之视，发窍于目

"看"是（一种）"感"。人与物的本然关系，不是耳、目、口等

---

① 《王阳明全集》，第107—108页。
② 《王阳明全集》，第122页。

感官与声、色、味之间的关系，而是人之灵明与天地万物之灵明之间的感应关系。两者之间的感应通过心发窍于耳目口等感官而实现。"耳原是聪，目原是明，心思原是睿知。"① "人心本自说理义，如目本说色，耳本说声，惟为人欲所蔽所累，始有不说。"② "原""本"都是王阳明所理解的理想状况。"目本悦色"建立在"目原是明"基础之上，即人有能力看清楚事事物物之形色相貌，有沟通、联结物我的桥梁。"悦"表达的是"目"与"色"之间谐和的关系。当然，"目"与"色"之间的谐和不是通过"看"来实现，而是两者之间相互感应造就。两者之间之所以能够保持相互感应关系，乃在于"目"由"心"统摄。相反，"心"随"目"转，即放纵"目"之欲而逐物，人欲蔽心累目，则目不悦色，耳不悦声，心不悦理义。由"悦"至"不悦"，物我和谐关系不再。"不悦"表明心物一体关系终结，代之而起的是，物我分，心理二。

不放任耳目，不追随耳目而逐物，就是要将"心"作为耳目的主宰，所谓"心统五官"也。阳明以君臣分职为例来说明这个关系，他说："人君端拱清穆，六卿分职，天下乃治。心统五官，亦要如此。今眼要视时，心便逐在色上；耳要听时，心便逐在声上，如人君要选官时，便自去坐在吏部；要调军时，便自去坐在兵部：如此岂惟失却君体，六卿亦皆不得其职。"③ 人君所谓"端拱清穆"是指"心体"独立而不为五官活动所移易。保持住心体之独立性，也就护持住了心的尊严与主宰性。相反，五官诱导心，心逐声色，即不成其为心体。王阳明据此反对"多闻多见"，他说："至于多闻多见，乃孔子因子张之务外好高，徒欲以多闻多见为学，而不能求诸其心，以阙疑殆，此其言行所以不免于尤悔，而所谓见闻者，适以资其务

① 《王阳明全集》，第109页。
② 《王阳明全集》，第32页。
③ 《王阳明全集》，第22页。

外好高而已。盖所以救子张多闻多见之病，而非以是教之为学也。……德性之良知，非由于闻见耳。……专求诸见闻之末，而已落在第二义矣。"① 阳明继承了横渠"德性之知"与"见闻之知"的二分法，以及德性之知超越见闻之知的思想。并且将德性之知理解为良知，更自觉地以"心"超越"见闻"。"良知"与"闻见"，前者为"本"，后者为"末"。"闻见"指向外在的对象，多闻多见，心即外驰，务外好高则心逐物、溺于物，故阳明斥之为"第二义"。从闻见方向转向良知，即从务外转向德性之良知，这才是孔门正道②。王阳明多次申说此义，如："良知不由见闻而有，而见闻莫非良知之用，故良知不滞于见闻，而亦不离于见闻。……良知之外，别无知矣。故'致良知'是学问大头脑，是圣人教人第一义。今云专求之见闻之末，则是失却头脑，而已落在第二义矣。……大抵学问功夫只要主意头脑是当，若主意头脑专以致良知为事，则凡多闻多见，莫非致良知之功。盖日用之间，见闻酬酢，虽千头万绪，莫非良知之发用流行，除却见闻酬酢，亦无良知可致矣。故只是一事。若曰致其良知而求之见闻，则语意之间未免为二，此与专求之见闻之末者虽稍不同，其为未得精一之旨，则一而已。……既云择，又云识，其良知亦未尝不行于其间。"③ 致良知与求之于见闻乃不同的精神路向。阳明称良知为"主意头脑"，唯一的知，这并不意味着，见闻与"知"绝缘。王阳明主张，致良知而可使其发用于见闻，见闻可视为致良知之功。由此两者可谓一事。不过，良知不由见闻而有，由见闻寻良知便入歧途。更危险的是，求见闻之知而撇开良知。因此，王阳明首先反对"专求之见闻之末"，其次反对"致其良知而求之见

---

① 《王阳明全集》，第 51 页。
② 在孔子，"多闻"高于"多见"，而并未完全弃绝"多见"，更未弃绝"多闻"。不过，由"多见"向"多闻"之转向确实显示出思想由客观外在向内在转换的倾向。阳明一概斥之为"务外"，显然与孔子思想有出入。
③ 《王阳明全集》，第 71—72 页。

闻"。前者"失却头脑"，后者以"致良知"与"求之见闻"为"二"。先致良知，确立起良知主脑地位，由良知视听而发窍于耳目，由此而有见闻，这是阳明对良知与见闻关系的基本定位。"心统五官"之"统"义为"统摄"。具体说就是，心乃视听言动展开的根据，即所谓"心是能视听言动的"。心能视听言动，无心则视听言动皆不能。不过，离开耳目口鼻四肢，视听言动亦不可能。"耳目口鼻四肢，身也，非心安能视听言动？心欲视听言动，无耳目口鼻四肢亦不能，故无心则无身，无身则无心。"① 我们通常认为，视听言动乃耳目口鼻四肢之活动。王阳明却让我们看到了视听言动的复杂性。将视听言动仅仅理解为耳目口鼻活动，实质上是将其限定为生理性活动。心的活动乃精神性活动，将其视为耳目口鼻活动与心的活动之结合，则将视听言动理解与规定为生理性、心理性、精神性相统一的活动，这种见识无疑相当高明。

心如何能视？在阳明看来，人与万物原本一体。具体说，人的良知构成了一体之"体"，即良知构成了一体之"理"。而在实际构成上，人与天地万物同为"气"，故彼此相通。万物以良知与气而为一体，此体非混沌，而是像人一样富有生机者，其表现就是体皆有"窍"。众窍之中，人心之灵明为最精。他说："人的良知，就是草木瓦石的良知。若草木瓦石无人的良知，不可以为草木瓦石矣。岂惟草木瓦石为然，天地无人的良知，亦不可为天地矣。盖天地万物与人原是一体，其发窍之最精处，是人心一点灵明，风、雨、露、雷、日、月、星、辰，禽、兽、草、木，山、川、土、石，与人原只一体。故五谷禽兽之类，皆可以养人，药石之类，皆可以疗疾：只为同此一气，故能相通耳。"② 以良知（理）为根据，以"气"为构成，王阳明的这个看法实质上与宋儒是一致的。万物一体而有窍，则众

---

① 《王阳明全集》，第 90—91 页。
② 《王阳明全集》，第 107 页。

窍之间可以相互感应。一体表明，"看者"与"被看者"之间不再有内外，此乃"心视"的基本特征。"心视"也就是作为最精之窍的人的灵明与天地万物灵明之间的相互感应而相互通达。以观花为例，人的灵明与花的灵明在感与应中一起明白起来，人"明"花亦"明"，花"明"人方"明"。此"看"不是拉开距离而展开的"目"之"看"，而是"心"之"视"。由此说"目视"，其实质是"心之视，发窍于目"。

王阳明认为，作为身心一体的有机部分，耳目活动应该有益于此统一体及自身。耳目终日向外驰求，为名为利，为耳而害耳，为目而害目，遂使耳目不成其为耳目。对于如何能使耳目活动有益于自身，阳明认为，必须使耳目活动接受"礼"的范导才可能。耳目自身不能非礼勿视听言动。必须由"心"才能做到非礼勿视听言动，才能成就耳目自身。简单说，在心的主导之下而发的视听言动才是真正的视听言动，才能有益于耳目，成就耳目。阳明曰："须由汝心。这视听言动皆是汝心：汝心之视，发窍于目；汝心之听，发窍于耳；汝心之言，发窍于口；汝心之动，发窍于四肢。若无汝心，便无耳目口鼻。所谓汝心，亦不专是那一团血肉。若是那一团血肉，如今已死的人，那一团血肉还在，缘何不能视听言动？所谓汝心，却是那能视听言动的，这个便是性，便是天理。有这个性才能生。这性之生理便谓之仁；这性之生理，发在目便会视，发在耳便会听，发在口便会言，发在四肢便会动，都只是那天理发生，以其主宰一身，故谓之心。"[1]"心"非"一团血肉"，是说，"心"并非如肝胆脾一样的脏器，而是精神性的"一身之主"。心主宰目，心视便由目来执行与完成，此谓"心之视，发窍于目"。这里的"窍"指的是外在

---

[1]《王阳明全集》，第 36 页。

的通道与表现，而与中国先秦以来五脏与五官对应的"心窍"之说①不同。王阳明身心分说，明确将先秦以来将"血肉之心"（生理性）与"神明之主"（精神性）相统一的"心"分判为"二"，此乃王阳明的创造②。"视"皆是"心"之"视"，而不单单是生理性的"目"之"视"。"目"之所以"能视"，乃在于人有此人性能力。在此人性能力不受损毁情况下，目皆能视。心与物不二，或曰，心与物无内外，则心之"视"活动中，我与物亦不二，亦无内外。这样物我无隔、无距离之视也就消除了阳明所谓的以物为外、以眼向外看的精神趋向。真正的视乃心视而不应当单单以目视，心视发窍于目才有目视，这就彻底远离了视觉思想。

　　心明则目明，理明则物明。心明，良知明，即道明、理明，即对事事物物之理灿然于胸，知得来，做得来。反之未必是，理不可见，目明，见物而不必见理，理不必见，则心未必明。不过，在阳明看来，良知之不明与目之不明，其问题是一致的，即都在自身而不在外。具体说，良知之不明，乃由于其被"气拘物蔽"，只要去此蔽，则良知可复其明；目之不明，乃自目被遮蔽而病，治疗目病才可复目明。"舍吾心之良知，亦将何所致其体察乎？吾子所谓气拘物蔽者，拘此蔽此而已。今欲去此之蔽，不知致力于此，而欲以外求，是犹目之不明者，不务服药调理以治其目，而徒伥伥然求明于其外，明岂可以自外而得哉？任情恣意之害，亦以不能精察天理

---

① 关于五官与五脏之间的对应关系，以及由此而衍生的"心窍"说，最终确立"舌"为"心窍"，可参见本书第一部分（三）相关内容。王阳明将"血肉之心"（生理性）与"神明之主"（精神性）相统一的"心"分判为"二"。作为精神性的"心"，其窍被理解为"多"，如目、耳、口、鼻、四肢，而不是"一"（如《黄帝内经》中的"耳"或"舌"）。

② 朱熹以"知觉"说"心"，由所知觉而说"道心"与"人心"，并未言及"血肉之心"。陆九渊开始以理说心，他强调没有"二心"，但并未明确言及"心脏"与"心"的关系。

于此心之良知而已。"① "目"之"明"是指看得清楚，"不明"是指眼睛看不清楚。"求明于其外"是做眼睛之外的工夫，比如，关注并创造外物之可见的条件（将物带至光亮之处，使其以"形"或"色"的方式存在等），以求得其明。按照通常看法，眼睛能不能看清楚问题不在外物，而在眼睛自身，故曰"明岂可以自外而得"。正确的做法是通过服药调理来治疗目疾，正如通过为善去恶的工夫来去除心上之"气拘物蔽"。对于心、目之病相似之处，阳明进而论道："心体上着不得一念留滞，就如眼着不得些子尘沙。些子能得几多？满眼便昏天黑地了。……眼中放些金玉屑，眼亦开不得了。"② 心体着念如眼中有尘沙，有尘沙（哪怕是金玉屑）则满眼昏黑，有着念则心体不明。去除心中留滞之念则心明，去除眼中留滞之物则目明。

以心（"良知"）主导"目"并不意味着心会提供现成的内容给"目"，同时，"目"自身也不会自具内容。唯有心与天地万物相互感应过程中，"目"才具有现实的对象。阳明曰："目无体，以万物之色为体。耳无体，以万物之声为体。鼻无体，以万物之臭为体。口无体，以万物之味为体。心无体，以天地万物感应之是非为体。"③ "体"指现实的"对象"与"内容"，"心"以"天地万物感应之是非"为其现实的对象与内容，"目"以"万物之色"为其现实的对象与内容。"能视听言动"的"心"包含着活动的能力，是活动的根据。能力与根据首先指的是可能性，现实的心以"感应"的方式与天地万物交接。心之视，发窍于目。心在感应，心之视也在感应，即目也在感应。在心与天地万物感应过程中，视听言动也就获得了现实的内容。由"感应"关系，万物相对确定的"形"被隐去，确

---

① 《王阳明全集》，第 46—47 页。
② 《王阳明全集》，第 124 页。
③ 《王阳明全集》，第 108 页。

定性较弱的"色"突显①。"感应"同时也将"目"与"色"结为一体，离开"万物之色"，"目"亦无其明。

良知与造化诸物相互感应而使天地鬼帝诸物由"幽寂"而"显明"，在这个意义上，王阳明甚至夸张地以"生""成"等字眼来表述良知的功效，所谓"良知是造化的精灵，这些精灵，生天生地，成鬼成帝，皆从此出，真是与物无对"②。"从此出"是说，造化诸物出现之根据为良知，良知灵明则有造化诸物，良知被蒙蔽则无此物。

3. 无内外者不可见

在阳明看来，灵明充塞天地间而万物一体，一体而无距离，无距离即无隔，无隔则无内外，无内外则能合一。"可知充天塞地中间，只有这个灵明。人只为形体自间隔了。我的灵明，便是天地鬼神的主宰。天没有我的灵明，谁去仰他高？地没有我的灵明，谁去俯他深？鬼神没有我的灵明，谁去辨他吉凶灾祥？天地鬼神万物离却我的灵明，便没有天地鬼神万物了。我的灵明离却天地鬼神万物，亦没有我的灵明。如此便是一气流通的，如何与他间隔得！"③ 我的灵明与天地鬼神及万物间相互不可离却，彼此相互依存。与对象相互依存是"心"展开的基本方式。

王阳明并不否认"物"的客观存在，只不过，对于他来说，与人无涉的物并不具有明确的意义（"寂"）。王阳明关心的是与人之"意"相关涉的"物"，所谓"心者身之主也，而心之虚灵明觉，即所谓本然之良知也。其虚灵明觉之良知，应感而动者谓之意；有知

---

① 目对应形与色，先秦时，随着"目"的突显，"形"亦成为当时的思想范式。但是，随着视觉被抑制，"形"被超越，"色"则相应被选择与目对应，此在"五色""五味""五声"说中有明显表现。相较于"形"，"色"具有不确定性特征，容易随着个体生理、心理状况而变化。洛克把颜色归为"第二性质"，认为它具有主观性，正基于色的以上特征。
② 《王阳明全集》，第 104 页。
③ 《王阳明全集》，第 124 页。

而后有意，无知则无意矣。知非意之体乎？意之所用，必有其物，物即事也。如意用于事亲，即事亲为一物；意用于治民，即治民为一物；意用于读书，即读书为一物；意用于听讼，即听讼为一物；凡意之所用无有无物者，有是意即有是物，无是意即无是物矣。物非意之用乎"①。心之虚灵明觉即本然之良知，而其现实性上之应感而动即为"意"。尽管为应感而动者，但"知"为"意"之体，故"意"乃良知主导下自觉的精神活动。基于良知的主导性与意的自觉性，"意"之所用，原本自在之"物"即成为人所参与、介入之"事"，如事亲、治民、读书、听讼皆是。从"物"说，每个物都与特定的"意"相关涉，"物乃意之用"表述的就是"意"对"物"的主导与内在关联。有意则有物，无意则无物，就此说，"物即事"，"物"不在"意"外，不在"心"外。对于"意"如何"在"，王阳明这里用的是"应感而动"，也就是说，并非是"意"的单向投射（如此，投射而生者则为"意"之"所生"），而是"意"与"物"之间双向互动。"应"是说"物"非"意"所生。"应"而有"感"，"应感"表达的是两者之间互动而共在的关系。王阳明有时也用"感应"来表达两者之间的关系，如"理一而已。以其理之凝聚而言，则谓之性；以其凝聚之主宰而言，则谓之心；以其主宰之发动而言，则谓之意；以其发动之明觉而言，则谓之知；以其明觉之感应而言，则谓之物"②。"物"之"有"是"感应"的前提，"有"而无人，则为"寂"；有人与之感应，则"有"即为"在"，不仅物"在"，意也"在"。两者共在，物我由"寂"而共"明"。就此说，物不在"心外"，也不在"心内"。

物非客观物，物不在心外；理乃以"诚意""成德"为旨归的所以然与所当然统一之理，理亦不在心外。王阳明坚决反对将物、理

①《王阳明全集》，第 47 页。
②《王阳明全集》第 76—77 页。

设定于心外，他说："朱子所谓'格物'云者，在即物而穷其理也。即物穷理，是就事事物物上求其所谓定理者也。是以吾心而求理于事事物物之中，析'心'与'理'为二矣。夫求理于事事物物者，如求孝之理于其亲之谓也。求孝之理于其亲，则孝之理其果在于吾之心邪？抑果在于亲之身邪？假而果在于亲之身，则亲没之后，吾心遂无孝之理欤？见孺子之入井，必有恻隐之理，是恻隐之理果在于孺子之身欤？抑在于吾心之良知欤？其或不可以从之于井欤？其或可以手而援之欤？是皆所谓理也，是果在于孺子之身欤？抑果出于吾心之良知欤？以是例之，万事万物之理，莫不皆然。是可以知析心与理为二之非矣。"① 就王阳明所追求的"理"来说，离开"心"而在的"理"对人来说没有任何效用，或者说，只是空洞的形式，而算不上是真正的"理"。以"孝"之"理"为例，"亲之身"是"孝"之"理"落实处，但"孝"之"理"不在自心外的"亲之身"，而在"自心"。因此，"孝"之"理"不会随"亲之身"之在而在，也不会随之没而没。有孝心，"亲之身"在而有理，"亲之身"不在，其理亦在。以理在"亲之身"，在"亲之身"寻理，此即析心与理为二；在吾心里寻"孝之理"，此谓"合心与理而为一"。从今日视角看，作为"所以然"与"所当然"统一的"天理"不是纯粹客观物。"所当然"为人所制作，它依"心"而在，而不像现代科学追求的"公理"那样描述的是对象自身的客观属性。这里所说的事事物物得其理是说，这些事事物物本身并不具有"天理"。事事物物有其"所以然"，而无"所当然"。事事物物之"所以然"唯有与"心""合"，才得与"所当然"结合，才可能"得其理"。王阳明强调在吾心处寻理，将"格物"理解为做"心理合"的工夫，这无疑有其合理之处。

理之凝聚为"性"，理无内外，性亦无内外。性无内外，则"学"不必资于外求。资于外求者乃以为义有外，乃以为性有外。阳

---

① 《王阳明全集》，第 44—45 页。

明反对"以反观内省为务",认为如此则"修身"二字足矣,而不必正心,不必诚意,亦不必致知,不必格物。格物、致知、正心、诚意都要落实在事事物物上,而这是仅仅求之于内所无法完成的。"以反观内省为务"意味着遗外。阳明承认"格物"乃《大学》实下手处,他进一步发挥道:"格物者,格其心之物也,格其意之物也,格其知之物也;正心者,正其物之心也;诚意者,诚其物之意也;致知者,致其物之知也。"① 格物、致知、诚意、正心皆落实于"物",无视"物"也就谈不上格物、致知、诚意、正心。在阳明看来,"遗外"的根本原因在于"有我",在于"自私",在于"不知性之无内外"②。不能求之于外而遗内,亦不能求之于内而遗外。"夫理无内外,性无内外,故学无内外。……天下无性外之理,无性外之物。学之不明,皆由世之儒者认理为外,认物为外,而不知义外之说。"③人有私意,形体与灵明隔,我与物隔,有隔则有距离,有隔、有距离则有内外,有内外则有二。"无内外""合内外""无隔""合一",此乃阳明心学的基本思想方式。"心外无物""心外无理""性外无物""性外无理";"理无内外""性无内外""学无内外";"心与理一""知行合一""本体与工夫合一";反对"隔""内外之分""理为外""物为外""义外",反对"务外遗内",反对"心理为二"。

视觉活动的展开总是以人与对象之间距离的保持为前提。理、物都不在心外,则人与对象之间无距离,无距离者不可见。阳明强调"无内外""合内外",这从学理上拒绝了视觉的放纵。在阳明的观念中,肉眼不可见者可以心感应、以心视,由"感应"(或"应感")而保持着人与天地万物之间的相互通达关系。

---

① 《王阳明全集》,第 76 页。
② 《王阳明全集》,第 76 页。
③ 《王阳明全集》第 76—77 页。

4. 道必体而后见

"心统五官"并不限于五官活动时，事实上，儒家一直强调在"未发之中"时做工夫。所谓"未发之中"做工夫，即在未睹未闻时保持诚敬之心。先生曰："汝但戒慎不睹，恐惧不闻，养得此心纯是天理，便自然见。"① 在不睹不闻时就要做工夫，即以"戒慎""恐惧"之心主导，使耳目未动而心纯是天理，以保证目睹耳闻不随物而转。

"道即是良知"②，道、良知无内外，故以拉开距离为前提的视觉不能"见道"③，阳明对此有高度自觉。他说："夫道必体而后见，非已见道而后加体道之功也；道必学而后明，非外讲学而复有所谓明道之事也。然世之讲学者有二：有讲之以身心者；有讲之以口耳者。讲之以口耳，揣摸测度，求之影响者也；讲之以身心，行著习察，实有诸己者也，知此则知孔门之学矣。"④ 道与人拉开距离而为二，此时不可谓"见道"。非"体"之"见道"以"我"与"道"拉开距离为特征，阳明称之为"讲之以口耳"。只有讲之以身心，实有诸己，道与人一，道得人"体"，此时乃真正"见道"。"体道"之"体"指人与道相互交融，人在道中而道以人显。道得人自觉去"体"，则道在人身中显现，由此显现处方可谈"见"，此即"道必体而后见"。"良知即是天理"⑤，"天理即是良知"⑥。良知于其发用之视听言动，于其发用之思皆能自知，故在良知上体认天理乃为明白

① 《王阳明全集》，第 37 页。
② 《王阳明全集》，第 105 页。
③ 关于"道"是否可"见"，思想家们有争论。比如，庄子认为，自然感官不能接近道。所谓"道不可闻，闻而非也；道不可见，见而非也；道不可言，言而非也"（《庄子·知北游》）。但经过"坐忘"等修行工夫，我们可以"闻道"。"若一志，无听之以耳而听之以心；无听之以心而听之以气。听止于耳，心止于符。气也者，虚而待物者也。唯道集虚。虚者，心斋也。"（《庄子·人间世》）
④ 《王阳明全集》，第 75 页。
⑤ 《王阳明全集》，第 72 页。
⑥ 《王阳明全集》，第 110 页。

简易之途。良知无内外，欲拉开距离去"看"，亦不能见天理。

在阳明，物我一体乃本然之态，当然，这只是一种可能性。就现实性说，物人相感才能真正成就"一体"。"夫人者，天地之心，天地万物本吾一体者也。生民之困苦荼毒，孰非疾痛之切于吾身者乎？不知吾身之疾痛，无是非之心者也。是非之心，不虑而知，不学而能，所谓良知也。良知之在人心，无间于圣愚，天下古今之所同也。世之君子惟务致其良知，则自能公是非，同好恶，视人犹己，视国犹家，而以天地万物为一体，求天下无治，不可得矣。"① 持守良知，任其发用，自能感应生民之疾痛。人人有良知，物物有良知，各任其发用，公是非，同好恶，则人而己，家而国，天地万物为一体。"一体"之中之天地万物、古今圣愚皆不"在外"。欲知天地万物，不可张目求之；欲知生民疾痛，唯务自家之良知。去其昏蔽，现其纯良，廓然大公，自照照物，皆如青天白日。

以心去看，即以良知去看。"心外无物""心外无理"，"心"之"视"以消除内外之分为前提，它始终拒绝着距离性的观看，而追求破除了物我之隔、物我合一之"视"。"夜来天地混沌，形色俱泯，人亦耳目无所睹闻，众窍俱翕，此即良知收敛凝一时。天地既开，庶物露生，人亦耳目有所睹闻，众窍俱辟，此即良知妙用发生时。可见人心与天地一体，故上下与天地同流。"② 在天地万物与人构成的一体中，人的节律跟随着天地万物的节律，天地开，万物露，则人的众窍也随之开显。耳目之睹闻被当作良知之妙用，睹与闻都被良知化，由此确保所视皆能合乎礼（或"理"）。阳明对此说得明白："心者身之主宰，目虽视而所以视者心也……主宰一正，则发窍于目，自无非礼之视。"③ 非礼之视是目无主宰，逐物溺物。以心主宰

---

① 《王阳明全集》，第 79—80 页。
② 《王阳明全集》，第 106 页。
③ 《王阳明全集》，第 119 页。

目，则所视皆可得正。

从修行角度说，从务外转向自家身心，确立"良知"的主导地位，在此基础上展开致良知的工夫。致良知之展开，须就心-理上展开，但理不可见，理之发见处——文才可见。因此，工夫只能由"可见"而至"不可见"。王阳明说："礼字即是理字。理之发见，可见者谓之文；文之隐微，不可见者谓之理：只是一物。约礼只是要此心纯是一个天理。要此心纯是天理，须就理之发见处用功。"[1] "博文"为"约礼"的工夫，就可见处用功，以达于不可见之理。此即上文所说"良知不滞于见闻，而亦不离于见闻"。阳明未弃"目"之"见"，目可得见者乃不可得见的理之发见处。通过做前者的工夫，后者才能够落实。王阳明于此将前者归为"下学"："夫目可得见，耳可得闻，口可得言，心可得思者，皆下学也；目不可得见，耳不可得闻，口不可得言，心不可得思者，上达也。……故凡可用功可告语者，皆下学，上达只在下学里。凡圣人所说，虽极精微，俱是下学。学者只从下学里用功，自然上达去，不必别寻个上达的工夫。"[2] 上达只在下学中，由"下学"而上达，此是不二之选择。其在下学中上达，即将"目"之"见"纳入心或良知主导之下（此谓"正目"，即"非礼勿视"），并由此寻求"目不可得见者"。

5. 贵心贱目的历史流响

从上文可以看出，在王阳明的著述中，"目"或者单独列出，如可见的与不可见的、贵目贱心、见道与体道等，或者与其他感官及其活动一起列出，如以见闻表述与良知之知相对的知，以耳目口鼻四肢一起表述与心相对的"身"，以目-色、耳-声、口-味一起表述人的欲望等等。尽管以不同方式出现，但"目"始终被放在与"心"

---

[1] 《王阳明全集》，第6—7页。
[2] 《王阳明全集》，第12—13页。

相对的第一位。这表明，自觉超越目及其活动乃王阳明心学建构的基本任务。

从中国思想史看，先秦耳目之争，耳胜出，继而秦汉耳舌之辩，舌胜出。由此确立了味觉思想之主导地位。舌为心之窍，心以味觉的方式展开，此乃中国思想的一个基本特征①。如上文所论，阳明将与天地万物相互感应作为心的基本活动方式。"感应"实质是相互契入、无距离彼此融合的交接方式，这是"心之窍"的"舌"（味觉）的典型活动方式。贵心而贱耳目，可以看作对以上思想历程之再次重演。由此可说，阳明对心的活动方式的论述，正是对味觉思想的深度强化。心以天地万物感应之是非为体突显了"是非"这种道德关怀，不妨说，王阳明的心学乃道德化的味觉思想。

味觉思想包含诸多维度。品味中通过味来识别品类（类的寻求），进而推演其根据（故的寻求），此为认知维度。品味中以闲适之心赏其情态、悦其情态，无辨识之心，无利害之心，此为审美维度。品味中审识其是否合乎人的价值规范，是否合乎人的目的、意志，由此有利害之选择、有善恶，此为品味之道德维度。王阳明自觉展开"心目之辩"，将"目"视作与"心"相对的、向外驰求的思想路线。随时警惕"目"所隐含的道德意义，比如，可能造成"心与理二""物我之隔""内外之分"等，从而极大丰富了味觉思想。

王阳明确立的贵心贱目精神趋向随着王学的广泛传播而影响到其他领域。不离心言物，亦不离物言心，此在中国绘画中表现最为明显。真正的画作被理解与规定为经过画心消化过的物象，即经过心记忆、消化、意化的物。画象不可单归于心或单归于物，实乃山水人物与画家之心灵交合者。莫是龙、董其昌提出画之南北二宗

---

① 可参见本书第一部分相关内容。

说①，并对苏轼之看法大加赞赏②，后者论画之“善画者画意不画形”思想被理解为区分南北的标尺。“画意”为南宗宗旨，“画形”为北宗宗旨。“画意”与“画形”之分又被邓以蛰准确地归纳为“心画”与“目画”之争。通常认为，绘画以形色创造意象，与视觉关系密切。但是，“贵心（意）”而“贱目（形）”的绘画思潮却在明代油然兴起。究其缘由，一方面，以“象”论“画”（超越了以“形”论“画”）说奠定了中国绘画创作与欣赏之基调与方向，从而抑制了“目”的突显③；另一方面，王阳明的心学理论在明代的盛行无疑直接促进了绘画理论“贵心（意）”而“贱目（形）”之自觉④。因此，这股绘画思潮可视作王阳明贵心贱目说的自然流响。

---

① “禅家有南北二宗，于唐时分，画家亦有南北二宗，亦于唐时分。”此条见于莫是龙《画说》，同见于董其昌《画旨》，学界一般倾向于认为是莫是龙提出，而董其昌大加提倡，遂流行于世。

② 莫是龙认为，南宗始于王维，所谓“王摩诘始用渲淡，一变钩斫之法，其传为张璪、荆、关、董、巨、郭忠恕、米家父子，以至元之四大家。……要之摩诘所谓云峰石迹，迥出天机，笔意纵横，参乎造化者。东坡赞吴道子、王维画壁亦云：‘吾于维也无间然。’”（引自潘运告编著：《明代画论》，湖南美术出版社，2002 年，第 124 页。又见于毛建波校注，董其昌著：《画旨》，西泠印社出版社，2008 年，第 37—39 页。）

③ 关于中国绘画史上由以“形”论“画”，发展至以“象”论“画”，请参见第五部分第二节相关内容。

④ 关于心学对董其昌画学的影响，学界已有不少论述，如朱良志：《试论心学对董其昌画学的影响》，载《孔子研究》2000 年第 1 期。

七 欣遇味觉思想者

　　味觉思想有其自身的基本范畴，如阴阳、刚柔①、冷热②、上下、轻重③等等。这些范畴并非事物自身之客观属性，而是与人的价值目的相融合，或者说是意义与意味的融合。通过这些范畴，感通、体会、理会、玩味等味觉思想之展开得以可能。

　　味觉思想者不是纯粹的理智，而是有味的生命。从思维的层次说，相应于中国思想类、故、理的逻辑演进，味觉思想者亦分别表现为如类而在者、如故而在者、如理而在者。从思想之可感气质看，儒家以温作为思想者的存在基调，道家将淡作为思想者的基本气质。深沉的思想随时涌现为可感的生命气质，这也为味觉思想的开展提供了精神保证。

---

① 关于刚柔的具体论述，可参见贡华南：《论刚柔》，《西北大学学报》2012 年第 1 期。

② 关于"冷""热"的具体内涵，可参看贡华南《汉语思想中的忙与闲》第三章，生活·读书·新知三联书店，2015 年。

③ 对于"轻""重"的具体内涵，可参看贡华南《汉语思想中的忙与闲》第二章。

（一）如道之身

不同于视觉思想自觉悬置思想者自身存在，或将其简化为纯粹的理智，味觉思想的展开，思想者始终以整个的人出场。整个的人并不是混沌，而是身心混全，知、情、意、欲、身浑整者。更重要的是，"道"与人同在，"道"引导并塑造着人的品位、格调，成就现实的有味生命。当然，基于中国思想世界对"道"领悟之差异，领悟"道"的范式不同，"道"所呈现的形态也不同。特别是，不同学派对世界与人的价值态度各异，各家所领悟的"道"之内涵相应各有侧重，其所成就的味觉思想者的格调、气象因此多有异趣。诸味并呈，共同构成了中国思想的完整画卷。

味觉思想者思想之展开并不悬置身体，相反，他们总是自觉以身体参与思与想。当然，参与思想的身体并非生理性肉身，而往往通过修身显示为精神性身体。具体说来，在中国思想史中，思想自身演进脉络一直通过修身而在身体上同步演进。从散殊之身体，到作为"类"的身体，再到作为"故"的身体，最终至于作为"理"的身体，"身体"被思想不断同一化，而超拔至于"类""故""理"之域。散殊的身体个个不同，作为"类"的身体"如类而在"，以类相别；作为"故"的身体"如故而在"，作为"理"的身体"如理而在"。思想与身体之同一，一方面身体道化而成为能思能想者，另一方面也使思想总是经由身体而展开，这构成了中国思想世界中身体观演进之深层根据与基本特征。

本节根据中国思想世界中领会身体的思想架构之演进脉络，返而透视中国思想世界中身体观之演进脉络。对此演进脉络的梳理，本节首先采用了冯契先生的思想，即从"类""故"到"理"的逻辑发展构成了中国哲学演进的基本脉络①。同时本章亦贯彻作者近年来所体会出来的线索，即中国思想自身经历了从"形"到"形而上"，再从"体"到"本体"，转而从"理"到"天理"思想范式之转换。由此思想范式之演进而塑造了如朴而在的散殊之身体、如"类"而在之身体、如"故"而在之身体，最终至于如"理"而在②之身体。身在道在，道在身在，思想与身体之同一③，中国思想世界中的"身体"随着思想之沉浮而沉浮，由此形成了逻辑与历史相统一的身体观之演进脉络。

1. 如"朴"而在之身体

身体乃天造地设者，而进入观念的身体则呈现出不同面貌。进入思想世界的身体总是被置放到不同的思想架构，且随着思想架构之不同而呈现不同面貌特征。道家以道为根基，重"独""殊"，也即今日所谓"个"。散殊之身体同样不是天造地设的物自身。有"个"之万物散殊根基于道，身体亦如之。道家所崇尚之"独"乃指不与他者相对，不为他者所改变、移易之身即所谓"独立而不改"

---

① 可参见冯契：《认识世界和认识自己》，华东师范大学出版社，1996 年，第 51 页。"类、故、理"是《墨经·大取篇》提出的范畴："夫辞以故生、以理长、以类行。"由"类""故"至于"理"乃是思想展开的三个递进的阶段，也可以说是"道"的三个递进的层次。"察类"即追问"实然"，"明故"即追问"所以然"，"达理"即追问"必然"与"当然"。

② "如……在"句式取自《论语·八佾》："祭如在，祭神如神在。"此句式甚美！它表达着特定精神之具体（具有时空之体）化与具体存在之精神化相融契之特质，或者说，它既表达着真实具体的在世姿态，同时此姿态又深深契合特定精神。

③ 中国思想之范畴、范式相应经历由"形""体"至"理"的嬗变过程，具体说，即由"形"至于"形而上"，转而由"体"至于"本体"，进而由"理"至于"天理"。"身体观"亦随此范式之嬗变而流变：在"形"范式主导下，"身"为"形"，"体"为"形"；在"体"范式下，"身"为"体"，"体"为"体"；在"理"范式下，"身"为"理"，"体"为"理"。此历史脉络展示了中国思想演进之方向，即超越"形"，而趋于"体""理"。从"形"到"体""理"之脉络与从"类"到"故""理"脉络亦大体一致。

者(《道德经》第二十五章)。"独"又被称作"素""朴":"见素抱朴。"(《道德经》第十九章)"素""朴"即是未经人文化的完整身体。每个人都有其身体,故身体为多姿多彩之"多"。在《道德经》看来,每个个体皆得"一"("道")而生,都具有平等的、独一无二的价值。人的价值不大于物,物的价值亦不大于人,于"天下"亦然。故《道德经》说:"贵以身为天下,若可寄天下;爱以身为天下,若可托天下。"(第十三章)作为个体之"身"与"天下"具有同等的价值。"身"不大于"天下",故不会取天下以归己;"天下"不大于"身",故不会屈"身"以就"天下"。"身"与"天下"故皆能得全。在价值上摆平"身"与"物""天下",则能够在精神层面做到"无身""外身""后身"。"无身"即自觉消除以己身为中心的观念;"外身"即自觉不将己身摆在更亲、更尊之"内"的地位;"后身"即自觉不将己身摆在价值之"先"。唯有如此,才能真正保持自身之素朴之身,也才能保持住他人的素朴之身。

此身不可减损,不可增益。亲之、贵之、利之即增益之,增益身即为多余;疏之、贱之、害之即减损之,减损即为不足。"天之道,损有余而补不足。"(《道德经》第七十七章)有余者损之,不足者补之,即可使朴素之身得以完整地持存与展开。对于世俗之人来说,总以"多""实""有"为好,故不断取物归己,增益己性。故《道德经》主张"为道日损"(第四十八章),主张"无为",即自觉停止以人的意志、目的、欲望加于他者,同时取物归于己。"无为而无不为",即自我退隐,停止人为,而使万物素朴之性,他人素朴之身得以完整保存。己身与万千他人之身皆有其自然,皆可得其自然。

《庄子》进一步以"逍遥游"来诠释散殊身体之"自然",设身于"大樽而浮于江湖",处"无何有之乡,广莫之野"而物无害者。并以"齐物论"纠偏"不齐"之"物"与"不齐"之"物论",而彻底以平等("齐物")观人与天地万物。"凫胫虽短,续之则忧;鹤胫虽长,断之则悲。"(《庄子·骈拇》)每个个体之身不长不短,短不可续，长不可断。基于此说，散殊之身体，包括残损的一个个身体，都拥有完整、自足的价值①，而不能作为他者，包括不能作为"类"而观。

2. 如"类"而在之身体

"类"的追寻重在寻求一类事物自身之规定性，此规定性同时也是与他类相区别之标志。因此，"类"以"分"为基本特征，即辨别与他类的差异。先秦思想中的"人禽之辨"无疑落脚点在"察类"。与思想层面"类"的追寻相应，身体也总被人被理解为人的"类"特征。

"鸟兽不可与同群，吾非斯人之徒与而谁与！"（《论语·微子》）孔子重"人道"，而以"仁""礼"区别人与鸟兽、小人，相应，仁化、礼化的身体被当作"人"的标志、尺度，或被当作人之一类的标志与尺度，如君子、仁者。孔子以"仁"充实礼，并以礼来规训身体，所谓"非礼勿视，非礼勿听，非礼勿言，非礼勿动"（《论语·颜渊》）。能做到"非礼勿动"者乃"仁者"，故可说礼化之身乃"仁者"之身。礼乃外在规范，孔子亦以内在实有的精神态度来修身，所谓"修己以敬"（《论语·宪问》），具体说则是"君子有九思：视思明，听思聪，色思温，貌思恭，言思忠，事思敬，疑思问，忿思难，见得思义"（《论语·季氏》）。"明、聪、温、恭、忠、敬"乃内实有且形诸外的美德。以敬修身，身体亦敬化、仁化，在待人接物中随时显现出来，所谓"君子之居丧，食旨不甘，闻乐不乐，居处不安"（《论语·阳货》）。君子居丧以哀戚为基本的精神格调，同时哀戚也构成了身体的基本色调。内居仁，外合礼，此即"文质彬彬"之君子（《论

---

① 散殊的身体并非是无精神的或天然的、低级的存在。它基于道而得以持存，自觉根柢于道而持守不分化，因此，可说是高度自觉的精神化存在。相较而言，如类、如故、如理之身体则显示出更多分化的特征。

语·雍也》）。质言之，文质协和构成了君子之身体的基本特征。

孟子感慨于"人之异于禽兽者几希"（《孟子·离娄下》），而努力唤醒人们将此"几希"之"恻隐之心、羞恶之心、辞让之心、是非之心"等"四端"，实现为"仁义礼智"等"四德"。四德完全发挥出来，即"尽心"，也即"尽性"，如此则身体亦被仁义礼智化，所谓"仁义礼智根于心，其生色也，睟然见于面。盎于背，施于四体，四体不言而喻"（《孟子·尽心上》）。面、背、四体随心而随时怵惕恻隐、羞恶、辞让，由此而真正成为异于禽兽的人之身体（确切说是君子之身体）。儒家追求伦理化的身体，以使人区别于鸟兽、禽兽，此伦理化的身体突显的并不是个体之身体，毋宁说是作为"类"的身体[1]。

3. 如"故"而在之身体

随着"类"的追问向"故"的追问之递进，以"故"观身体，并以之修身养体，亦逐渐成为思想大潮。与作为"故"范畴相应的"体"为多，但作为"体"之"体"的本体则为一。与此相应，身体之体也由"类"进至于"故"（"所以""所由""所以然"）。这表现在"体"超越"形"，如"形虽大，不能累其体"[2]，"体尽于形，不欲也"[3]，"凡物之所以存，乃反其形……道之与形反也"[4]，等等。"形"字面的意思指外在的形状，广而言之，指事物之所呈现者。与"形"相对的"体"首先指事物的内在骨架，引申为事物存在的根据。作为表现者的"形"根柢于"体"，而所表现者非等同于"体"，

---

[1] 对"性"的追问首先表现出的是"类"的兴趣，比如，告子"生之谓性""食色，性也"，以生而有的自然之质为性，身体活动（如食色）被理解为一类的活动。荀子之性恶论以人之好利恶疾，耳目之欲好声色为人之性，亦即以之为人的类特征，而以礼乐养体，修身为善，则归于礼乐化的身体，此与孔孟亦一致。

[2] 《老子道德经注校释》，第 11 页。

[3] 《老子道德经注校释》，第 106 页。

[4] 《老子道德经注校释》，第 197 页。

此即"形不尽体"之意。万物皆有其"体",而万体之"体"即道、本体则为一。相应,与本体同体之身体成为超越的身体。

以本体提升身体,王弼对此有集中阐发:"圣人体无,无又不可以训,故言必及有;老、庄未免于有,恒训其所不足。……圣人茂于人者神明也。同于人者五情也。神明茂,故能体冲和以通无。五情同,故不能无哀乐以应物。然则圣人之情,应物而无累于物者也。"(《全晋文·王弼传》)"体无者通无",体冲和才能通无。在王弼视域中,"无"是"故",是本体之"体"。"体无"之"体"是身体而不是本体。"体无"之"体"意思为"同体",即"以无为体",或"不能舍无以为体"①。以无为体即以无为用,展开即为"无为""无事""无味""不言",等等。故"体"不仅要求神明茂,更重要的是身体通无,即身体超越实然而至本体层面。身体通无通体,成为万物生长成就的根据②,在此意义上,身体乃是"故"的身体。

王弼以本体为一,身体依从于道才能与本体同体,此即王弼所说"躬于道"③、"与道同体"、"与得同体"④、"与天地合德"⑤。但对于未能执一者而言,则"行失则与失同体"。也就是说,未能把握大道者其身体必然远离本体,从而使万殊之身体与本体析离为二。王弼重"一本",郭象则重"万殊"。万物皆以自己为原因与根据,自生、自得、自化、自尔,万物而万殊耳。每个人的身体皆如一物,皆以自身为原因与根据,所谓"夫身者非汝所能有也,块然而自有耳"(《知北游注》)。"自有"即自生、自得、自化、自尔、自然,即无待他者而然,包括无待于"我""汝"等"主体"。郭象在此将每个

---

① 《老子道德经注校释》,第 94 页。
② 与无同体者对自己"任自然之气,致至柔之和"(《老子注》第十章),对万物则"不塞其原,不禁其性"(《老子注》第十章)。"不塞其原,则物自生……不禁其性,则物自济",在此意义上,人之"无"恰恰成为物自生、自济的根据。
③ 《老子道德经注校释》,第 77 页。
④ 《老子道德经注校释》,第 57 页。
⑤ 《老子道德经注校释》,第 186 页。

身体都理解为以自身为根据，同样见身体超拔到了"故"的境界。

4. 如"理"而在之身体

随着"故"的追问向"理"的追问之递进，以理观身、修身逐渐成为思想界之主流，如理而在之身体遂成为一个理想目标。程明道说："吾学虽有所受，天理二字却是自家体贴出来。"① 宋儒所体贴出来的"天理"不同于先秦作为"类"的天理，也不同于魏晋作为"故"的天理，而直接进至于"理"。"天理"不仅被理解为"所以然"②，而且被理解为"必然"与"当然"。所谓物有物理，人有人理，物理与人理虽有"殊"，却为"一"。"一理"实，"万理"各正。"理"与"理"之间彼此开放，相互通达。它们之间之所以能相互通达，是因为"理"既是物与人之"所以然"，也是"所当然"。"所当然"之必然性与"所以然"之必然性结合，从而使"理"成为人、物存在之根据、目的与动力。"所以然"与"所当然"的结合不仅意味着人、物之理的贯通，也意味着"理"贯通了人之外在与内在，成为人安身立命之根据。"理"的获得也就意味着获得了行动的根据、理由与动力，"有理"即有根据，且合乎目的与价值，"无理"不仅无根据，也不合乎目的与价值。

宋儒亦言"与物同体"③，不过，其所谓"同体"异于魏晋人所谓"同体"："所以谓万物一体者，皆有此理。"④ 万物一体是因为万

---

① 《二程集》，第 424 页。
② "所以然"亦有层次之分，如"生之所以然者谓之性"（《荀子·正名》）。按照牟宗三的看法，荀子之"所以然"乃是"自然义、描述义、形下义的'所以然之理'……伊川、朱子所说的'所以然之理'则是形而上的、超越的、本体论的推证的、异质异层的'所以然之理'"（牟宗三：《心体与性体》（上册），上海古籍出版社，1999年，第 77 页）。形而下的所以然即"类"概念，形而上的所以然则为"理"概念，前者为"多"，后者为"一"。
③ 程颢语，见《二程集》，第 16 页。
④ 《二程集》，第 33 页。

物（包括人）皆有此理。明理、存理由此被视作人之为人的基本尺度，所谓"人只有一个天理，却不能存得，更做甚人也"（《近思录》卷四）。对于人来说，自觉明理、顺理，依照"理"而展开自身就成为人的使命。张载说："万物皆有理，若不知穷理，如梦过一生。"[1]人、物皆有"理"，但有"理"而"不穷"即意味着"不知理"，"不知理"则意味着行动不以"理"为动力与目的，从而无法实现人的性命（尽性），此即所谓"如梦过一生"。自觉"穷理"，以"理"作为生命之根据、目的与动力，则生命有根据、行为合乎目的与价值，此便是"天理"。做人就要存天理，人之存在就要如理而在。

如理而在者以"理"与他人、万物交会。即以自身之理交会他人、万物之理。所穷之理与自身之理交会，而真正能进入自身亦需要自身修持工夫，张载说："义理无形体，要说则且说得去，其行持则索人工夫。"[2]"索人工夫"即需要人吸收、消化、涵养，使"理"成为自身之生命境界。"理"索人工夫而不断约束、规范、净化理会者，逐步"体认省察"，道理为我所受用，成为我真实的生命，最终使其变化气质而由驳杂趋纯粹。宋儒追求克己、涵养工夫，都指向对理会者的约束与规范，而成为天理之化身无疑是其最高目标。在此意义上，"存天理，灭人欲"理所当然地成为宋儒的精神目标。

天理存于人不仅表现于心性之如理，也同样表现于身体之如理。理不可易且不容已，如理而在的身体亦不可易、不容已。不可易是指身体之展开皆有根基，而非出于个人的欲望、意志、目的。根基于理的身体动皆如理，客观的理保证身体亦有则可循。不容已的身体不只是客观的理，还随时表现于形貌，展开为行动。

通过用敬涵养，心如理，身随心。程子曾如此形象地称此理、

---

[1]《张载集》，第 321 页。
[2]《张载集》，第 322 页。

心、身融而为一者："满腔子是恻隐之心。"① "腔子"指人之躯壳、人之身②。满腔子是恻隐之心是说眼耳鼻舌手足皆浸透、散发着善感善应的恻隐之心。朱熹发挥道："只是满这个躯壳，都是恻隐之心。才筑着，便是这个物事出来，大感则大应，小感则小应。恰似大段痛伤固是痛，只如针子略挑些血出，也便痛。故日用所当应接，更无些子间隔。痒痾疾痛，莫不相关。才是有些子不通，便是被些私意隔了。……腔子，身里也，言满身里皆恻隐之心。"③ 私欲尽去，便纯是温和冲粹之气，此时身皆是心。伤痛在身，大痛小痛皆心痛。满身皆恻隐之心，皆随事随感随应。恻隐之心通贯羞恶之心、辞逊之心、是非之心，依此亦可言满腔子是羞恶之心，满腔子是辞逊之心，满腔子是是非之心④，等等。眼耳鼻舌手足随时恻隐，随时羞恶，随时辞逊，亦随之显示是非。满身都是心，都是理。一身皆能恻隐，一身皆能羞恶，一身皆能辞逊，一身皆能是非。此即为理化之身，如理之身。

作为"故"的身体内冲和而外无为、不扰物，自造自化；作为"理"的身体内和外温，知理行理，既有其所以然之故，又合乎当然之则⑤。以"理"为体超越以"无"为体。天理一，索人工夫，人欲尽而作为天理之身体显。一方面身体得以在理中提升、净化；另一方面，身体皆天理之分殊而体现于日用常行。作为天理之身体显示为温、仁、敬等气象、态度与直接可感的待人接物之方式。伊川先

---

① 《二程集》，第 62 页。
② 如朱熹解说："此身躯壳谓之腔子。"（《朱子语类》，第 1283 页。）
③ 《朱子语类》，第 1283 页。
④ 朱子对恻隐之心与其他三心之间关系有交代："不特是恻隐之心，满腔子是羞恶之心，满腔子是辞逊之心，满腔子是是非之心。弥满充实，都无空阙处。"（《朱子语类》，第 1285 页。）"恻隐是个脑子，羞恶、辞逊、是非须从这里发来。若非恻隐，三者俱是死物了。恻隐之心，通贯此三者。"（《朱子语类》，第 1289 页。）
⑤ 牟宗三批评伊川、朱熹之理为"只存有不活动"，实际上，单单所以然之故才是"只存有而不活动者"，程朱所追寻之所以然理与所当然之则的统一体则以"即存有即活动"为基本特征。

生《明道先生行状》给我们描绘了一个醇儒的形象，一个如理而在的身体："先生资禀既异，而充养有道。纯粹如精金，温润如良玉。宽而有制，和而不流。忠诚贯于金石，孝悌通于神明。视其色，其接物也，如春阳之温。听其言，其入人也，如时雨之润。胸怀洞然，彻视无间。测其蕴，则洁乎若沧溟之无际。极其德，美言盖不足以形容。先生行己，内主于敬，而行之以恕。见善若出诸己，不欲弗施于人。居广居而行大道，言有物而动有常。""温""润""敬""恕"等并非静态之思想品格，而是由内而外涌现出来的，自成而成物之迁化之力，也即我们所说理化了的身体——如理之身。

如我们所知，作为中国思想之最高范畴，"道"有"有"（逻辑意义上之不无），却未必总是"在"（具体呈现），其"在"总与体道、味道者同在。道在万物，显为色声味，然无体道、味道者，道隐；有体道、味道者，色声味之道显，大道亦显，所谓"德者，道之舍"（《管子·心术上》）是也。道之在系于体道、味道者，体道、味道者既以自己的心灵领受大道，更重要的是通过自己的身体呈现大道，即在待人接物中展现大道，此谓"实证"[①]。孔子由"不安"说"仁道"，孟子以"怵惕恻隐之心"说"仁道"，皆将身心战栗疼痛及所直接透显者视为最真实的仁道。《文言》之"体仁"、《系辞》之"感通"、《中庸》之"体物"、《庄子》之"体道"、《淮南子》之"体太一"、董仲舒之"体天"、王弼之"体道大通"、宋明儒之"理会"，凡诸等等，皆以身心圆融的生命来呈现大道。道与身圆融无碍，同时绽放。由察类、明故而达理，大道之展开皆通过身体展开，皆借身体而呈现，并得以实证。身趋向道，道借身而在，由此可说道在身在，身在道在。

[①] 无主体的客观知识之实证需要"外证"——实践证实与理论证明，"道"并非无主体的知识，其"实证"即"自证"而非"外证"。

思想不离身体，同时规训身体，此乃味觉思想的基本特征之一。从散殊之身体，到作为"类"的身体，再到作为"故"的身体，最终至于作为"理"的身体，"身体"被思想不断同一化，而超拔至于"类""故""理"之域。散殊的身体个个不同，作为"类"的身体"如类而在"，以类相别；作为"故"的身体"如故而在"；作为"理"的身体"如理而在"①。思想与身体之同一，道在身在，身在道在。一方面身体道化而成为能思能想者②，另一方面也使思想总是经由身体而展开③，这构成了中国思想世界中身体观演进之深层根据与基本特征。

（二）温：儒家之精神基调

儒家以"温"（"温柔敦厚"）为其基本品格，佛家以"凉"为其基调，道家以"淡"为其思想基调。据此，我们可以"温"来说儒家，其人其思皆然；以"凉"来说佛家，以"淡"（不温不凉）说道家。看（听）儒家思想，看（听）着看（听）着就温暖起来，甚至热起来；看（听）佛家的思想，看（听）着看（听）着就凉下来；看（听）道家的思想，看（听）着看（听）就淡然起来。其人其思，无温，何以叫儒？不凉，何以入佛？远离淡，何以称道？世态炎凉，儒释道④各适其用！

《诗》《书》以"温"论德，将"温"作为"德之基"。孔子继承

---

① 当然，对"类""故""理"理解不同，"如类""如故""如理"之形态亦不同。
② 孟子说"心之官则思"，宋明儒则说"满腔子是恻隐之心"，"满身里是恻隐之心"。如此，满腔子、满身皆为思之官，皆可思矣。
③ 身心融通之人格气象既是中国思想家所追寻的生命境界，也被中国思想家视为最真实的思想形态。因此，才有身教重于言教之说。
④ 广而言之，墨家兼爱，古道热肠，其思想基调是"热"，法家严刑峻法，其思想基调为"寒"。其余思想亦可循此定性味。"寒""热"于人、于世不可久，"温"（"热"）、"凉"（"寒"）共用，世可治平。"淡"最理想，但高远而不近人情。

之，并在"仁"的根基上赋予了"温"以新的内涵。后儒系统地在"仁"的根基上论述"温"，从而使其获得深沉的本体论内涵。作为在世方式，"温"被理解为气象、德容，同时也是认知的前提与路径，并由此构成了儒者之思想基调与思想之方法、取向与归宿。在此意义上，以"温"在世不仅成为儒者在世之直接可感形态，也构成了儒者区别于释、老之标志性特征。

如果选择一个最能体现儒者在世、认知、待人、接物特征的范畴，此非"温"莫属。"温"既是儒者待人接物的伦理态度，也是其认知展开之具体方式，同时也是儒者修行之方向与归宿。"温"并非视觉之所及，不是一个以客观性为基本特征的抽象概念。在生理与精神层面，它向触觉、味觉展露，而呈现出一个触之可及、直接可感的生命姿态。塑造、成就温者，释放生命之温，温己而温人、温物、温世，这既是儒者之身家之所在，也是人们对儒者之迫切期待。

1. 温之为德

"温"本义为"河阳"[①]，即有水有阳之所。有阳光与水分之所既不会太热，也不会太冷，既不会太干燥，也不会太潮湿，故古人将之理解为最适宜生命发育生长之所。"阳"可给人暖意，"河"（水）给人润泽，"温"之于人恰如春阳与时雨齐施。或许正基于此，从《诗经》起，人们就开始以"温"论德，如"言念君子，温其如玉。……言念君子，温其在邑"（《国风·秦风·小戎》）。"玉"之"温"有热量，可"暖"人身，有润度，可"润"人心。当然，如玉之"温"所散发的是令人舒适的精神热量与精神润度，其指向的是人之心。"终温且惠，淑慎其身。"（《国风·邶风·燕燕》）郑笺云：

---

① 如"水北为阳，山南为阳。温，河阳也"（《春秋穀梁传》僖公二十八年）。"温"只是诸"阳"之中的一种。或许是其中最适于生命发育生长的一种，后世遂以"温"训"阳"者，如"阳，温也"（《毛诗正义》卷八，八之一）。如后文所示，"温"遂遗"河（水）"而独以"阳"称。

"温，谓颜色和也。""温"作为"德容"，指颜色容貌和柔、宽柔、柔顺。值得注意的是，《诗》多将"温"与"恭"并用，如"温温恭人，如集于木"（《小雅·小宛》）。"宾之初筵，温温其恭。"（《小雅·宾之初筵》）"温温恭人，惟德之基。"（《大雅·抑》）"温恭朝夕，执事有恪，顾予烝尝，汤孙之将。"（《商颂·那》）"温温"乃形容恭人之恭态，主要意思是恭敬、谦顺、柔和，主接受、容纳。姿态谦恭，抑己扬人，给人尊严与信心。恭敬、接受、容纳、顺从他人，他人得到理解、肯定、认同与尊重，即得到温意暖意，持续不断的理解与尊重，则可源源不断地感受到温暖。生命信念、价值在暖意中被增强与实现，或基于此，《大雅》遂将"温"作为"德之基"。

《书》亦将"温"作为众德之一，如："直而温"（出现于《虞书·舜典》与《虞书·皋陶谟》），亦有以"温""恭"并列，如"浚咨文明，温恭允塞，玄德升闻，乃命以位"（《虞书·舜典》）。其基本意思是"温和""和善"，也就是不冷漠、不冷酷。

孔子继承了《诗》《书》以"温"论"德"传统，并在"仁"的根基上赋予了"温"以新的内涵。"温"在《论语》中凡五见，其中出自孔子者两处，出自孔门弟子者三处。出自孔门弟子者，两处是对孔子之描述，一处是对君子的描述——皆可以看作对"温"德之直接感受。子贡曰："夫子温、良、恭、俭、让以得之。夫子之求之也，其诸异乎人之求之与？"（《学而》）或训"温"为"敦柔润泽"（《论语正义》），或训"温"为"和厚"（《论语章句集注》）。两者大体揭示出"温"中原初之"阳"与"河"（水）义，即指待人的态度与气度：内在精神和厚，外在德容和柔。相较于《诗经》中主恭敬、谦顺、柔和、接受、容纳的"温"，这里的"温"与"恭"并列，意义更侧重爱护、鼓励，主融合、施与、促进。施与人、事、物以"温"，使人、事、物温起来，这是孔子的理想，也是其在世的基本态度与作为。《论语·乡党》描述孔子："孔子于乡党，恂恂如也，似不能言者。"王肃曰："恂恂，温恭之貌。""温恭"乃是日常生活中孔子容色言动之刻画，因此可视作孔子画像之基本特征。

但是，"温"并不是一副先行预制好、随时可挂搭的面具。《述而》描述孔子"温而厉，威而不猛，恭而安"。《论语正义》解释道："言孔子体貌温和而能严正。""正"得其"严"即"厉"。"温而厉"即"温"皆得其正也。所谓"严正"不仅指"温"在量上有差异，也指其表现形态所呈现之多样性。"爱有差等"，"温"亦有差等："温"并不意味着对所有的人施与同等的温度，而是在不同情境下对不同的人呈现相应的温差。子夏将"温而厉"诠释成"三变"，他说："君子有三变：望之俨然，即之也温，听其言也厉。"（《子张》）"望"是拉开距离观看，"即"是近距离接触。"望之俨然，即之也温"揭示出君子之人格温度随距离而改变，此正是"温"有差等之表现。但将"温而厉"割裂为对"色"与"言"之感受，似乎未能领会"温"有差等之妙谛①。

对于他人来说，"温"表现为直接可感受的暖意。对于修德之君子来说，内在德性之培养固然重要，让他人他物直接感受到的颜色容貌之暖意更应该自觉追寻。孔子曰："君子有九思：视思明，听思聪，色思温，貌思恭，言思忠，事思敬，疑思问，忿思难，见得思义。"（《季氏》）"思"是自觉追求、努力实现。朱熹说："色，见于面者。貌，举身而言。"（《论语章句集注》）"色"主要指现于外的面色。如我们所知，"面"是由眼、耳、鼻、口构成的整体，"面色"指呈现于外的整体气质，包含"眼色""耳色""鼻色""口色"。君子所自觉追求与呈现的面色之"温"乃是眼耳鼻口整体所散发出来的温和的气度。对可感颜色、容貌温度之自觉追寻构成了儒者修德之基

---

① 相较而言，《中庸》"温而理"之说更为周全："君子之道：淡而不厌，简而文，温而理，知远之近，知风之自，知微之显，可与入德矣。"（《中庸》）"温"主"和"，但其"和"有"节"，此即"温而理"。进一层说，"温"乃是有"故"之"温"，也就是有"礼"（主分）有"乐"（主和）之"温"。"温故者"契入"故"，也就超越了自然温度（如热情）而呈现出合理的张弛节度。

本内容，也成为儒者之德的重要标志。

"温"不仅是孔子待人之基本态度与气度，同时也是接物之基本态度与方法，包括对待特殊物——"故"："温故而知新，可以为师矣。"（《为政》）从字面看，"故"指旧日所学，具体内容指《诗》《书》《礼》《乐》等经典。在孔子思想世界中，"故"的实质则是以"仁"为根基的道理。在孔子，"故"乃是个体生命"兴"（"兴于诗"）、"立"（"立于礼"）、"成"（"成于乐"）的前提与实质。因此，"故"不仅是"过去"，也可成为活生生的"现在"。不过，"故"到来而成为现在，需要人去化可能为现实，"温"就担当着此转化之责。"温"并非修德者颜色容貌之"温"，而是其精神层面之温——德温，即其心灵中由内而外涌现的热切的关爱、施与、融合。对于个体生命来说，"故""有"而"不在"，也就是说，它还没有进入个体心灵，并不为个体心灵所自觉保有，即不为心灵所自觉。个体生命欲禀有已有的道理，需要心灵自觉消除生命与道理之精神隔阂。"温"在这里便被当作消除此精神隔阂，融合、秉承已有道理的理想方式，具体说，就是以"温"迎接"故"、融化"故"、契入"故"。已有道理与当下生命之隔阂被消融，个人生命由此突破一己之限，而贯通、契入无限之道理。道理与身为一，从而完成有限生命之超越。

在孔子观念中，能温者并非那些满怀认知热情者，毋宁说，唯有仁德者能温。能温者爱护、鼓励人、事、物，即以"德温"来对待人、事、物。简言之，温故就是仁心呈现，施与、融化、契入生命之根，从而使仁心有了深沉的依靠与厚实的支持。温厚的"仁心"带着深沉的"故"去知，就是以深沉博厚的生命温度去融化、契入事事物物，仁心润泽事事物物，贯通事事物物。事事物物得仁心温厚之养，如得春阳之泽、春风之抚、春雨之润，生机勃然焕发，生命由此日新。"知新"之"知"指向生命之自觉，其"新"则涉及温德打开的生命新境界，以及由此生命境界展开于事事物物所开显的新天地。德性日厚，境界日新，天地日新，此构成了"师"的内在格调与现实条件。因此，"温故而知新"不仅指儒者一以贯之的"学习"态度，更重要的是指儒者待人接物的态度、方法，亦是儒者鲜活的在世之态。

2. 温与仁

在孔子思想系统中，生命之温源于"仁心"之呈现，或者说，"温"是"仁"之用，是仁之显现。后世儒者正是立足于这个识见，不断阐发出"温"的深层意蕴。以"温"为"德"，并以此作为儒者在世之基本容态，这个思想为《郭店楚墓竹简·五行》、荀子、《礼记》继承并发挥。一方面，继续以"温"来形容有德之颜色、容貌，如：

> 颜色容貌温变也。（《郭店楚墓竹简·五行》）
>
> 人无法，则伥伥然；有法而无志其义，则渠渠然；依乎法，而又深其类，然后温温然。（《荀子·修身》）
>
> 凡三王教世子必以礼乐。乐，所以修内也；礼，所以修外也。礼乐交错于中，发形于外，是故其成也怿，恭敬而温文。（《礼记·文王世子》）
>
> 孝子将祭祀，必有齐庄之心以虑事，以具服物，以修宫室，以治百事。及祭之日，颜色必温，行必恐，如惧不及爱然。其奠之也，容貌必温，身必诎，如语焉而未之然。（《礼记·祭义》）
>
> 唯天下至圣为能聪明睿知，足以有临也；宽裕温柔，足以有容也；发强刚毅，足以有执也；齐庄中正，足以有敬也；文理密察，足以有别也。（《中庸》）

以"温"为儒者之"容貌"与"颜色"，从而塑造出儒者即"温者"形象：如春阳与时雨并施。特别值得一提的是，《中庸》重提

"温故而知新"，将其自觉纳入德性问学之序中："君子尊德性而道问学，致广大而尽精微，极高明而道中庸，温故而知新，敦厚以崇礼。""温故"与"尊德性""敦厚"出于同一序列，表达的是德性的涵养而非单纯的学习，而作为德性的涵养，"温故"则构成了问学——"知新"的根基与前提。

另一方面，《郭店楚墓竹简·五行》、荀子、《礼记》把"温"与"仁"联系起来，如："仁之思也清，清则□，□则安，安则温，温则悦，悦则戚，戚则亲，亲则爱，爱则玉色，玉色则形，形则仁。"（《郭店楚墓竹简·五行》）"温"是"仁者"之思而带来的结果之一，换言之，"温"乃仁者必然呈现的在世之态。同时，"温"又是通向"仁"的内在环节之一。

《荀子》则将"温"视为"仁"的内在特征之一。在比德于玉时，荀子说："夫玉者，君子比德焉。温润而泽，仁也；栗而理，知也；坚刚而不屈，义也；廉而不刿，行也；折而不挠，勇也；瑕适并见，情也；扣之，其声清扬而远闻，其止辍然，辞也。故虽有珉之雕雕，不若玉之章章。诗曰：'言念君子，温其如玉。'此之谓也。"（《荀子·法行》）在这里，荀子将"温"与"润"并列，已然将"温"中原始兼含"河"与"阳"二义拆分，即有"阳"（温度）而无"河"（水）。尽管玉有诸德，但"温其如玉"却突显的是其最大特征"温"。"温"与"仁"对应，以"温"说玉之德乃基于"仁"在众德之中的根基地位：仁作为德目居众德之首而可含众德，相应，"温"亦可含众德。

《礼记·聘义》有类似表述："夫昔者君子比德于玉焉。温润而泽，仁也；缜密以栗，知也；廉而不刿，义也；垂之如队，礼也；叩之其声清越以长，其终诎然，乐也；瑕不掩瑜、瑜不掩瑕，忠也；孚尹旁达，信也；气如白虹，天也；精神见于山川，地也；圭璋特达，德也。天下莫不贵者，道也，《诗》云：'言念君子，温其如玉。'故君子贵之也。"在这里，其玉之诸德的表述多有异，但以温

润而泽说仁，最后取"温"说玉同样突显了"温"与"仁"之间内
在关联。

《儒行》则以"温良"为"仁"之本："温良者，仁之本也；敬慎
者，仁之地也；宽裕者，仁之作也；孙接者，仁之能也；礼节者，仁
之貌也；言谈者，仁之文也；歌乐者，仁之和也；分散者，仁之施
也。"(《礼记·儒行》)将"温良"当作"仁"之本，而不仅仅作为颜色
与容貌之态，从而明确地表达出"温"在众德目之中之根本地位。

"温"在众德中地位越来越突显，同时，"温"之效用也被比附
于"天地"之生化。最早提及此层关系的是《左传》："为温慈、惠
和，以效天之生殖长育。"(《春秋左传·昭公二十五年》)"温慈惠和"
对应"天"之"生殖长育"，隐约以"温"对应"生"，此为后世以
"天"之"生"释"温"之先驱。《乡饮酒义》则以"天地温厚之气"
即"天地之仁气"，打通了"天地温厚"与"天地之仁"之间内在关
联："天地严凝之气，始于西南，而盛于西北，此天地之尊严气也，
此天地之义气也。天地温厚之气，始于东北，而盛于东南，此天地
之盛德气也，此天地之仁气也。"(《礼记·乡饮酒义》)温厚之气即仁
气，"温"由此通达着天地生化万物之品格。

朱熹系统阐发"温"与"仁"的内在关联。首先作为德性之
"温"并非无根，其本源本体为"仁"，所谓"以仁为体，而温厚慈
爱之理由此发出也"(《朱子语类》卷六)。"仁"为众德之"体"，"温"
由"仁"发，乃"仁"之"用"。"仁"之"用"可以为"温"，也可
以为"厚"，为"慈爱"，为"义"，为"礼"，为"智"。但"温"最
接近"仁"的品格，朱熹从不同方面申说此意：

> 仁，便是个温和底意思；义，便是惨烈刚断底意思；礼，
> 便是宣著发挥底意思；智，便是个收敛无痕迹底意思。[1]

---

[1] 《朱子语类》，第110页。

　　"仁"字如人酿酒：酒方微发时，带些温气，便是仁；到发得极热时，便是礼；到得熟时，便是义；到得成酒后，却只与水一般，便是智。又如一日之间，早间天气清明，便是仁；午间极热时，便是礼；晚下渐凉，便是义；到夜半全然收敛，无些形迹时，便是智。①

　　以天道言之，为"元亨利贞"；以四时言之，为春夏秋冬；以人道言之，为仁义礼智；以气候言之，为温凉燥湿；以四方言之，为东西南北。温底是元，热底是亨，凉底是利，寒底是贞。②

　　四时之气，温凉寒热，凉与寒既不能生物，夏气又热，亦非生物之时。惟春气温厚，乃见天地生物之心。③

仁、温、春、元、早间相互贯通，其共同特征是"生"④，或者说，这些皆是使物生的最适宜条件：既不会过热伤物之生，也不会寒凉而凝固物之生机。由此，由"温"可"识仁"：

　　要识仁之意思，是一个浑然温和之气，其气则天地阳春之气，其理则天地生物之心。⑤

　　仁是个温和柔软底物事。……"蔼乎若春阳之温，泛乎若醴酒之醇。"此是形容仁底意思。⑥

---

① 《朱子语类》，第 111 页。
② 《朱子语类》，第 1690 页。
③ 《朱子语类》，第 467 页。
④ 以气候之温热凉寒对应四时之春夏秋冬在秦汉典籍中亦有另类表述，如以"温"对应"夏"，此观念见于《礼记·月令》："季夏之月……温风始至。"《春秋繁露·王道通》呼应之："春气暖者，天之所以爱而生之；秋气清者，天之所以严而成之；夏气温者，天之所以乐而养之；冬气寒者，天之所以哀而藏之。"以"夏"为"养"而非"生"，此同于春生夏长表述。
⑤ 《朱子语类》，第 111 页。
⑥ 《朱子语类》，第 115 页。

前辈教人求仁，只说是渊深温粹，义理饱足。①

"温"以显"仁"，从而使"温"拥有可从"温柔""温和""温厚"等词语中剥离出来之独立自足的内涵。同样由于根柢于"仁"，"温"便具有贯通、主导"热""凉""寒"的本体地位。换言之，"热""凉""寒"皆不过是"温"的不同表现形态②，如同"仁"之于"义""礼""智"③。朱熹道：

> 春时尽是温厚之气，仁便是这般气象。夏秋冬虽不同，皆是阳春生育之气行乎其中。④

阳春生育之气贯通、流转于夏秋冬，使物不仅可得"生"，还可得"养""收""藏"。无"春"则无夏、秋、冬，无"温"则无热、凉、寒，无"生"则无养、收、藏，此三者义实一。物之"养""收""藏"过程之完成乃是"生"之完成，"养""收""藏"构成了"生"的内在环节。因此，举"仁"可尽诸德，举"温"亦可赅遍儒者诸德⑤。在此意义上，"温"构成了儒者之为儒者之标志性在世气象。

---

① 《朱子语类》，第 116 页。
② 如医家说，热乃温之长（温之渐），凉乃温之收，寒乃温之藏。
③ 朱熹对此论述道："仁虽似有刚直意，毕竟本是个温和之物。但出来发用时有许多般，须得是非、辞逊、断制三者，方成仁之事。及至事定，三者各退，仁仍旧温和，缘是他本性如此。人但见有是非、节文、断制，却谓都是仁之本意，则非也。春本温和，故能生物，所以说仁为春。"（《朱子语类》，第 114 页。）在他看来，是非（智）、辞逊（礼）、断制（义）乃仁之发用，亦是仁之完成环节。
④ 《朱子语类》，第 112 页。
⑤ 如朱熹："问'夫子温、良、恭、俭、让'。曰：'此子贡举夫子可亲之一节，温之一事耳。若论全体，须如"子温而厉，威而不猛，恭而安"。'"（《朱子语类》，第 508 页。）"温、良、恭、俭、让"皆"温"之"事"，"温"可赅遍"温、良、恭、俭、让"，尽管朱熹在此仅仅论及"温"之"可亲性"。

3. 温：儒者在世之态度与方法

"温"与仁、春相通，也就是温德与温度相通，用今日语言表述就是道德与自然相通。以温德之温度在世，以此接人应物，"温"构成了儒者在世的基本态度与方法。以其温融化而通达他人之心，以其温融化而通达事事物物，此乃儒者之为儒者的标志，也是其分内之事。

温者首先自身有温度，以此融化自我，使自我温和柔软。温和柔软之我一方面可融化自我设定之界域，以便可以开放自我；另一方面，温和柔软自我可接受、容纳他者，且能对他者之到来做出反应。朱熹曾以顽石与温者对比，他说："试自看一个物坚硬如顽石，成甚物事！此便是不仁。试自看温和柔软时如何，此所以'孝悌为仁之本'。若如顽石，更下种不得。俗说'硬心肠'，可以见。硬心肠，如何可以与他说话！"[1] 顽石之硬心肠一方面自我封闭，无法接纳他者；另一方面，对他者之境遇无动于衷，此即不仁。只有自身有温度，自身温和柔软，才能对他者言行随感随应，此便是"仁"。

温者可使自己柔软，也可以其温度融化他者，使他者柔软，从而使彼此融化、契合。"温"不仅体现在与人应和，亦贯穿于与事事物物之交接。朱熹通过对"温故而知新"的阐释精辟发挥此意。

"温故"之"温"并非是"再看一次"或"重复地看"，也非"在心上重新记诵"。"温"首先是"带着温度"面对"故"，以自身"温度"去接近"故"。朱熹说："道理即这一个道理。《论》《孟》所载是这一个道理，六经所载也是这个道理。但理会得了，时时温习，觉滋味深长，自有新得。'温'字对'冷'字，如一杯羹在此冷了，将去温来又好。"[2] 与"冷"相对之"温"是加热，即施加温度于

---

① 《朱子语类》，第 115 页。
② 《朱子语类》，第 576 页。

"故"之上。 "故"不会如"羹"一样"冷",但人却会将之变"冷"——因陌生而在人与"故"之间产生坚硬的隔阂与距离。加温是为了融化自身与"故"(道理)之间的隔阂与距离,也是为了柔软自身姿态,以便使自身契入"故"之中,得其"滋味"。故横渠谆谆教导曰:"学者先须温柔,温柔则可以进学。"① "温柔"即使自己"温",使自己"柔",其实质是"克己"工夫,故"温柔"乃有德之称。

生命温度源于温德,或者说,乃心性之德所散发之温度。其温度所融化故学之道理,又反过来敦厚其心性,增进其德性。在此意义上,"温故"即是"存心",也即是"修温德",此即儒者所谓"尊德性":"温,犹焊温之温,谓故学之矣,复时习之也。……涵泳乎其所已知,敦笃乎其所已能,此皆存心之属也。"②

> "温故",只是存得这道理在,便是"尊德性"。"敦厚",只是个朴实头,亦是"尊德性"。③

"焊"即用火加热,"故"是"已知底道理",即作为精神本原之仁义。将已知的道理涵养于身需要"我"自觉努力存养,使之常在我。我成为仁义之我,其盎然所现,即"温温君子"。我有"温"于身,以"温"暖之、融化之,以使我与"故"相即。我之仁心常在才能保证我常有"温",道理与我故而相融不离。自觉、主动以仁心亲近、融化、契合仁爱之道理,因契入道理而存得道理,仁德益厚。存得道理,仁德益厚,仁心温润,则所润日新,此即"知新"。朱熹于此确立了"温故"为"大者","知新"为"小者"。他说:"'尊德

---

① 《张载集》,第 268 页。
② 《四书章句集注》,第 35—36 页。
③ 《朱子语类》,第 1587 页。

性、致广大、极高明、温故、敦厚'，此是大者五事；'道问学、尽精微、道中庸、知新、崇礼'，此是小者五事。然不先立得大者，不能尽得小者。"①"温故"是"知新"的前提。确立"温故"，方可得此"知新"。所求所得为"德之知"（如张载所说"德性之知"），而非独立、纯粹、客观之知。故"知新"即"德"之"知"所焕发新光彩。"知"建立在"仁"根基之上，是"仁"之"知"。仁心与道理相融相通，充满仁爱的精神生命焕然生发，其知觉灵明焕然呈现，在与人与物相交过程中益发，通人通物，畅然无间，此谓"知"之"新"。故"知"之所以"新"乃在于仁心常温，感人与人，润物通物。"知新"不仅是"知"（对生命之觉解）之"新"，也含所知为新之意，即以仁心不断温物暖人，人、我、物在仁心之温中被凝聚、融摄，不断构成"新的"有暖意、有意味的生活世界。

宋儒阐发仁、温、元、生之间相互贯通关系，其主旨即要阐明"温"源于"仁"。"仁"必"温"，"温"即"仁"。"仁"为什么发为"温"？"仁者"为什么是"温"的？仁者爱人、爱物，具体说就是尊重、关爱与鼓励人，护持人、物之生，使其免受伤害。对他者的尊重、关爱与鼓励提供了使其生发的能量与环境，此即"温德"，亦即使人、物生发的能量与环境。如果说，"温度"之"温"是用热量投入，以融化对象。"温德"则为投入热情与爱意，以融化对象。融化以融合，热量热情让对象成为与自身一体者，对象凭借我的热量热情而再现再生，我借新融入的对象而成就自身。"温"并不是一个以客观性为基本特征的视觉性概念，而是一个直接可感的触觉概念，所谓"即之也温"也。"即"是照面、接触。对自己来说，"温"是柔和善意之释放；对他人来说，"温"以其暖意来融化人与物，完善人与物，当然也是"改变"人与物②。

---

① 《朱子语类》，第 1588 页。
② 对儒家末流来说，"温"就成为"热"，即灼伤并改变他人、他物之力量。

　　"温"首先使自己"柔",亦可使温之所及者"柔"。对自己来说,"温"而"柔"者避让、退缩,以便在自己的精神空间给予所接触者一个舒适的接受、容纳。对于所照面者来说,"温"使之融化,个人廉方之形体因"温"而熔销,护持自我之界限不刿不割,由此契入"温者"之精神空间。"温"者之精神空间因接受、容纳所温者而愈博愈厚,故温者能柔、能厚、能和①,被温者亦可柔、可厚、可和②。

　　对"温"德的追寻既需要精神上扎根"仁",行动上表现"仁",更需要在四体颜色上释放"仁",以暖人心,暖世态。因此在儒家,"温"不仅是在世之态度,也是儒者标志性气象与德容。作为触觉性精神,"温"展示了直接可感的气度与温度,并在展开过程中成为待人接物的基本方法与认知方式。以温接人,以温待物,此乃儒家之思想基调、思想方法与思想取向。较之佛家以"凉"在世,以"凉"作为其思想基调、思想方法与趋向③,较之道家以"淡"在世,以

---

① "温柔敦厚,诗教也。"(《礼记·经解》)"诗教"之温柔敦厚,乃以温情而柔、而敦、而厚,儒者则以仁之温,而柔、而敦、而厚。

② 董仲舒曾以"君"为主体讨论"温"的效果,他说:"深察君号之大意,其中亦有五科:元科,原科,权科,温科,群科;合此五科以一言,谓之君。君者,元也;君者,原也;君者,权也;君者,温也;君者,群也。……失中适之宜,则道不平、德不温;道不平、德不温,则众不亲安;众不亲安,则离散不群;离散不群,则不全于君。"(《春秋繁露·深察名号》)德"温"可使众亲之,亦可使众安之,亲安为德"温"之效,此即君效天之温而乐养众。

③ 佛家以"苦"为"教",如"苦集灭道"四谛以"苦"为第一谛,以"灭、道"为解脱之法。按照传统说法,在味为"苦",在"性"为"凉"。以"苦"立教正是以"凉"示人,以"凉"示物。佛家视"欲念"为"火",所谓"欲火"是也(《楞严经》卷八:"是故十方一切如来,色目行淫,同名欲火。菩萨见欲,如避火坑。")。以"清凉"降"欲火",以止定人心、净化人心,人心即可得清凉。如《大方广佛华严经》云:"如是一切,普遍虚空,以为庄严。周遍十方一切世界诸佛道场,而为供养。普令众生皆生欢喜,除烦恼热,得清凉乐。如是示现,充满十方。"又如《大方广佛华严经》云:"悉能除灭一切热恼,令其身心普得清凉。菩萨摩诃萨菩提心香亦复如是,发一切智,普熏身心,能除一切虚妄分别贪嗔痴等诸惑热恼,令其具足智慧清凉。""烦恼热""热恼""热毒"使世人深陷苦中,唯清凉佛法可使人清凉。佛法以"清凉"为特征,亦以清凉为直接效果。

"淡"作为其思想基调、思想方法与趋向，"温"无疑鲜明而深刻地刻画出儒者直接可感的在世气象①。

（三）淡：道家之精神基调

从《道德经》始，"淡"由事物之"滋味"转义为精神性范畴，被广泛而自觉地用来描述与规定精神态度、思想品格与人生境界，成为道家核心观念、核心价值。作为味觉思想的基本范畴，"淡"是由真实的人格由内而外涌现的活的品质，是直接可感的精神品格。人淡然自处，淡然对待世界万物。"淡"一方面表明淡者自觉退隐自身、不突显自身，不会引起他者注意；另一方面，表明淡者对控制人、占有物也不起兴趣。物我的素朴之性不被移易、不被改变，则万物得其全德而天人共美。在此意义上，"淡"明显区别于儒家所追求的、以自觉移易他人、他物为基本特征的"温"，俨然成为道家的精神基调，成为道家思想的重要标志。

余莲（通常译为"于连"）以"淡"来刻画中国思想与中国美学②，由此使"淡"这种味觉性范畴进入现在哲学的视野。如我们所知，中医药"四性（气）五味"说中，"四性（气）"为寒、凉、温、热，而称寒热偏性不明显的为"平"。"五味"为辛、酸、甘、苦、

---

① 不仅《论语》以"温而厉"刻画孔子，后世程颐以"温"刻画程颢之醇儒行状亦为世人熟知："纯粹如真金，温润如良玉，宽而有制，和而不流。忠诚贯于金石，孝弟通于神明。视其色，其接物也如春阳之温；听其言，其入人也，如时雨之润。胸怀洞然，彻视无间；测其蕴，则洁乎若沧溟之无际；极其德，美言盖不足以形容。"（《二程集》，第 637 页。）

② 余莲将"淡"视作中国文化的精髓，认为"淡"是纵贯儒道，横贯中国思想与艺术者（包括绘画、音乐、诗文等），同时又是人格之最高气象，交往之最理想的原则（参见余莲：《淡之颂》，卓立译，桂冠图书股份有限公司，2006 年）。夏可君承袭余莲这个观念，并在《平淡的哲学》（中国社会出版社，2009 年）一书中对此观念做了大幅发挥。

咸，而称不明显的味为"淡"。"四性（气）"与"五味"相通①，"平"与"淡"通，都是描述与规定万物性质的基本范畴。从先秦始，"淡"由事物之"滋味"转义，被广泛而自觉地用来描述与规定思想品格。尤其是道家，推崇"淡"，欣赏"淡"，将"淡"作为高明的精神境界，以致"淡"成为道家思想的重要标志。但将"淡"视为中国思想之基本特征，显然不合乎中国思想之实情。与儒家占据中国思想主流一致，"温"一直构成中国思想的基调。美学方面，"温柔敦厚"之"诗教"一直占据着中国美学的主流。所以，我们可以用"淡"来概括道家的精神基调与气度，但不能把"淡"当作中国思想的概括。确切地说，儒家以"温"（"温柔敦厚"）为其基本品格，道家以"淡"为其思想基调，佛家以"凉"为其基调。温、淡、凉共同构成了中国思想之味觉中心主义特征。

1. 淡乎其无味

"淡"在《道德经》中出现两次，其中一处以合成词"恬淡"出现。两者含义一致，都与"道"内在相关。

《道德经》第三十五章："乐与饵，过客止。道之出口，淡乎其无味。视之不足见，听之不足闻，用之不可既。""淡"首先是一种可出入于口的"味"②，它不像"五味"那样对人有明显的刺激，而表现为对人无刺激，或刺激几乎为无的"味"。"乐"以美声打动人，

---

① "性味"在中医药中一直被当作药物的基本（甚至唯一）性质。传统医学中"气味"一词与"性味"意义大致相同。李时珍曰："寇氏言寒、热、温、凉是性，香、臭、腥、臊是气，其说与《礼记》文合。但自《素问》以来，只以气味言，卒难改易，姑从旧尔。"（李时珍：《本草纲目》序例第一卷上）"气味"既包括性，也包括味。单说味，则即包含了气（性）与。明医家缪希雍注意到："炎黄言味而不加气性者何也？盖古文尚简，故只言味。物有味，必有气，有气斯有性，自然之道也。气味生成，原本乎是。"（缪希雍：《神农本草经疏》，中医古籍出版社，2002年，第2页。）有味则有气，有气则有性，言味即是言气言性也。

② 如河上公注曰："道出入于口，淡淡，非如五味有酸咸甘苦辛也。"（《老子道德经河上公章句》，中华书局，1993年，第139页。）

"饵"以美味打动人。"止"不是"留步",而是指停留并聚集于此,不再他往。美声美味打动人的感官,移易人并能聚集人。"道"与乐、饵完全不同,道无声、无形色,它不能打动人的耳目,故不能令过客停留于此。道虽无形、无声,但却可以为人所领会,并通过人的"口"("言")而呈现,作用于人。因此,"淡"虽"无味",但仍然是一个味觉概念,是与乐、饵那种令客止等强烈刺激完全不同的味。"出口"(或"出言")而无味,即"无味之味"。第六十三章说"味无味",表达的就是以玩味、体味的方式领会、把握"无味之味"。"淡"即"无味"①,"无味"即"淡"。"淡"由"道"出,与"道"内在相关联,通过"淡",我们可以更真切领会"道"。

"无味"与"淡"实质为一,即都被用来领会道之异于乐、饵的特殊品格。但两者的实际使用效果却有差异。"无味"与无形、无名一样,表明不能用对待有限的、具体物的方式领会道。道之"无"不是逻辑上无任何规定意义上的"无",也不是断灭意义上枯死之"无",而是根柢于大道能生"有"生"万物"之"无"。不过,黏滞于"无味"之"无"却有将道带入无任何规定意义上的"无",或断灭意义上枯死之"无"等歧途之危险。从"无味"返回"淡"至为重要。从"淡"来领会道,也能够避免误入歧途的风险。"淡"是"有",确切说是非现成的"有"。"味"总是在人与对象相互接触、碰撞时呈现,作为"味"的"淡"亦是如此。"淡"在道与人、万物零距离接触时呈现。道与人零距离而相互作用,道以恍惚寂寥、平夷柔弱的方式不断触及人的身心,不断创生、护持人、物的素朴之性。不断生成的"淡"表明,"道"不曾离开过人,不曾离开过这个世界,它一直且总是在。

如果说第三十五章的"淡"还粘连着具体的"滋味",那么,"恬淡"一词则已经转义表达着修道者的精神品味。"恬淡"一词出

① 王弼注曰:"以恬淡为味。"(《老子注》第六十三章)即以"无味"为"恬淡"。

于《道德经》第三十一章："兵者不祥之器，非君子之器，不得已而用之，恬淡为上。""恬淡"，帛书本作"銛庞"，或解为"锐利坚实"①，非是。或认作"銛袭"，解为"恬淡"②。这与王弼以来诸传本一致，含义也能够与《道德经》主旨相贯通，较可取。"恬，安也。"（《说文解字》）"恬，静也。"（《方言》）"恬淡"的意思是，安静自持，不热衷于兵争之事。河上公解"恬淡"注重其实质内容，所谓"不贪土地，不利人财货"。③ 吴澄则注重其意向："'恬'者不欢愉，'淡'者不浓厚，谓非其心所喜好也。"④ 近世学者高亨以公私态度解之："恬，指内心没有私愤。淡，指内心没有贪欲。"⑤ 这些解释都注意到"恬淡"乃修道者应有的对待事物的基本态度，也就是"道"所主导下的在世态度。在这里，"淡"已经由事物之滋味转变为一种精神态度、精神之品味。"兵"是修道者所面对的万千事物之一种，因为其乃"争"之具，故更能体现修道者的真实态度。"争"的实质是屈人就己、扬己抑人，"兵"助"争"而让自己的意志、目的、欲望得以实现。相应，"恬淡"所展示的即是"不争"之态度，即抑制、退隐自己的意志、目的、欲望，安于自身素朴之性，不屈人就己，不扬己抑人。不突显自身，不与人争，自在自足，"恬淡"展示的不仅是在世态度，更是修道者一贯的在世姿态。显然，《道德经》所尊崇的"恬淡"深深扎根于"道"，从大道中获得了丰富而深沉的精神意蕴。

作为一种"滋味"，"淡"不刺激人的感官的味，或为味之缺失，也就是"无味"。因此，"淡"与"五味"相对。在中国文化中，"五

---

① 张松如：《老子说解》，齐鲁书社，1998 年，第 182 页；徐志钧：《老子帛书校注》，学林出版社，2002 年，第 258 页。

② 高明：《帛书老子校注》，中华书局，1996 年，第 390 页。

③《老子道德经河上公章句》，第 126 页。释德清的解说类似："恬淡者，言其心和平，不以功利为美，而厌饱之意。"（《道德经解》）

④ 吴澄：《道德真经吴澄注》，华东师范大学出版社，2010 年，第 44 页。

⑤ 高亨：《老子注译》，清华大学出版社，2010 年，第 55 页。

味"咸为首，"淡"与"五味"对，就转而与"咸"对，"淡"即
"咸"之不足，为"不咸"或"无咸"。"咸"的基本特征就是刺激身
与心，无味之"淡"相应指对身与心无刺激者。不刺激人的身心，
对身心不损不益，也就是，不移易人的身心。"淡"由"道"出，为
"道"的基本品格，由此使其越出众味之上。修道者修此"道"之
"淡"的品格为自身之德，"淡"即成为人的品性、态度，此即"恬
淡"之"淡"。"淡"一方面表明淡者自觉退隐自身、不突显自身，
不会引起他者注意；另一方面，表明淡者对控制人、占有物也不起
兴趣。作为由道主导、规定的在世态度与在世姿态，"淡"与道的谱
系中的诸德内在贯通。比如，"淡"与"慈""俭""啬"内在一致，
它不是超然物外、无动于衷的冷淡、冷漠，也不是无端的敌意与冷
酷①。"淡"中包含尊重、怜惜、不扰等含义，"淡者"柔弱、平夷，
故能救人、救物。因此，"淡"并不意味着什么都不做，而是不造
作。淡之人依道而行，天之道，损有余而补不足，那么，对"淡"
者而言，世间有"有余"则损之，有"不足"则补之。"淡"者不以
己意施加于他人、他物。对于被增益者，则可以损之又损。当然，
"淡"与诸德之间一直以隐蔽的、迂回的方式深深勾连，对它们之间
勾连明晰的表露尚待开启。

2. 游心于淡

《庄子》继承《道德经》"淡"的思想，并对其内涵做了深度的
引申与发挥，将其提升为道家的基本观念与核心价值。在《内篇》
中，《庄子》有一处谈及"淡"："游心于淡，合气于漠，顺物自然而
无容私焉，而天下治矣。"（《庄子·应帝王》）这里的"淡"已经不是

---

① "天地不仁，以万物为刍狗；圣人不仁，以百姓为刍狗。"（《道德经》第五章）"刍狗"
为祭祀之物，其特性有二：祭祀时为神圣之物，人对其态度为"敬"；祭祀结束，
则失去效用而为人所弃，实即"不用"。相应，"不仁"就包含这两层意思：爱
（敬）而不用，而非冷酷或无情。

"滋味"意义上的"无味",而是指一种精神品质与精神境界。"游"的意思是不为一时一地、一事一物所限,从容地展开;"游心"指心灵不拘泥于一时一地、一事一物,自由自在地展开自身;"游心于淡"就是心在"淡"之场域自由自在地展开。"淡"之于"心游",为基调与场域,更为前提与保障。即是说,唯有"淡",才能真正保障"心"不受时、地、事、物的限制,才能保证"心"顺畅无阻地"游"。具体说,"淡"可打破"心"的"自我"中心倾向,以及由此造成的与天地万物之间的对立与系累。比如,追求效率、功利、欲望,以控制物,满足一己之欲。以"淡"来给"心"定基调,主导"心"的活动,或者说,心就在"淡"之境展开。"合气于漠"之"漠"同于"淡",指"不着意""不造作"。"气"既指形体,也指心理、精神。"合气"指生命保持完整存在状态,不分化、不散开。"游心于淡,合气于漠",整个生命就在淡漠之境展开。人以淡在,以淡显现,对人淡淡,对物淡淡。这里,《庄子》虽从"治天下"角度谈"淡",但以"心"之"淡"与"气"之"漠"来去私、顺自然,已然使"淡"具有超出治理而更一般的存在意蕴。

作为一种在世态度,"淡"对人对物首先表现为不过度施与各种情绪,特别是不会依据自己好恶待人待物[1]。如《道德经》所示,"淡"不是"无所谓",更不是冷漠。道无弃人、无弃物,以淡在世的人亦无弃人、无弃物。淡者尊重、爱惜万物的素朴之性而舍不得利用、干扰之。与《道德经》一致,《庄子》亦推崇"恬",比如主张"以恬养知""以知养恬""知恬交相养"(《庄子·缮性》)。"恬"被当作修道者主导的情感态度,也就是自安于己,无待于外。具体说就是,既知己守己,又不施加于人,不施加于物,不损人,不损物,不益人,不益物。同时知人、知物之道,尊重(顺)人物之道,又

---

[1]《大宗师》描述得道者情绪之发:"凄然似秋,暖然似春,喜怒通四时,与物有宜而莫知其极。"情绪与天地四时相通,即出于天归于天,而非出于人归于人。

不为人、物所益，不为人、物所损。故在《庄子》中，多以"恬淡"合用。

《庄子·天道》进一步将"淡"置入"天""地""万物"及"天下"构成的宏大视域之下进行了深度论述。"天道运而无所积，故万物成；帝道运而无所积，故天下归；圣道运而无所积，故海内服。明于天，通于圣，六通四辟于帝王之德者，其自为也，昧然无不静者矣。圣人之静也，非曰静也善，故静也；万物无足以挠心者，故静也。水静则明烛须眉，平中准，大匠取法焉。水静犹明，而况精神！圣人之心静乎！天地之鉴也，万物之镜也。""圣道"承顺"天道""帝道"，万物无足以挠其心而静。"鉴""镜"乃是圣人之静心，天地万物随静心而呈现。圣人心静，由此开显出天地万物之自然真性，也开创出天地万物与人的崭新交往境界。"静心"本身并非僵死，经过天道、帝道、圣道之充实、扩展、升华，遂显露出"虚静""恬淡""寂漠""无为"多重复调，尽显堂阔宇深。"淡""恬淡"被编织进"虚静""寂漠""无为"等道家核心观念群中，由此获得了丰厚的内涵：

> 夫虚静恬淡寂漠无为者，天地之平而道德之至，故帝王圣人休焉。休则虚，虚则实，实者伦矣。虚则静，静则动，动则得矣。静则无为，无为也则任事者责矣。无为则俞俞，俞俞者忧患不能处，年寿长矣。夫虚静恬淡寂漠无为者，万物之本也。明此以南乡，尧之为君也；明此以北面，舜之为臣也。以此处上，帝王天子之德也；以此处下，玄圣素王之道也。以此退居而闲游江海，山林之士服；以此进为而抚世，则功大名显而天下一也。静而圣，动而王，无为也而尊，朴素而天下莫能与之争美。（《庄子·天道》）

"平"为"准态"①，"天地之平"就是天地之"准则"。圣人之虚静恬淡寂漠无为可以呈现天地之准态，或者说，可以让天地呈现出准态。那么，四者如何呈现出天地之准态呢？"虚"即自觉地排除自我，自觉远离"满""实""坚""强"而持有的心灵状态。"静"是"归根"，即自觉皈依、返回大道。"虚静"是虚化自我而归于大道。"恬"是不欢愉亦不沮丧，"淡"是不浓厚亦不浇薄，"恬淡"是无心自若。"虚静"为根，"恬淡"为"用"。"寂"是"无音声"，"漠"是"无形体"。"寂漠"是自我完全的隐退，"无为"则是无自我而以道展开自身。成玄英疏曰："虚静、恬淡、寂漠、无为，四者异名同实者也。"四者其义虽有差，但同时又内在相互贯通，故成玄英说四者异名同实。人能"虚静""恬淡""寂漠""无为"，则能够自觉依道而思，循道而行，实现、完成真正的道德（道德之至）。不扰天地之运行，不失天地之生机，故可为"天地之平"。

在这个大道主导的语义丛中，"恬淡"与"虚静""寂漠""无为"内在贯通，其侧重的是与人、物相交接过程中展示出来的可感姿态，但"虚静""寂漠""无为"却让其获得了深沉的品格。"恬淡"者"虚静"，也就是能够自觉排除自我而皈依道；"恬淡"者"寂漠"，也就是自身在他人他物那里不会引起任何注意；"恬淡"者"无为"，也就是能够不以自己的意志、目的、欲望施加于他人他物，不屈他人他物就己，不取物归己。"恬淡"者自己既"实"且"得"，于他人他物则可"任其责"。自己素朴本性能够得到完整保存与自然展开，他人他物之素朴本性也能够得到完整保存与自然展开。恬淡

---

① 马叙伦认为，今本"天地之平"的"平"是"本"之误："案'平'《刻意》篇作'本'，今本误作'平'，当从之。下文曰'夫虚静恬淡寂漠无为者，万物之本也'是其证。'平''本'形声相近而讹。"（严灵峰编：《无求备斋庄子集成补编》（三七）《庄子义证》，成文出版社有限公司，1982年，第380页。）此说为陈鼓应等学者接受，影响较大。"平"与"淡"意思接近，魏晋合为"平淡"一词，被理解为"道"之重要特征。显然，马叙伦没有领会"平"之妙义。

者有此境界与姿态，无论身处哪个位置，都能够与人、与物和。己朴素，人朴素，物朴素，各个皆美，各守其美而无所争，此谓"朴素而天下莫能与之争美"。

基于此，"恬淡"与"虚静""寂漠""无为"一起被推崇"天地之平""道德之至""万物之本"。将"恬淡"理解为"道德之至"，这不难理解，"恬淡"作为"道"的具体呈现，不仅标志着道显现于人，也因人向道而生、依道而在，而使天地万物的素朴本性得以完整保存与顺畅展开①。人之"恬淡"担保了天地万物之素朴，在此意义上，"恬淡"不仅成为道德之极致（"至"）与道德之实质（"质"），也能够成为"天地之平"与"万物之本"。

与天地万物相交"淡"，与人相交也"淡"。"君子之交淡若水，小人之交甘若醴；君子淡以亲，小人甘以绝。"（《庄子·山木》）"淡""甘"是交往、交接的原则与姿态。"甘"指态度上亲近，甚至枉道而屈己就人、抑己扬人，其实质是给他人"名""利"。相应，"淡"在态度上表现为自觉地收敛自身、与他人他物保持一定距离，依道而不扬己抑人、不扬人抑己，其实质是远离"名""利"，淡泊"名""利"。无"利"，故不能快捷地打动人、吸引人，不能使人亲近。但是，以"利"使人相亲相合却往往陷入利害关系而彼此以"利"决绝，即所谓"以利合者，迫穷祸患害相弃也"。淡然远"利"而相交，却可以彼此不扰、不损、不益，由此彼此不弃不离，即所谓"以天属者，迫穷祸患害相收也"②。

---

① 天地万物在其展开过程中都不会偏离其自然本性，人有"我"、有"私"，不仅自己会偏离人之自然，而且会将自己的意志、目的、欲望施加于天地万物，损益天地万物，使天地万物偏离自己的自然本性。人能去"我"、去"私"而恬淡无为，自觉收回自己的意志、目的、欲望，则天地万物亦无失去自然之虞。

② 在儒家经典《礼记》中也有类似表述："君子之接如水；小人之接如醴。君子淡以成；小人甘以坏。"（《礼记·表记》）儒家之"淡"由"仁道"所规定，"淡然相接"之内涵为依照仁义原则与人相交接；道家所说的"淡"由"自然之道"所（转下页）

《刻意》对"淡""恬淡"也有类似集中而深入的论说："若夫不刻意而高，无仁义而修，无功名而治，无江海而闲，不道引而寿，无不忘也，无不有也，淡然无极而众美从之。此天地之道，圣人之德也。故曰，夫恬淡寂漠虚无无为，此天地之平而道德之质也。故曰，圣人休休焉则平易矣，平易则恬淡矣。平易恬淡，则忧患不能入，邪气不能袭，故其德全而神不亏。……虚无恬淡，乃合天德。""淡然"是自我退隐而不着意于所对、所为，即"无不忘"。"无极"即超越极限、没有极限，"淡然无极"即下文所谓"淡之至"。"众美从之"即众美随着人之"淡然无极"而涌现，此即"无不有"。此"有"非人所有，而是万物万美自有。淡然对天，不与天斗；淡然对物，不屈物，亦不为物屈；淡然与人交，不扬己抑人，不屈己就人，如此，便能"无天灾，无物累，无人非，无鬼责"。"淡者"能对一切身心之困扰免疫，比如"忧患不能入，邪气不能袭"。"淡者"德全而神不亏，因此，"淡者"并非缺失，而是完整且充实。

一人淡固好，人人能淡，则天下真能常自然矣。在《缮性》中，《庄子》带着诗意刻画了人人能淡的世界图景："古之人，在混芒之中，与一世而得淡漠焉。当是时也，阴阳和静，鬼神不扰，四时得节，万物不伤，群生不夭，人虽有知，无所用之，此之谓至一。当是时也，莫之为而常自然。"（《庄子·缮性》）"淡漠"不仅仅是一种"态度"，还是一种自觉散发的"精神"，也就是道的自觉显现。"淡漠者"不突显自身，不以己加于物，不与物争，由此，"阴阳和静，鬼神不扰，四时得节，万物不伤，群生不夭"，天地万物之自然得以保障。

可以发现，欣赏淡、推崇淡构成《庄子》的基本立场，而守住淡，修淡养淡，成就淡，成为《庄子》基本课题。淡之德，有诸己而形诸外，待人接物淡淡。"淡"构成了得道者真实可感的存在，也

（接上页）规定，"淡然相交"之内涵为依道而交。两者之归旨显然不同，但两者亦有一致之处，即都表现出对"利"的淡化与超越。

是真实存在的直接显现，俨然成为道家思想的鲜明图标。

3. 平淡

《庄子》已经将"淡"由具体的"滋味"直接提升为一种可感的精神品质，其他学派对"淡"亦时有精彩论述。比如在《管子·水地》中，"淡"已经由与"五味"并列之"味"上升为高于"五味"者："准也者，五量之宗也。素也者，五色之质也。淡也者，五味之中也。是以水者万物之准也。诸生之淡也，违非得失之质也。"（《管子·水地》）"诸生之淡"即"诸生之中"。在这里，"淡"首先被规定为"五味"之"中"，也就是"五味"的标准（"宗"）或基础（"质"）。"淡"已经被提升为比"五味"高一级的概念，《管子》以"淡"通"中"，似乎也表明了这一点。"淡"被提升为"五味"之根本，这似乎表明《管子·水地》与老庄思想有着某种亲缘关系[①]。

儒家亦关注"淡"，不过，他们依然执着于将"淡"作为诸味之一种。比如"君子之道：淡而不厌，简而文，温而理，知远之近，知风之自，知微之显，可与入德矣"（《中庸》）。"甘、苦、咸、淡、辛、酸、奇味以口异。"（《荀子·正名》）与"不厌"相对的"淡"，指的是滋味之"清淡"[②]。荀子明确把"淡"当作一"味"："淡"乃是与甘、苦、咸、辛、酸、奇等"味"并列的一种"味"，而不像《庄子》把"淡"当作精神之味。在秦汉之际成书的《素问》中，"淡"与"五味"相对，如"咸味涌泄为阴，淡味渗泄为阳"（《素问·至真要大论篇》）。"淡"与"咸"对，指"不咸"，即"味"之薄者，少味者。而

[①] 有些学者将《管子·水地》认作"稷下道家"的著作，也注意到了这层关系。可参见陈鼓应：《管子四篇诠释——稷下道家代表作解析》，商务印书馆，2016年。

[②] 对此句古注有："淡，其味似薄也。"（郑玄注，孔颖达正义：《礼记正义》，上海古籍出版社，2008年，第2045页。）另外在注解"君子淡以成"："淡，无酸酢少味也。"（《礼记正义》，第2092页。）今人王文锦译解为："君子之道，清淡而令人不厌。"（王文锦：《礼记译解》，中华书局，2001年，第799页。）"味薄""清淡"皆指滋味之量之少，更多是喻指，而不像《庄子》将其明晰确立为精神品格。

在《素问·九针论》中，"淡"依然被当作诸味之一种："酸入肝，辛入肺，苦入心，甘入脾，咸入肾，淡入胃，是谓五味。""淡"与"酸""辛""苦"并列，分别对应于不同脏腑，"淡"就是"淡味"。

将"淡"拔高于诸味的趋势在汉代得以延续，比如"大味必淡"（《汉书·扬雄传》）。"虚而能满，淡而有味，被褐怀玉者。"（《淮南子·缪称训》）。《淮南子》将"淡"作为最重要的一"味"来追求，这似乎是汉人的共识。"淡"之所以被当作"大味"，无疑与时人对大道品格的理解有关。比如，《淮南子》明确以"恬淡"作为得道之态："今夫道者，藏精于内，栖神于心，静漠恬淡，讼缪胸中，邪气无所留滞。四枝节族，毛蒸理泄，则机枢调利，百脉九窍莫不顺比，其所居神者得其位也，岂节拊而毛修之哉！"（《淮南子·泰族训》）"静漠恬淡"乃得道心神之安宁自足之态。内在心神恬淡，即能保障身体机能良善（邪气无所留滞）与四肢九窍百脉正常运行。不同于《庄子》把"恬淡"规定为"精神"层面的品格，《淮南子》对"恬淡"的理解明显停留在与身体同层面的"心理"。正是将"恬淡"置于"心理"层面，不难理解，《淮南子》明确反对以"恬淡"为"本"[1]而坚持以"道"为"本"，这与《庄子》将"恬淡"作为"天地之本""万物之本"形成了鲜明的对比。

拔高"淡"的观念在魏晋得到呼应与强化。刘劭说"淡"依然与"咸"相对，指"淡味"，比如"夫中庸之德，其质无名。故咸而不碱，淡而不醨，质而不缦，文而不缋；能威能怀，能辨能讷；变化无方，以达为节"（《人物志·体别》）。但他却首次将"四性五味"中的作为"性"的"平"[2] 与作为"味"的"淡"合用，即以"平

---

[1] 如《修务》者，所以为人之于道未淹，味论未深，见其文辞，反之以清静为常，恬淡为本，则懈堕分学，纵欲适情，欲以偷自佚，而塞于大道也"（《淮南子·要略》）。

[2] "平"义为中准、无偏颇之性。《素问·六节藏象论》："帝曰：平气何如？岐伯曰，无过者也。""平"即无过、无不及。具体到"四性五味说"，"平"即不温不凉、不寒不热。

淡"概念讨论精神品格。与《管子》以"淡"说"中"思路一致，刘劭将"中和"与"平淡"贯通，所谓"凡人之质量，中和最贵矣。中和之质，必平淡无味；故能调成五材，变化应节。是故，观人察质，必先察其平淡，而后求其聪明"（《人物志·九征》）。"平淡"首要的特征是"无味"，尽管刘劭还没有把"无"明确拔高，但"无味"显然已经与"五味"拉开了距离，而且明显高于"五味"。作为"中和之质"的显现，"平淡无味"高于"众材"，即高于具体的要素，因此能够"调成五材"，就是能够居高临下地主导、安排众材。所谓"主德者，聪明平淡，达众材而不以事自任者也。……若道不平淡，与一材同好，则一材处权，而众材失任矣"（《人物志·流业》）。"与一材同好"即与具体的某个品格处于同等序列，其结果是失去"众材"。高于众材、"平淡无味"之"道"才能"达众材"。不难发现，刘劭将"平淡"理解为"道"的品格，而其"道"既与儒家的"中和"相关，也与道家的"无味"相通。在《人物志·材理》中，刘劭曰："质性平淡，思心玄微，能通自然，道理之家也。""道理"高于"事理""情理""义理"，能通自然的"平淡"成为最高的品格。就视"平淡"为最高的气质而言，刘劭的观点无疑接近老庄了。

4. "不温不凉"之"淡"

如我们所知，在中医药理论中，"平"被规定为寒、热、温、凉之外的一种"性"，即不热、不寒、不温、不凉之性；"淡"被规定为咸、甘、苦、辛、酸之外的一种"味"，即无味之味。在中医药理论中，不热、不寒、不温、不凉之平性是与寒、热、温、凉并列的性；无味之味的淡乃是与五味并列的一味。刘劭把"平淡"与"道"直接勾连，拔高了"平淡"的地位，王弼则将"然"自觉升腾至"所以然"，并以此角度讨论"五味""温""凉""淡"问题。他在诠释《论语》"温而厉，威而不猛，恭而安"时曰："温者不厉，厉者不温。……至和之调，五味不形；大成之乐，五声不分；中和备质，五材无名也。"① 这里，王弼以"至和之调，五味不形"来解释"温而厉，威而不猛"之完满精神境界，其所注重的是两者形式上的相似性，即两者乃中和之德而不偏于一端。"五味不形"是说"至和之调"不咸、不酸、不辛、不苦、不甘，这也就是《老子注》所表达的"（不炎）不寒，不温不凉"②。换言之，在王弼的解释系统中，"温而厉"等同于"不温不凉"：它们都属于"所以然"层次，而高于温、凉、热、寒的层次——"然"。如，王弼明确将两者确立为两个层次："大象，天象之母也。（不炎）不寒，不温不凉，故能包统万物，无所犯伤。主若执之，则天下往也。"③ "大象"即"道"，描述"大象"的"（不炎）不寒，不温不凉"，并非指与寒、热、温、凉平行的一种"性"，而是说，道乃一整全者。整全者与某一性不是同一序列，前者为高一层次者——"所以然"，后者为"然"。也就是说，寒、热、温、凉等性乃"然"，大象或道则指"所以然"，即"故"（根据）。王弼所说的"包统万物"是就"所以然"而言。在《老子指略》中，王弼细致地区分了"然"与"所以然"之间的关系。作为"然"，有形必有分，有分者乃确定的、有界限者，所谓"温也则不能凉矣，宫也则不能商矣"④。作为"之所以"的"道"无名无形，无分无属，故"不温不凉，不宫不商"，方能为万物之宗。

道与形反，"温凉"为实实在在的"形"，"不温不凉"为"之所以形"，为"体"。王弼将"不温不凉"升为"本"，将"温凉"降为"末"。将"温凉"理解为"体"（根据）之"形"（现象），将"不温不凉"规定为"体"（根据）。"不温不凉"虽必通过温凉而得以畅达，但执着于温凉则失其本，遗其母。王弼对待"本"与"末"的态度非常鲜明，那就是"崇本息末"。真正的"本"是作为"所以

① 《王弼集校释》，第 625 页。
② 《老子道德经注校释》，第 87 页。
③ 《老子道德经注校释》，第 87 页。
④ 《老子道德经注校释》，第 195 页。

然”的“自然”“道”。“自然已足，为则败也。”①“崇本”就是崇自然、崇道：“万物以自然为性，故可因而不可为也，可通而不可执也。”②（《老子注》第二十九章）于自然，因之、顺之是最好的态度。“因”“顺”也就是“无为”。人无为，则万物各依其理而自化，由理而在，无不自然。“天地任自然，无为无造，万物自相治理……无为于万物而万物各适其所用，则莫不赡矣。”③“自然”在价值上自足，在现实性上内在和谐，一切的“人为”都意味着败坏“自然”。“崇本”即“无为”，即顺应万物自然之道，见之于言与行，即为“淡”。“道之出言淡然无味……若无所中然，乃用之不可穷极也。”④“淡言”呈现的是完整的自然之道、自然之性。“无所中然”即不能中（满足）过客之耳目，但“淡”言却可以护持自然之道、自然之性的完整性，因此其用不可穷极。“淡然无味”在此表述“道言”自身没有陷入含义、边界的确定性、有限性之中，故而不能吸引过客之注意力，娱乐过客之耳目。另则，道言自为自足，不为他者改变自身。于“末”，王弼以“息（末）”“忘（象）”的方式对之，此亦为“淡然无味”之一种表现。“息（末）”“忘（象）”意味着不着意于甚至自觉略过现实事物及一切实存，包括圣、智、仁、义等。“夫圣智，才之杰也；仁义，行之大者也；巧利，用之善也。本苟不存，而兴此三美，害犹如之，况术之有利，斯以忽素朴乎！”⑤“圣智”“仁义”为“末”，“素朴”为“本”，有“本”则“末”美，无“本”则“末”为“害”。对“本”“末”有“崇”有“息”，此正是王弼思想中“淡然无味”之真实蕴含。不过，王弼沟通“温而厉”与“不温不凉”，实质上是以“不温不凉”遮蔽了“温而厉”。王弼的这个立场与《论

---

① 《老子道德经注校释》，第 6 页。
② 《老子道德经注校释》，第 76 页。
③ 《老子道德经注校释》，第 13 页。
④ 《老子道德经注校释》，第 87 页。
⑤ 《老子道德经注校释》，第 199 页。

语》《中庸》《春秋繁露》及朱熹所秉持的将"温"视作儒者在世基调之立场形成了鲜明的对比①。

作为所以然的"淡"乃诸味的根据，它以"无"为特征，我们不能直接把握，就此而言，"淡"无疑失去其可感特征。在王弼思想中，唯有通过努力返归虚无，努力与道同体，逐步"体无""体道"②，我们自身能够恬淡，也才能把握"淡然无味"之"道"。

王弼将"淡"上升为"所以然"的"体"，主要侧重"道"的超验特征。郭象对"淡"的论说依托《庄子》，与《庄子》一样侧重从人格形态思考"淡"，或者说，"淡"主要表现为修道者的在世态度与姿态。如：

> 遗身而自得，虽淡然而不待。坐忘行忘，忘而为之，故行若曳枯木，止若聚死灰，是以云其神凝也。③
>
> 苟知性命之固当，则虽死生穷达，千变万化，淡然自若而和理在身矣。④
>
> 其任性而无所饰焉，则淡矣。⑤
>
> 虽波流九变，治乱纷如，居其极者，常淡然自得，泊乎无为也。⑥
>
> 无利故淡，道合故亲。⑦

---

① 楼宇烈："'温'有'善''柔''厚'等义。……'凉'有'不善''刚''薄'等义。"（楼宇烈：《王弼集校释》，中华书局，1980年，第38页。）王弼之"不温不凉"实际上超越了善与不善，因为，"善之所以然"与"不善之所以然"无分别，也就是说，在"所以然"层面上，善与不善之分际不复存在。
② 《老子道德经注校释》，第36页。
③ 《庄子注疏》，第16页。
④ 《庄子注疏》，第117页。
⑤ 《庄子注疏》，第160—161页。
⑥ 《庄子注疏》，第165页。
⑦ 《庄子注疏》，第366页。

淡然无欲，乐足于所遇，不以侈靡为贵，而以道德为荣。[①]

　　"淡"的特征由"不待""忘""任性而无所饰""无利""无欲"等刻画，表现为一精神境界，即自得、自足、自若之态。表面上看，郭象所说的"淡然"与《庄子》所追求的"淡"似乎一致，都在试图消解意志、欲望构成的自我（无欲），消解自我与他人、他物之对待关系，而使得自己的自然之性自得自化。不过，郭象改造了老庄的"自然"概念，而将"人为"充实进"自然"，他说："知天人之所为者，皆自然也。"[②] 人之自为是自然，人与万物交往，顺物之性而为，对物来说也是自然。也就是说，人之所为也构成了万物之自然。他说："人之生也，可不服牛乘马乎？服牛乘马，可不穿落之乎？牛马不辞穿落者，天命之固当也。苟当乎天命，则虽寄之人事而本在乎天也。……穿落之可也，若乃走作过分，驱步失节，则天理灭矣。"[③] "走作过分，驱步失节"不能与物冥合，虽是人为，却非物之自然。人为而能"与物冥而循大变"即为物之自然，像"牛马不辞穿落者"也不违牛马之自然。以"人为"为"自然"，"淡然"也就仅仅成为心的境界。基于此，郭象始终强调"无心"："至人无心而应物，唯变所适。"[④] "神人者，无心而顺物者也。"[⑤] "夫无心而任化乃群圣之所游处。"[⑥] "无心"即我们今天所说的"无意识"，或"无自觉意识"。"无心"与"有心"相对，两者被认为是"淡"与"不淡"的标准，有为而无心亦是"淡"。以此为前提，似乎只要无心于此，就可"淡然自若"。这样，一方面先

---

① 《庄子注疏》，第 460 页。
② 《庄子注疏》，第 124 页。
③ 《庄子注疏》，第 321 页。
④ 《庄子注疏》，第 481 页。
⑤ 《庄子注疏》，第 98 页。
⑥ 《庄子注疏》，第 407 页。

秦道家所推崇的"慈""啬""无为"等精神在此观念下被遗弃；另一方面，先秦道家所追求的"无为""无事""无味"乃高度自觉的行为，也就是说，它们都是"有心而为者"。高扬"无心"精神，也就将这些自觉的精神统统弱化，继而被"无心"遮蔽。枉道而屈人就己、取物归己，也就逐渐成为理所当然的事情了。就此而言，郭象所谓"淡然"实则已经远远背离老庄以"淡"救人救物的态度与立场了。

5. 余论

魏晋之后士人颇喜"淡"的格调，后人往往以道家或隐士①情怀目之。陶渊明隐居而嗜酒，其隐为洁身而非为救人救物。"悠然见南山"之平淡乃以"心远地自偏"为其精神准备，这表明，陶氏之"淡"更接近郭象"无心"之"淡"。在唐宋诗论中备受追捧的"淡"或"平淡"大体亦在此毂中。比如，司空图喜爱"淡"，自觉追求"淡"的艺术作品境界。他论王右丞、韦苏州曰："澄淡精致，格在其中。"（《与李生论诗书》）在《二十四诗品》中，司空图多次以"淡"论诗，同时也自觉构建了"冲淡"之境界："素处以默，妙机其微。饮之太和，独鹤与飞。犹之惠风，荏苒在衣。阅音修篁，美曰载归。遇之匪深，即之愈希。脱有形似，握手已违。""冲淡者"自身独立而不改（"饮之太和，独鹤与飞"），以"素""默""微"在世，不突显自身而自觉退隐。于人于物，"冲淡者"都若有还无，可遇可即，轻轻拂过最浅的外层（"遇之匪深""犹之惠风，荏苒在衣"）而不会触动一丝真身（"即之愈希""握手已违"）。"淡者"将自身深深扎根于宇宙本根处（"饮之太和"），其将生机自觉含摄、遮隐（"默""微""希"），不突显自身，不走出自身，故自身总是生生不已（"独鹤与

---

① 道家与隐士的区别是，道家以大慈之心对天地万物，善救人无弃人，善救物无弃物；隐士欲洁一身而避物避人，成小伦而乱大伦。

飞")[1]。在《典雅》品中，司空图尝试以具象表达"淡"，如"落花无言，人淡如菊"。"菊"在群花烂漫的春夏如百草一般安静地生长，在果实累累的深秋静静地开放，不争艳、不屈俗。"菊"之象所揭示的即是"淡"之"素""默""微""希"等具体内涵。在《二十四诗品》中，司空图对与"淡"类似的品格（如"素""清"等）也表达了欣赏与期待。总体上看，司空图对"淡"的刻画形象且鲜明，其对"淡"的根基、特征及"淡"自身的穿透力的领悟自信且深刻。不过，司空图对"淡"的理解与规定似乎并未逸出郭象之思域。

在宋明人的观念中，"淡"同样被认作极其重要的精神品质。周敦颐以"淡"论"乐"，将之视为"乐"的两大特质之一："乐声淡而不伤，和而不淫。入其耳，感其心，莫不淡且和焉。淡则欲心平，和则躁心释。淡者，理之发；和者，理之为。先淡后和，亦主静之意也。"（《通书·乐上》）有意思的是，周氏以"理"释"淡"，将其视为"理之发"。"淡"基本特征是不妖淫，其功能为"欲心平"。陆象山将"淡"与私欲对立，所谓"淡味长，有滋味便是欲"（《象山语录》下）。"淡"同样被理解为"理"之境。苏轼以"淡"论文，其曾有书与其侄云："大凡为文，当使气象峥嵘，五色绚烂，渐老渐熟，乃造平淡。"[2]"平淡"乃绚烂老熟之上的格调。董其昌在谈到诗文书画创作时，将"淡"与"工"对比。他说："少而工，老而淡。淡胜工，不工亦何能淡。"[3]"淡胜工"，"工"即规规矩矩，或依据规矩而

---

[1] 如《绮丽》："浓尽必枯，淡者屡深"；《清奇》："神出古异，淡不可收。""屡深""不可收"表达的都是对"淡"的力量的揭示。

[2] 此语出自宋人周紫竹《竹坡诗话》，明人董其昌在其著作中所记与此语有些微出入："笔势峥嵘，文采绚烂，渐老渐熟，乃造平淡。"（董其昌：《画旨》，西泠印社出版社，2008年，第150页。）

[3] 董其昌：《画旨》，第149页。董其昌论画之"南北宗"说，以"淡"标示"南宗"："南宗则王摩诘始用渲淡，一变钩斫之法。"（《画旨》，第37页。）董氏推崇倪云林，多以"淡"赞之："古淡天然，米颠后一人而已。"（《画旨》，第52页。）"以天真幽淡为宗，要今所谓渐老渐熟者……自成一家，以简淡为之。"（《画旨》，第116页。）

为;"淡"则是工夫熟练到家,眼心手合,规矩被磨平,自由创作而自然合于规矩。"淡"因此被认为是诗文书画最高的境界。

诚然,文如其人,作品的"淡"源于创作者的"淡",她首先显示为一种对人情、事物的态度:保持距离,无意于亲近,无心施加或减损。进一步说,"淡"乃是对名利、俗情的自觉规避、超越。在这个意义上,作品格调之"淡"表达出作者无意于聚集物、人,当然也包括无意于控制、支配物人的意趣。但是,作品格调之"淡"不是自觉的"无为"或对物、人的"放手",而是自觉选择、注目若干意象,同时自觉地在精神上悬置其余的万物与人①。在此意义上,作为艺术作品境界的"淡"不是老庄意义上守护万物素朴本性、有心而无为之"淡",而更接近隐士或郭象意义上的无心(有为或无为)之"淡"。

从"滋味"之"淡"转到作为精神境界的"恬淡",从作为道的品格之"淡"到作为人的气质之"平淡",再到作为作品境界的"冲淡""平淡","淡"的精神在中国思想中不断生长,展现出绵延不绝之生机。在此意义上,我们不妨说,"淡"乃中国思想的基本维度,它与温、凉一道构成了中国思想完整的人格气象②。

---

① "作诗无古今,欲造平淡难。"(梅尧臣:《赠杜挺之》)就诗文创作说,"平淡之境"以平淡的胸襟与气度为前提,即需以自足于内,与物无争为其精神准备。同时,平淡之境也需要作者用词圆熟,若出天然。但并非用"拙易语"即"平淡",用词圆熟,至于天然亦非"平淡"。平淡的精神以平淡语出之,方成平淡之境,故有"造平淡难"之叹。

② 这些味觉性范畴首先是 Being 的一个维度,而不是外在的客观知识(Knowing)。它们本身兼具即知即行的品格,因此,追寻这些品格无须担忧"知"而不"行"的问题。广而言之,味觉语词较之视觉语词都有即知即行的品格。关注这些语词,无疑有助于解决知向行、知识向智慧的转换问题。

后 记

　　本书为《味与味道》的姊妹篇。《味与味道》勾勒出中国思想方法之基本面貌，本书侧重揭示味觉思想历史演变脉络，分别揭示中国思想史中感官选择的脉络（从"耳目之争"，耳的胜出，继而"耳舌之辩"，舌的胜出）、范式转换的脉络（从"形"到"形而上"，随即转至从"体"到"本体"，继而转至从"理"到"天理"），以及方法论演变的脉络（从感通、体道、玩味至于理会）。这三条脉络相互交织，彼此贯通，共同构成了中国文化之根本特质。

　　本人一直以"味觉思想"为中国文化之血脉，一则示其乃显著区别于古希腊以来的视觉思想与古希伯来之听觉思想，构成中国文化的基本特性。另则，在味觉优先，自觉压制视觉历史情境下，中国思想展开为从"形""体"到"理"的范式转换，即从"形"到"形而上"，随即转至从"体"到"本体"，继而转至从"理"到"天理"。"血脉"云云，谓流淌遍布全身，贯穿于生命体始终，为其生机提供动力，且触之可及者。这个进程中，味觉思想或明或暗地主导、渗透，并以感通、体道、玩味、理会等主导着中国思想。从横向面看，中医药、数学等自然科学领域，画论、书论、诗论、文论、道学等人文领域都以味觉思想为主导。自觉选择以阴阳、刚柔、仁义等主客一体的概念来表达道、理，同时以温、淡、凉为思想者的气象与思想基调，从而使中国文化各个层面浸染着味觉思想，此乃以味觉思想为中国文化之血脉的第二层理由。此血脉从远古流淌至今，虽历经千万劫而健进不息，在当代中国依然随时随地触之可及。当代意欲在中西古今之争视域下重建中国话语体系，重建中国思想、中国文化，味觉思想亦提供了最厚实的资源与最深沉的生机。

本书各章节先后在以下刊物发表：《心（画）与目（画）——中西绘画中的视觉及其位置》，刊发于《现代哲学》2009 年第 1 期；《从无形、形名到形而上》，刊发于《学术月刊》2009 年第 6 期；《"体"的数学》，刊发于《思想与文化》第十四辑；《体、本体与体道》，刊发于《社会科学》2014 年第 7 期；《从"温"看儒者的精神基调与气度》，刊发于《学术月刊》2014 年第 10 期；《理、天理与理会》，刊发于《复旦学报》（社会科学版）2014 年第 6 期；《中国思想世界中身体观之演进脉络》，刊发于《深圳大学学报》（人文社会科学版）2015 年第 1 期；《书之形与形而上》，刊发于《陕西师范大学学报》2015 年第 4 期；《中国早期思想史中的感官与认知》，刊发于《中国社会科学》2016 年第 3 期；《论淡》，刊发于《思想与文化》第十八辑；《从"形与体之辩"到"体与理之辩"》，刊发于《中国社会科学》2017 年第 4 期；《从解义到解味》，刊发于《文史哲》2017 年第 5 期；《春秋思想界的张力》，刊发于《复旦学报》（社会科学版）2017 年第 5 期；《味觉思想与中国味道》，刊发于《河北学刊》2017 年第 5 期。在此对以上期刊表示感谢！

本书写作计划得到华东师范大学中国现代思想文化研究所重大项目、哲学系著作出版基金支持，同时为"入驻孔学堂研修成果"。华东师大博士生徐昇、程能的、钟翠琴做了部分校正工作，杨柳青女士为此书编辑付出种种辛劳，在此一并感谢！

参考文献

（一）基础文献

《诗经》

《尚书》

《周易》

《道德经》

《春秋》

《论语》

《文子》

《墨子》

《郭店楚墓竹简》

《孟子》

《庄子》

《邓析子》

《尹文子》

《管子》

《公孙龙子》

《孙膑兵法》

《国语》

《周礼》

《礼记》

《吕氏春秋》

《荀子》

《韩非子》

《尔雅》

《黄帝内经》

《春秋繁露》

《淮南子》

《盐铁论》

《春秋左传》

《春秋公羊传》

《春秋穀梁传》

《神农本草经》

《周髀算经》

《九章算术》

《广雅》

《法言》

《汉书》

《论衡》

《白虎通》

《潜夫论》

《灵宪》

《说文解字》

《人物志》

《金刚经》

《华严经》

《楞严经》

《中国古代画论类编》，俞剑华编，北京：人民美术出版社，1998年。

《中国历代画论》，周积寅编，南京：江苏美术出版社，2007年。

《历代书法论文选续编》，崔尔平编，上海：上海书画出版社，1993年。

《汉魏六朝书画论》，潘运告编，长沙：湖南美术出版社，1997年。

《张怀瓘书论》，潘运告编，长沙：湖南美术出版社，1997年。

《初唐书论》，潘运告编，长沙：湖南美术出版社，1997年。

《中晚唐五代书论》，潘运告编，长沙：湖南美术出版社，1997年。

《宋人画评》，潘运告编，长沙：湖南美术出版社，1999年。

《宋代书论》，潘运告编，长沙：湖南美术出版社，1999年。

《元代画论》，潘运告编，长沙：湖南美术出版社，2002年。

《明代画论》，潘运告编，长沙：湖南美术出版社，2002年。

《明代书论》，潘运告编，长沙：湖南美术出版社，2002年。

《清代画论》，潘运告编，长沙：湖南美术出版社，2003年。

《历代诗话》，何文焕辑，北京：中华书局，2004年。

《历代中医珍本集成》，上海中医学院中医文献研究所主编，上海：上海三联书店，1989年。

河上公：《老子道德经河上公章句》，北京：中华书局，1993年。

司马迁：《史记》，上海：上海古籍出版社，2011年。

郑玄：《周礼注疏》，上海：上海古籍出版社，2010年。

陈寿撰，裴松之注：《三国志》，北京：中华书局，1982年。

嵇康：《嵇康集校注》，戴明扬校注，北京：人民文学出版社，

1962 年。

王弼：《老子道德经注校释》，楼宇烈校释，北京：中华书局，2008 年。

王弼：《王弼集校释》，楼宇烈校释，北京：中华书局，1980 年。

王弼：《周易注》，北京：中华书局，2011 年。

郭象注，成玄英疏：《庄子注疏》，北京：中华书局，2011 年。

刘义庆：《世说新语校笺》，徐震堮校笺，北京：中华书局，1984 年。

刘勰：《文心雕龙注》，范文澜注，北京：人民文学出版社，1958 年。

魏徵等撰，沈锡麟整理：《群书治要》，北京：中华书局，2014 年。

房玄龄等：《晋书》，北京：中华书局，1974 年。

孔颖达：《周易正义》，北京：九州出版社，2003 年。

郑玄注，孔颖达正义：《礼记正义》，上海：上海古籍出版社，2008 年。

张彦远：《历代名画记》，南京：江苏美术出版社，2007 年。

刘禹锡：《刘禹锡集》，北京：中华书局，1990 年。

柳宗元：《柳宗元集》，北京：中华书局，1979 年。

李鼎祚：《周易集解》，北京：九州出版社，2003 年。

周敦颐：《周敦颐集》，北京：中华书局，2009 年。

张载：《张载集》，北京：中华书局，1978 年。

邵雍：《邵雍集》，北京：中华书局，2010 年。

苏洵、苏轼、苏辙：《三苏全集》，北京：语文出版社，2001 年。

程颢、程颐：《二程集》，王孝鱼点校，北京：中华书局，1981 年。

胡宏：《胡宏集》，吴仁华校，北京：中华书局，1987 年。

郭若虚：《图画见闻录》，南京：江苏美术出版社，2007 年。

罗大经：《鹤林玉露》，北京：中华书局，2005年。

朱熹：《四书章句集注》，北京：中华书局，1983年。

朱熹：《朱子语类》，黎靖德编，北京：中华书局，1994年。

朱熹：《周易本义》，北京：中华书局，2009年。

陆九渊：《陆九渊集》，北京：中华书局，1980年。

陈淳：《北溪字义》，北京：中华书局，1983年。

林希逸：《庄子鬳斋口义校注》，北京：中华书局，1997年。

王阳明：《王阳明全集》，吴光等编校，上海：上海古籍出版社，1992年。

来知德：《周易集注》，北京：九州出版社，2004年。

董其昌：《画旨》，杭州：西泠印社出版社，2008年。

董其昌：《容台别集》，《四库禁毁书丛刊》"集部"第23册，北京：北京出版社，2000年。

马莳：《黄帝内经灵枢注证发微》，北京：学苑出版社，2007年。

缪希雍：《神农本草经疏》，北京：中医古籍出版社，2002年。

王夫之：《船山全书》，长沙：岳麓书社，1996年。

颜元：《颜元集》，北京：中华书局，1987年。

戴震：《戴震全集》，北京：清华大学出版社，1991年。

戴震：《戴震全书》，黄山市：黄山书社，1995年。

石涛：《石涛画语录》，南京：江苏美术出版社，2007年。

郑板桥：《郑板桥集》，长沙：岳麓书社，2002年。

邓实、黄宾虹编：《美术丛书》，南京：江苏古籍出版社，1997年。

［古希腊］欧几里得：《几何原本》，燕晓东编译，北京：人民日报出版社，2005年。

［古希腊］亚里士多德：《形而上学》，吴寿彭译，北京：商务印书馆，1983年。

〔古希腊〕柏拉图：《斐多》，杨绛译，沈阳：辽宁人民出版社，2000年。

〔古希腊〕柏拉图：《文艺对话集》，北京：人民文学出版社，1980年。

〔意〕达芬奇：《达芬奇论绘画》，北京：人民美术出版社，1979年。

（二）研究专著

陈澧：《东塾读书记》，《四部备要》子部，上海：上海中华书局，1912年。

陈康：《巴曼尼得斯篇》，北京：商务印书馆，1997年。

陈梦雷：《周易浅述》，北京：九州出版社，2004年。

陈立：《白虎通疏证》，北京：中华书局，1994年。

陈鼓应：《庄子今注今译》，北京：商务印书馆，2012年。

陈鼓应：《管子四篇诠释》，北京：商务印书馆，2016年。

程石泉：《论语读训》，上海：上海古籍出版社，2005年。

邓以蛰：《邓以蛰全集》，合肥：安徽教育出版社，1998年。

杜维明：《一阳来复》，陈引驰编，上海：上海文艺出版社，1997年。

冯友兰：《中国哲学史》，上海：华东师范大学出版社，2000年。

冯友兰：《贞元六书》，上海：华东师范大学出版社，1996年。

冯友兰：《中国哲学史新编》，北京：人民出版社，1962年。

冯友兰：《中国哲学史新编》（修订版），北京：人民出版社，1982年。

冯契：《中国古代哲学的逻辑发展》，上海：上海人民出版社，1983年。

冯契：《认识世界和认识自己》，上海：华东师范大学出版社，1996年。

郭沫若：《郭沫若全集》，北京：人民出版社，1984 年。

高明：《帛书老子校注》，北京：中华书局，1996 年。

高亨：《墨经校诠》，北京：科学出版社，1958 年。

高亨：《老子注译》，北京：清华大学出版社，2010 年。

贡华南：《味与味道》，上海：上海人民出版社，2008 年。

贡华南：《汉语思想中的忙与闲》，北京：生活·读书·新知三联书店，2015 年。

郭晓东：《识仁与定性》，上海：复旦大学出版社，2006 年。

贺麟：《近代唯心论简释》，上海：上海人民出版社，2009 年。

何金松：《汉字文化解读》，武汉：湖北人民出版社，2004 年。

胡适：《中国哲学史大纲》，北京：商务印书馆，1987 年。

金岳霖：《论道》，北京：中国人民大学出版社，2005 年。

金岳霖：《金岳霖文集》，兰州：甘肃人民出版社，1995 年。

刘文典：《淮南鸿烈集解》，北京：中华书局，1989 年。

梁涛、韩星编：《中国思想史前沿》，西安：陕西师范大学出版社，2008 年。

劳思光：《新编中国哲学史》，桂林：广西师范大学出版社，2005 年。

黎翔凤：《管子校注》，北京：中华书局，2004 年。

李泽厚：《论语今读》，合肥：安徽文艺出版社，1998 年。

牟宗三：《心体与性体》，上海：上海古籍出版社，1999 年。

马非百：《管子轻重篇新诠》，北京：中华书局，1979 年。

马叙伦：《庄子义证》，严灵峰编：《无求备斋庄子集成补编》（三七），台北：成文出版社有限公司，1982 年。

蒙培元：《理学范畴体系》，北京：人民出版社，1989 年。

钱穆：《论语新解》，北京：生活·读书·新知三联书店，2002 年。

乔志强：《中国古代书法理论解读》，上海：上海人民美术出版社，2012 年。

　　苏舆：《春秋繁露义证》，北京：中华书局，1992 年。

　　谭戒甫：《公孙龙子形名发微》，北京：中华书局，1996 年。

　　汤璪真：《几何与数理逻辑——汤璪真文集》，北京：北京师范大学出版社，2007 年。

　　汤用彤：《魏晋玄学论稿》，上海：上海古籍出版社，2005 年。

　　汤一介：《郭象与魏晋玄学》，北京：北京大学出版社，2000 年。

　　王琯：《公孙龙子悬解》，北京：中华书局，1992 年。

　　王博：《老子思想的史官特色》，台北：文津出版社，1993 年。

　　王博：《易传通论》，北京：中国书店，2003 年。

　　王文生：《中国美学史》，上海：上海文艺出版社，2008 年。

　　王文锦：《礼记译解》，北京：中华书局，2001 年。

　　汪荣宝：《法言义疏》，北京：中华书局，1987 年。

　　吴澄：《道德真经吴澄注》，上海：华东师范大学出版社，2010 年。

　　夏可君：《平淡的哲学》，北京：中国社会出版社，2009 年。

　　徐志钧：《老子帛书校注》，上海：学林出版社，2002 年。

　　余英时：《士与中国文化》，上海：上海人民出版社，1987 年。

　　余敦康：《魏晋玄学史》，北京：北京大学出版社，2004 年。

　　俞剑华：《中国绘画史》，上海：上海书店出版社，1984 年。

　　俞剑华：《中国画论选读》，南京：江苏美术出版社，2007 年。

　　章太炎：《章太炎全集》，上海：上海人民出版社，1986 年。

　　张立文：《朱熹思想研究》，北京：中国社会科学出版社，2001 年。

　　张志聪：《黄帝内经素问集注》，北京：学苑出版社，2004 年。

　　张丰乾：《〈诗经〉与先秦哲学》，北京：北京大学出版社，2009 年。

　　张松如：《老子说解》，济南：齐鲁书社，1998 年。

朱东润：《诗三百篇探故》，昆明：云南人民出版社，2007年。

钟泰：《庄子发微》，上海：上海古籍出版社，2002年。

朱世杰著，李兆华校正：《四元玉鉴校正》，北京：科学出版社，2007年。

[德] 赫斯：《欧洲现代画派画论》，桂林：广西师范大学出版社，2002年。

[德] 黑格尔：《小逻辑》，贺麟译，北京：商务印书馆，1995年。

[美] 杰拉尔德·克雷夫茨：《犹太人和钱》，顾骏译，上海：上海三联书店，1991年。

[德] 康德：《实用人类学》，邓晓芒译，上海：上海人民出版社，2005年。

[意] L·文杜里：《西方文艺批评史》，海口：海南人民出版社，1987年。

[英] 李约瑟：《中国科学技术史》，北京：科学出版社，1978年。

[法] 梅洛－庞蒂：《眼与心》，北京：商务印书馆，2007年。

[美] 托马斯·库恩：《科学革命的结构》，北京：北京大学出版社，2003年。

[美] 卡洛琳·考斯梅尔：《味觉》，吴琼、张雷等译，北京：中国友谊出版公司，2001年。

[英] 威廉·荷加斯：《美的分析》，桂林：广西师范大学出版社，2002年。

[日] 伊泽裳轩：《素问释义》，郭秀梅、崔为、王忆卓校点，崔仲平、冈田研吉审订，北京：学苑出版社，2005年。

[法] 余莲：《淡之颂》，卓立译，台北：桂冠图书股份有限公司，2006年。